Siegfried Hetz (Hg.)

Wo Dollfuß baden ging

Mattsee erinnert sich:
Schönberg ▪ Seyß-Inquart ▪ Stephanskrone

VERLAG ANTON PUSTET

Siegfried Hetz (Hg.)

**Wo
Dollfuß
baden
ging**

VERLAG ANTON PUSTET

Mattsee erinnert sich:
Schönberg ▪ Seyß-Inquart ▪ Stephanskrone

Impressum

Bibliografische Information der Deutschen Nationalbibliothek
Die Deutsche Nationalbibliothek verzeichnet diese Publikation
in der Deutschen Nationalbibliografie; detaillierte bibliografische
Daten sind im Internet über http://dnb.d-nb.de abrufbar.

© 2018 Verlag Anton Pustet
5020 Salzburg, Bergstraße 12
Sämtliche Rechte vorbehalten.

Grafik, Satz und Produktion: Tanja Kühnel
Korrektorat: Maria-Christine Leitgeb
Druck: Christian Theiss GmbH, St. Stefan im Lavanttal
Gedruckt in Österreich

ISBN 978-3-7025-0890-6

www.pustet.at

Inhaltsverzeichnis

    Danksagung 6

    Vorwort 7

Siegfried Hetz
    Wo Dollfuß baden ging

Therese Muxenender
    »Ein nettes Erlebnis im Salzkammergut«
    Arnold Schönberg, Mattsee und die Folgen 125

Roland Peter Kerschbaum
    Die biblische Botschaft als Kultur der Erinnerung
    Erinnern: Menschliche Fähigkeit –
    Historische Notwendigkeit – Herzsache des Glaubens 143

Berta Altendorfer, Siegfried Hetz
    Nur wer sich erinnert, lebt
    Bildungswoche Mattsee 2016 157

Lawrence Schoenberg
    Grußwort 165

    Die Pflicht zur Erinnerung, das Recht auf Vergessen
    und die Scham des Verdrängens
    Podiumsdiskussion am 25. Oktober 2016 166

    Anhang
    Namensregister 175
    Bildnachweis 177
    Literaturverzeichnis 178
    Autoren 181

Danksagung

Herausgeber und Verlag bedanken sich bei der Marktgemeinde Mattsee sowie der Salzburg 2016 GmbH und beim Amt der Salzburger Landesregierung, Referat 2/04 Wissenschaft, Erwachsenenbildung und Bildungsförderung, für die finanzielle Unterstützung.

René Kuel, Bürgermeister der Marktgemeinde Mattsee, hatte kurz nach seinem Amtsantritt 2012 den Anstoß dafür gegeben, dass sich Mattsee mit seiner Zeitgeschichte kritisch auseinandersetzt, insbesondere mit der politisch instabilen Zwischenkriegszeit, aus der die Jahre des Austrofaschismus und Nationalsozialismus erwachsen sind.

Im Zuge der Recherchen für die zeithistorische Aufarbeitung wurde eine Bildungswoche in Zusammenarbeit mit dem Salzburger Bildungswerk zum Thema Erinnern veranstaltet. Unter dem Titel »Erinnern ist Leben, Last und Freude« fanden über 20 Veranstaltungen unter großer Beteiligung der Bevölkerung statt.

In die Bildungswoche integriert wurde die Veranstaltungsreihe »fokus:mattsee | Tage der Zeitgeschichte«, die im Rahmen von Salzburg 20.16, dem Landesjubiläum »Salzburg 200 Jahre bei Österreich«, stattfand. Den Abschluss bildete am 26. Oktober ein Festkonzert für Arnold Schönberg in der Stiftskirche, womit die Marktgemeinde der antisemitisch motivierten Vertreibung des Komponisten aus der Sommerfrische Mattsee im Sommer 1921 gedachte.

Vorwort

1918, vor 100 Jahren, ging ein Krieg zu Ende, der leichtfertig angezettelt wurde, weil nichts so sicher schien, wie diesen Krieg rasch und leicht zu gewinnen. Der Schreibtisch, an dem die Kriegserklärung an Serbien verfasst und unterzeichnet wurde, steht heute noch in der »Kaiservilla« in Bad Ischl. Der greise Monarch, Kaiser Franz Joseph I., befand sich dort seit Jahrzehnten Jahr für Jahr zur Sommerfrische.

Es kam anders als erwartet. Die Welt wurde in Brand gesetzt und Reiche stürzten. Aus dem Zarenreich wurde die Sowjetunion, auf das Deutsche Reich folgte die Weimarer Republik und das Haus Habsburg hinterließ einen Scherbenhaufen, dessen Zukunft in den Pariser Verträgen bestimmt wurde.

Im März 1938 wurde mit dem Anschluss Österreichs an das Deutsche Reich Adolf Hitlers vollzogen, was in Saint Germain en Laye untersagt wurde: Österreich darf sich nicht mit Deutschland vereinigen und auch nichts Deutsches im Namen tragen.

Ein Jahr später wurde wieder ein Krieg ausgerufen, der als Zweiter Weltkrieg Geschichte geschrieben und nicht nur Europa maßgeblich verändert hat. In den 21 Jahren zwischen den beiden Weltkriegen wurde mit dem Schicksal gehadert, um eine politische und wirtschaftliche Neuordnung gerungen und schließlich ein weiterer Flächenbrand provoziert.

Heute, 100 und 80 Jahre oder vier bis fünf Generationen später, beschäftigen wir uns mit den Erinnerungen daran, vor allem mit den unterdrückten, die kaum weniger schmerzhaft und trügerisch sind. Wir machen das, weil wir dazu aufgefordert sind. Nicht, weil wir als Nachgeborene an der Schuld der Täter mittragen, sondern weil wir uns in einer Verantwortungsgemeinschaft innerhalb des Generationenlaufs befinden. Daraus leitet sich eine Pflicht ab, und ein Teil dieser Pflicht besteht darin, den Dingen auf den Grund zu gehen, nicht in Schwarz-Weiß-Bildern zu denken und zu handeln, sondern all jene Schattierungen zwischen Schwarz und Weiß herauszuarbeiten, die zu sehen und wahrzunehmen wir heute im Stande sind.

Als Herausgeber und Autor des Bandes bedanke ich mich für zahlreiche Hinweise und Ratschläge, insbesondere bei Rupert Felber. Ein besonderer Dank gilt Ursula und Julia Riedl, die einen großzügigen Einblick in die privaten Teilnachlässe von Anton und Burghard Breitner gewährt haben, sowie Wolfgang Neuper für seine Begleitung dieser Arbeit.

Feig, wirklich feig ist nur,
wer sich vor seinen Erinnerungen fürchtet.

Elias Canetti

Siegfried Hetz
Wo Dollfuß baden ging

Einleitung

Die Marktgemeinde Mattsee rückte in den Fokus des zeitgeschichtlichen Interesses, weil es in der Geschichte des Ortes in den Jahren zwischen dem Ersten und Zweiten Weltkrieg – der sogenannten Zwischenkriegszeit – Daten und Ereignisse gibt, die in einem engen Zusammenhang mit Antisemitismus und Nationalsozialismus stehen und die dabei weit über das örtliche politische Geschehen dieser Zeit hinausragen.

Sofern in Bezug auf Orte überhaupt von Schicksal gesprochen werden kann, träfe diese Kategorie auf Mattsee zu, wenn es um die Beschreibung des Umstandes geht, dass die Geschichte der Sommerfrische Mattsee auch als eine Geschichte des rassistisch geprägten Antisemitismus zu lesen ist. Die judenfeindliche Haltung, die dem Komponisten, Schriftsteller und Künstler Arnold Schönberg in Mattsee entgegengebracht wurde, war sehr viel mehr als Ausdruck antijüdischer Ressentiments katholischer Prägung, die in den ländlichen Regionen weit verbreitet waren. Diese Form der Hetzerei wurde tatsächlich von außen in den Ort hineingetragen, wo sie allerdings auf fruchtbaren Boden stieß, insbesondere in den wirtschaftlich höchst prekären Jahren nach dem Ende des Ersten Weltkrieges. Es war der von den Wiener Sommergästen importierte Judenhass, mit dem sich Mattsee konfrontiert sah und der Arnold Schönberg bereits im Juli 1921 aus der Idylle der Sommerfrische Mattsee vertrieben hatte.

Wie kam es dazu? Das 19. Jahrhundert, das seinen Anfang mit der Französischen Revolution nahm und mit dem Ersten Weltkrieg endete, war von großen Entwicklungsbögen geprägt. Die Stichworte dazu heißen: Nationalismus, Industrialisierung und damit einhergehende gesellschaftliche Umwälzungen. Den Kulminationspunkt dieser Entwicklung bildete die habsburgische Reichs- und Residenzhauptstadt Wien, Metropole eines Vielvölkerstaates und Schmelztiegel unterschiedlicher Ethnien, darunter auch vieler Juden aus Osteuropa. Sie drängten nach Wien, nachdem Kaiser Franz Joseph I. 1867 das Staatsgrundgesetz erlassen hatte. Wesentlich dabei war, dass in dem zeitgleich in Kraft getretenen Grundrechtskatalog in Art. 2 die Gleichheit aller Bürger vor dem Gesetz festgeschrieben wurde.

Das rasche Wachsen der Städte – Wiens Bevölkerung nahm zwischen 1880 und 1910 unter Berücksichtigung der Eingemeindung von Vororten um insgesamt 1,3 Millionen Menschen zu – und die veränderten Lebensverhältnisse ließen die Sehnsucht nach Ruhe, Natur und Ursprünglichkeit, aber auch nach Reinheit, die nicht nur körperlich zu deuten war, erwachen. Damit war die Sommerfrische geboren – und Mattsee wurde eine davon. Die Eisenbahn als ein

Ergebnis der technischen Revolution dieser Zeit, ermöglichte es, dass die Ruhe und Ursprünglichkeit suchenden Städter für die damalige Zeit bequem und rasch sowie in größeren Gruppen in die Sommerfrische-Orte reisen konnten. Anders als in Bad Ischl, wo das Kaiserhaus den Sommer verbrachte und viele Adelige, Künstler und Wissenschaftler anzog, war Mattsee eher die Sommerfrische des bürgerlichen liberalen Lagers, das unverkennbar einen Hang zum Deutschnationalen hatte, der sich schon recht bald einem deutlichen Antisemitismus verschrieb. Keinesfalls wollte man die Idylle mit jüdischen Feriengästen teilen. Die Marketingidee der »judenreinen Sommerfrische« machte österreichweit Schule, war jedoch im Salzburger Flachgau besonders stark ausgeprägt.

Diese Prägung des Ortes führte auch dazu, dass Mattsee zum Begegnungspunkt des katholischen Lagers mit dem des nationalsozialistischen wurde, in dessen Mittelpunkt der in Wien wirkende Rechtsanwalt Arthur Seyß-Inquart stand. Dass Bundeskanzler Engelbert Dollfuß das letzte Wochenende seines Lebens in Mattsee verbrachte, ist weitgehend diesem Umstand geschuldet. Der Kanzler des autoritär ausgerichteten christlichen Ständestaates und der erzkatholische Wiener Rechtsanwalt kannten sich bereits aus der Zeit der gemeinsamen Mitgliedschaft in der »Deutschen Gemeinschaft« sowie im »Deutschen Club«, und wollten in Geheimverhandlungen ausloten, wie eine politische Annäherung stattfinden könnte. Dollfuß war aus noch einem weiteren Grund an diesem Juli-Wochenende in Mattsee. Er wollte im Obertrumer See schwimmen lernen, um beim geplanten Strandurlaub an der Adria, wozu ihn der italienische Duce Benito Mussolini eingeladen hatte, »bella figura« zu machen und nicht wie im Vorjahr mit Anzug, Hut und Aktentasche am Strand zu erscheinen.

Genau ein Jahr nach dem Aufenthalt des Kanzlers in Mattsee, der durch das Attentat am 25. Juli 1934 zum letzten seines Lebens wurde, fanden die Feierlichkeiten anlässlich der Erhebung zur Marktgemeinde statt. In politischer Hinsicht wurden sie als ein großes Requiem für den »Heldenkanzler« zelebriert, was vor allem in der Rede des im Ständestaat politisch sehr aktiven Stiftskanonikers Leonhard Steinwender, die er am Denkmal für den ermordeten Kanzler auf der Ludwigshöhe hielt, deutlich wurde. Steinwender musste für sein politisches Engagement einen hohen Preis bezahlen. Unmittelbar nach dem Anschluss Österreichs an Nazideutschland wurde er verhaftet und schließlich ins Konzentrationslager Buchenwald bei Weimar verbracht, wo er bis November 1940 ausharren musste, ehe er entlassen wurde, aber Gauverbot auferlegt bekam.

Als Arthur Seyß-Inquart am 11. März 1938 – er war bereits Innen- und Sicherheitsminister – nach dem Rücktritt von Kanzler Kurt Schuschnigg mit den Geschäften der Bundesregierung betraut wurde, holte er mit Franz Hueber und Oswald Menghin zwei »Mattseer« in sein Kabinett, in dem er neben der Funktion des Bundeskanzlers auch noch mit den Agenden des Ministeriums für Landesverteidigung betraut wurde. Nachdem Bundespräsident Wilhelm Miklas dem Druck aus Berlin gewichen und zurückgetreten war, übernahm Seyß-Inquart auch noch dessen Amt. Wenn von Hitlers Rede am Heldenplatz, die er am 15. März 1938 vom Altan der Neuen Burg gehalten hatte, die Rede ist, bleibt die im Anschluss gehaltene, hochpathetische Rede von Arthur Seyß-Inquart unerwähnt. Nachdem Hitler über die Lautsprecher verkünden ließ, dass jetzt der Reichsstatthalter – zu dem er ihn zuvor im Auto ernannte – sprechen werde, legte Seyß-Inquart los: »Wonach Jahrhunderte deutscher Geschichte gerungen haben, wofür unzählige Millionen der besten Deutschen geblutet haben und gestorben sind, was im heißen Ringen letztes Ziel, was in bittersten Stunden letzter Trost war, heute ist es vollendet. Die Ostmark ist heimgekehrt. Das Reich ist wiedererstanden, das volksdeutsche Reich ist geschaffen.«

Als der ungarische Faschistenführer und Hitler-Apologet Ferenc Szálasi kurz vor Ende des Zweiten Weltkrieges auf seiner Flucht vor der Roten Armee in Mattsee strandete und Wochen später von US-amerikanischen Besatzungssoldaten festgenommen wurde, hatte er neben anderen Wertgegenständen auch die Stephanskrone mit im Gepäck. Transportiert und bewacht wurde sie von den Männern der Kronwache unter ihrem Kommandanten Oberst Ernö Pajtás, die Verfügungsgewalt darüber hatte jedoch Szálasi im Auftrag Hitlers. Durch einen geschickten Schachzug gelang es Pajtás, dass er die Krone nicht als Beauftragter von Szálasi, sondern als »Treuhänder des ungarischen Volkes« an die Alliierten übergeben konnte, was die Legendenbildung um die Szenta Korona um ein Mattseer Kapitel erweiterte.

Burghard Breitner wird in Mattsee als »Engel von Sibirien« verehrt oder als Nazi gebrandmarkt, je nachdem, und die FPÖ unter Jörg Haider vereinnahmte ihn als Namensgeber für einen Toleranzpreis, wiewohl er nichts so wenig mochte wie Parteien. Zum 100. Geburtstag wurde eine Erinnerungstafel am Geburtshaus angebracht, der Burghard-Breitner-Weg gilt als »prominente« Wohnadresse und am Denkmal vor der Strandpromenade wird regelmäßig an ihn gedacht. Burghard Breitner hat es längst verdient, dass Person, Werk und Wirken einer umfassenden kritischen Würdigung unterzogen werden. Wovon ein kleiner Ausschnitt, der insbesondere die Jahre zwischen 1938 und 1946 betrifft, an das Ende dieser zeithistorischen Auseinandersetzung gestellt wird. Wie zeitgemäß die Beschäftigung mit Burghard Breitner ist, zeigt eine Untersuchung des Instituts für Zeitgeschichte an der Universität Innsbruck, die der Frage nachgeht, ob Breitner von Zwangssterilisationen, die an der Chirurgischen Universitätsklinik vorgenommen wurden, wusste und ob er auch persönlich involviert war.

Aufbruch nach dem Umbruch
Das Land Salzburg ordnet sich neu

Mit der Auflösung des geistlichen Fürstentums, die im Abschlussbericht der außerordentlichen Reichsdeputation am 25. Februar 1803 in Regensburg festgeschrieben wurde, ging eine ebenso lange wie glanzvolle Epoche Salzburgs zu Ende. Sie begann mit der Festigung des eigenständigen Kirchenstaates unter Erzbischof Friedrich III. von Leibnitz, der 1328 die erste Salzburger Landesordnung erließ und nach der Schlacht von Mühldorf, 1322, die Ablösung vom bayerischen Mutterland forcierte. In der »Gasteiner Bergordnung« von 1342 findet sich zum ersten Mal die Formulierung »unser Land«. Faktisch endete das Fürsterzbistum im Jahr 1800, als Hieronymus Graf Colloredo im Dezember vor den anrückenden französischen Truppen nach Wien floh. Zwei Wochen bevor in Regensburg die Auflösung des eigenständigen Kirchenstaates beschlossen wurde, verzichtete Colloredo gegen eine Jahrespension von 80 000 Gulden auf die Ausübung seiner fürstlichen Machtbefugnisse.

In Regensburg wurde auch beschlossen, dass für Salzburg ein neues Kuramt zu installieren sei. Bereits im Pariser Vertrag vom 26. Dezember 1802 wurde zwischen Frankreich und Österreich vereinbart, dass Großherzog Ferdinand III. von Toskana – ein Bruder von Kaiser Franz II. – als Entschädigung für das verloren gegangene Großherzogtum Toskana Kurfürst von Salzburg werden sollte. Er regierte jedoch nur vom 29. April 1803 bis zum 18. Oktober 1805. Bevor die Franzosen Salzburg besetzten, floh Ferdinand unter Mitnahme wertvoller Teile des Salzburger Domschatzes an den Kaiserhof nach Wien. Ferdinand behielt die Würde des Kurfürsten und wurde für den Verlust Salzburgs mit dem Großherzogtum Würzburg entschädigt. Das Herzogtum Salzburg kam nach dem Frieden von Pressburg 1805 erstmals an das Haus Österreich, jedoch nur für vier Jahre, denn bereits 1809 geriet Salzburg unter die Herrschaft der Franzosen. 1810, mit der Neuordnung Europas, wurde das ehemalige Erzstift dem Königreich Bayern einverleibt und bildete mit Kitzbühel, Traunstein und Ried im Innkreis den Salzachkreis. Nach dem Wiener Kongress kam Salzburg – von den Grenzen her fast um die Hälfte geschrumpft – schließlich zu Österreich. Die Landesteile links von Saalach und Salzach, die Gegend des heutigen Rupertigaus, verblieben bei Bayern. Brixen sowie das Zillertal und Windisch-Matrei, das heutige Matrei in Osttirol, wurden Tirol zugeschlagen. Große Teile der Salzburger Kunstschätze kamen im Zuge der sich jeweils rasch ändernden Besitzverhältnisse nach Wien, München, Würzburg und Florenz. Am 1. Mai 1816 wurde der bayerische Löwe über dem Portal der Residenz abmontiert und durch das Hoheitszeichen der Habsburger ersetzt. Damit wurde das Herzogtum Salzburg wieder österreichisch und als fünfter Kreis des Erzherzogtums Österreich ob der Enns mit der Hauptstadt Linz verwaltet. Die einstige fürsterzbischöfliche Residenzstadt wurde zum

Kreishauptort degradiert, »auf dessen Plätzen«, wie der Komponist Franz Schubert 1825 notierte, »Gras wächst, so wenig werden sie betreten«.

Mit dem Verlust der staatlichen Souveränität und der Verringerung der Landesfläche um fast die Hälfte reduzierte sich dementsprechend auch die Zahl der Einwohner. Wirtschaftlich angeschlagen war Salzburg schon, als noch der Fürsterzbischof regierte, was vor allem am Rückgang des Bergbaus lag. Die Erzadern versiegten und der Preisverfall auf dem Weltmarkt ließ den Aufwand für einen weiteren Ausbau nicht mehr zu. So gab Fürsterzbischof Hieronymus Graf Colloredo in weiser Voraussicht den Goldbergbau in Gastein auf und förderte dafür mit dem Bau des Badschlosses, dem ersten gemauerten Bau in Gastein, das Kur- und Bäderwesen.

Stadt und Land erholten sich anfänglich erst nach und nach von den gravierenden Umbrüchen zu Beginn des 19. Jahrhunderts. Ab der Mitte des 19. Jahrhunderts, nachdem es im Zuge der bürgerlichen Revolution von 1848 zur Auflösung der Lehensherrschaft und zur Gründung der Gemeinden, wie wir sie heute kennen, kam, waren wesentliche Faktoren für eine Wirtschaftsentwicklung im modernen Sinne geschaffen. Ein weiterer wichtiger Schritt war der Ausbau der Verkehrsinfrastruktur, im Besonderen der Eisenbahnbau. Trotz allem war das Kronland Salzburg im ausgehenden 19. Jahrhundert noch immer eine der industrieärmsten Regionen in der Monarchie.

Während die Industrialisierung des Landes nur sehr zögerlich und an wenigen Standorten voranschritt, begann sich ab der Mitte des 19. Jahrhunderts der Tourismus zu entwickeln. Dafür ausschlaggebend waren zum einen das Anwachsen der Städte und die Sehnsucht der Bevölkerung nach Erholung in ländlichen Regionen, und zum anderen die Erschließung der Bergwelt und der Naturphänomene wie Seen, Wasserfälle, Schluchten und Klammen. Das distanzierte Entzücken hochromantisch motivierter Reisender über das Naturschöne wandelte sich zusehends in das Bedürfnis, die Natur und ihre Schönheit auch ganz unmittelbar und körperlich zu erleben. Das offene Wasser am See gehörte dabei ebenso dazu wie die Überwindung der Höhe in den Bergen. Dieser Trend zum Tourismus wurde durch die Errichtung von Eisenbahnlinien wie der Kaiserin-Elisabeth-Bahn, 1860, von Wien nach Salzburg und weiter nach München nachhaltig unterstützt.

Die Gemeinde Mattsee wusste dank einiger weitsichtiger Persönlichkeiten wie August Radnitzky (1810–1897), der 1843 das Amt als Verwalter des Collegiatstifts Mattsee antrat, oder dem aus Mattseee gebürtigen und in Wien lebenden Arzt Heinrich Wallmann (1827–1898) sowie dem Silberarbeiter Kajetan Rottmaier (1837–1908), den aufkommenden Wirtschaftszweig Tourismus für sich zu nutzen. Das 1869 errichtete »Wallmann-Bad« war das erste Seebad im Land und der 1882 gegründete Saison-Verein, quasi der Vorläufer des heutigen Tourismusverbandes, war einer der ersten dieser Art im Kronland. Nur der Verschönerungsverein Zell am See wurde früher, bereits 1875, ins Leben gerufen.

Als das Fürstbistum Passau 1803 ein Opfer der Säkularisation in Bayern wurde, war das Collegiatstift Mattsee, seit Anfang des 10. Jahrhunderts im Besitz der

Bischöfe von Passau, in seinem Bestand gefährdet. Als es im Zuge der Bereinigung der Bistumsgrenzen 1807 an das Erzbistum Salzburg fiel, war der prekäre Status damit keineswegs aufgehoben. Sowohl die wirtschaftliche wie auch die personelle Situation waren äußerst angespannt, sodass die erste Sorge der eingesetzten Administratoren der Sicherung des Fortbestandes zu gelten hatte. Dabei erwarb sich der gebürtige Bayer und Rektor des k. u. k. Lyceums Salzburg, Ignaz Thanner (1770–1856), große Verdienste. Die Wahl von Dr. Josef Halter 1856 zum Dekan und 1869 zum Propst war ein deutlicher Ausdruck der nachhaltigen Bestandssicherung des Stifts. Als August Radnitzky 1843 im Alter von 33 Jahren nach Mattsee kam, um das Amt des Stiftsverwalters zu übernehmen, war es keineswegs absehbar, dass dies zu seiner Lebensstellung werden würde und er in den folgenden fünf Jahrzehnten nicht nur wesentlich dazu beitrug, das Stift in eine neue Epoche zu führen, sondern darüber hinaus auch maßgeblich am Aufbau des »Tourismusstandortes« Mattsee beteiligt war.

In der kirchlichen Führung der Erzdiözese wurde mit der Ernennung des Laibacher Bischofs Augustin Gruber 1823 zum neuen Erzbischof ein entscheidender Schritt gesetzt und die Zeit der Administratoren beendet. Nach Colloredo, der nach dem Verzicht der fürstlichen Machtbefugnisse bis zu seinem Tod 1812 Erzbischof blieb, folgten Christoph Graf von Zeil und Trauchburg sowie Leopold Maximilian Graf von Firmian als Administratoren. Christoph Graf von Zeil und Trauchburg resignierte 1808 in Folge der Säkularisation als Bischof von Chiemsee und wurde anschließend von Kaiser Franz I. 1809 zum Koadjutor des Erzbischofs ernannt. Nach seinem Tod 1814 wurde Leopold Maximilian Graf von Firmian, Bischof von Lavant, zum Salzburger Erzbischof ernannt, wegen der unklaren politischen Verhältnisse jedoch 1818 nur als Administrator bestätigt. Mit dem Laibacher Bischof Augustin Gruber, einem gebürtigen Wiener, konnte der Kaiser endgültig einen Erzbischof seiner Wahl auch dem Papst gegenüber durchsetzen.

Auf staatlicher Ebene wurde Salzburg zwar mit dem 1. Jänner 1850 zum selbstständigen Kronland erklärt, jedoch noch weitere vier Jahre von Linz aus verwaltet. Die ersten Landtagswahlen als wichtiger Ausdruck politischer Selbstständigkeit fanden aus innenpolitischen Gründen der Monarchie jedoch erst 1861 statt.

Während die erste Hälfte des 19. Jahrhunderts für Stadt und Land sehr lähmend verlief und das Desinteresse des Kaiserhauses an Salzburg als fünftem Kreis des Erzherzogtums Österreich ob der Enns für große Enttäuschungen sorgte, änderte sich die Situation ab 1849 zunehmend, sowohl in politischer als auch in gesellschaftlicher Hinsicht. Mattsee hatte im Geburtsjahr der politischen Gemeinde etwa 1 000 Einwohner und war damit für Salzburger Verhältnisse ein durchaus ansehnliches Dorf. 1839 wurden exakt 191 Häuser gezählt, wovon 95 im Kirchdorf standen. Dementsprechend verteilte sich auch die Bevölkerung: Das Kirchdorf zählte 478 Bewohner und die umliegenden Katastralgemeinden zusammen 511.

Nach der Grundentlastung fanden 1850 am 1. und 2. Juli die ersten Gemeindewahlen entsprechend dem Provisorischen Gemeindegesetz statt. Sie wurden

Der Kupferstich zeigt im Ausschnitt die älteste Ortsansicht von Mattsee und wurde 1777 anlässlich des tausendjährigen Bestehens des Kollegiatstiftes Mattsee angefertigt.

wie auch die folgenden Wahlen bis 1907 auf der Grundlage eines Kuriensystems mit drei Wahlkörpern und entsprechend dem Prinzip der Steuerleistung durchgeführt. Je höher die Steuerleistung war, umso prominenter standen die Mandatare auf der Wahlliste. Angehörige der bürgerlichen Intelligenz wie Lehrer und Beamte waren unabhängig von ihrer Steuerleistung im 2. Wahlkörper wahlberechtigt. Allgemeine, freie und geheime Wahlen – allerdings nur für Männer ab 24 Jahren – wurden 1907 eingeführt. Das allgemeine Frauenwahlrecht folgte 1918.

Eine wesentliche und für den Ort existenzielle Frage war die zukünftige Regelung der lokalen staatlichen Verwaltung. Mit dem Erwerb der Herrschaft Mattsee durch das Fürsterzbistum im Jahre 1398 wurde Mattsee, wo zuvor ein passauischer Pfleger tätig war, Sitz eines Pfleggerichts, das bis zur Aufhebung 1811 durch die Bayern im Schloss untergebracht war. Ab 1850, als die lokale staatliche Verwaltung nach dem Prinzip der Gewaltenteilung neu strukturiert wurde, war Mattsee Gerichts- und Steueramtsbezirk für die Gemeinden Mattsee, Schleedorf, Obertrum, Berndorf und Seeham. Als nur vier Jahre später – 1854 – Verwaltung und Justiz wieder zusammengelegt wurden, entstand ein »gemischtes Bezirksamt« für den bereits bestehenden regionalen Geltungsbereich. Im Zuge der Re-Organisation staatlicher Verwaltung nach dem Inkrafttreten der Februarverfassung von 1861 und der Dezemberverfassung von 1867 wurden Bezirksgericht und Steueramt »provisorisch aufgelassen«. Während das Bezirksgericht 1871 nach zähem Ringen wieder errichtet wurde und bis 1923 bestand, kam das Steueramt nach Neumarkt.

Auf dem Weg zur judenreinen Schönheit
Von der Idylle zur Sommerfrische

Die Entwicklung der Sommerfrische Mattsee verdankte sich einem Zusammenspiel verschiedener Aspekte. Maßgeblich dafür waren wirtschaftliche Notwendigkeiten, die sich aus der politischen und institutionellen Umgestaltung des Landes und dementsprechend auch der Gemeinde ergaben. Der in Österreich um die Mitte des 19. Jahrhunderts aufkommende Tourismus bot sich für Mattsee idealerweise als Wirtschaftszweig und Quelle zukünftiger Steuereinnahmen an. Mattsee hatte bereits seit Jahrhunderten eine Vorrangstellung im heutigen Salzburger Drei-Seenland inne. Das Stift – ursprünglich als Benediktinerkloster in der frühen zweiten Hälfte des 8. Jahrhunderts gegründet und ab dem 11. Jahrhundert als Kollegiatstift unter der Obhut des Fürstbistums Passau weitergeführt – war das spirituell-kirchliche Zentrum und die Herrschaft Mattsee mit dem Schloss als Sitz des Pfleggerichts das weltliche Verwaltungszentrum für die Orte Mattsee, Obertum, Seeham, Berndorf und Schleedorf. Der maßgebliche Standortvorteil bestand vor allem in der topografischen Lage des Ortes, der von den drei Seen Mattsee, Obertrumer See und Grabensee, die jeweils durch Kanäle miteinander verbunden sind, geprägt wird. Das Malerische des Ortes wird von den erratisch in die Höhe ragenden Felsblöcken des Wartsteins und des Schlossberges, sowie der sanfthügeligen Landschaft der Umgebung zwischen Buchberg, Tannberg und Haunsberg bestimmt. Die geologischen Formationen wurden zum einen durch die jüngere Eiszeit geschaffen, zum anderen sind sie während der Bildung der Alpen entstanden und mit Ablagerungen des Thetys-Meeres durchsetzt. Diese natürlichen Gegebenheiten, selbst wenn sie in Verbindung mit den um die Stiftskirche arrondierten Gebäuden und dem Schloss gesehen wurden, stellten an sich zwar eine homogene Einheit dar, doch darüber hinaus regten sie die Wahrnehmung nicht an. Eine besondere Wahrnehmung von Landschaft im ästhetischen Sinne entwickelte sich erst im frühen 19. Jahrhundert, nachdem die Ästhetik als Wissenschaft von der sinnlichen Erkenntnis Teil des philosophischen Denkens der damaligen Zeit wurde[1].

Als sich die ästhetische Wahrnehmung auch der Natur zuwandte, als sich neben dem Kunstschönen auch das Naturschöne zu einer ästhetischen Größe entwickelte, wurde den natürlichen Gegebenheiten einer Landschaft ein besonderer Stellenwert eingeräumt. Der ästhetische Blick war Ausdruck einer zunehmend subjektiven Wahrnehmung des Schönen. Vereinfacht ausgedrückt, wollte man sich am Vorabend der Französischen Revolution nicht mehr länger vorschreiben lassen, was schön sei oder als schön zu gelten habe. Mit Immanuel Kant (1724–1804) und Georg Wilhelm Friedrich Hegel (1770–1831) haben sich zwei wesentliche Denker in ihren ästhetischen Schriften mit der philosophischen Dimension von Schönheit auseinandergesetzt. In Fortführung ihrer

Gedanken war es Friedrich Schiller (1759–1805), der neben dem Kunstschönen auch das Naturschöne zum Thema machte. Schönheit, so Schiller, sei nicht nur jenen Dingen zuzusprechen, die von Menschenhand geschaffen werden, sondern auch Phänomenen, die die Natur von sich aus hervorbringt. Bislang galt für die Wahrnehmung der Natur, dass ihre Schönheit primär ein Ausdruck gottgewollter Ordnung sei. Ein halbes Jahrhundert später war die ästhetische Wahrnehmung nicht nur zur Selbstverständlichkeit geworden, sondern ganz im Sinne der späten Romantik wurde sie sogar schwärmerisch überhöht. Bei Friedrich Graf Spaur – Domherr in Salzburg und Passau – dem Autor des Reisebüchleins »Lustfahrt auf dem See bei Mattsee« kommt das folgendermaßen zum Ausdruck: »Dort wird ihn (den Besucher) ein an dem Ufer eines mit schönen Waldungen umgebenen großen See's wohl gebautes Kloster regulirter Chorherrn, und ein altes an Ritterzeiten erinnerndes Schloß auf einem malerischen Felsenhügel, dem ehemaligen Sitze des Pfleggerichts, angenehm beschäftigen«[2]. Knapp zehn Jahre später beschreibt der Reiseschriftsteller Franz Anton von Braune in einem Fremdenführer der Stadt Salzburg im Kapitel »Seepartien um Salzburg« Mattsee als ein schönes großes Dorf mit Pfleggericht und Collegiatstift. So richtig ins Schwärmen gerät er bei der Beschreibung der Aussicht vom Tannberg aus: »… das ganze Panorama über Seekirchen nach Salzburg, und in die südlichen Gebirge, und rückwärts in das nördliche Innviertel, stellt besonders bei der Morgenbeleuchtung dem trunkenen Auge lohnend dar«[3].

Ähnlich wie in der literarischen Darstellung bilden auch auf den Gemälden und Stichen, die nach Beginn des 19. Jahrhunderts angefertigt wurden, die Seen, der Schlossberg, der Wartstein und insbesondere auch der 60 Meter hohe Turm der Stiftskirche die sich stets wiederholenden Motive. Es ist eine ruhige, beschauliche und durchaus zum Idyll neigende Atmosphäre, die dabei zum Ausdruck gebracht wird.

Als Lorenz Hübner 1796 seine zweibändige »Beschreibung des Erzstiftes und Reichsfürstenthums Salzburg in Hinsicht auf Topographie und Statistik« herausbrachte, beschrieb er noch einen gänzlich anderen Eindruck von Mattsee. Lorenz Hübner (1751–1807), der von Fürsterzbischof Hieronymus Graf Colloredo nach Salzburg geholt wurde, um ab 1783 als Herausgeber und Redakteur für die Salzburger Zeitung zu arbeiten, verfügte offensichtlich noch nicht über den ästhetischen Blick. Bei ihm erfolgte die Beschreibung der Landschaft ausschließlich nach topografischen Gesichtspunkten, die er in Bezug auf die landwirtschaftliche Nutzung näher ausführte. Über Mattsee schrieb er: »Der größte Theil des Pfleggerichts ist bergicht und von geringem Erträgniß; da die Erde, im Allgemeinen genommen, nur 3 oder 4fach zurückgibt. Verschiedene große Erdstrecken sind Sumpf, oder lockerer, nasser Morgrund.« »Alles dessen ungeachtet«, führt er weiter aus, »erzeugt doch dieser ganze Bezirk immer so viel Getreid, als er zum Unterhalte seiner Bewohner bedarf; und die meisten Jahre, wenn die Schlossenwetter, welche diese Gegend sehr oft besuchen, nicht zu zerstörend sind, noch einigen Überschuß«[4]. Auch die Lage des damals noch fürsterzbischöflichen Schlosses wird von Hübner überaus sachlich beschrieben:

Die Lithografie nach einer Zeichnung von Georg Pezolt mit Blick auf Mattsee von Taxach aus zählt zu einer Serie von 144 Druckgrafiken, die Pezolt zwischen 1837 und 1839 schuf und unter dem Titel »Die interessantesten Punkte von Salzburg, Tirol und Salzkammergut« veröffentlichte.

»Dieses Schloß steht auf einem Felsen, der von dem See umflossen wird, und eine Art von Halbinsel bildet. Unter demselben raget ein aus Quaderstücken erbauter Schauthurm empor, von dem eine hohe Festungsmauer sich bis an den Fuß des Felsens abwärts zieht.«[5]

Interessant ist in diesem Zusammenhang auch die Beschreibung der Bevölkerung unter der Überschrift »Volkscharakter«, wobei er einen auffallenden Unterschied zwischen den Bewohnern des Buchbergs sowie des Tannbergs und Haunsbergs und denen in der Ebene festzustellen glaubt. Während die Menschen, die oben auf den Höhenzügen leben, in seiner Wahrnehmung »meistens wohlgebaute, frische Leute von gesunder Gesichtsfarbe« sind, »sehen die Männer«, die in der Ebene und an den Seen leben; »plump und finster aus«, und »die Weiber haben falbe Gesichtsfarbe, und werden gemeiniglich in den dreyßiger Jahren schon runzlicht«. Erstaunlich ist dabei die Verallgemeinerung von Hübners beschreibender Darstellung der Dorfbevölkerung, zählte er doch, obwohl er von Haus aus ein Geistlicher war, zu den aufgeklärten publizistisch tätigen Persönlichkeiten, die in Salzburg am Ende der fürsterzbischöflichen Epoche wirkten. »Die Bewohner der Dörfer Mattsee, Seeham, und Trumm«, so schrieb er, »sehen größten Theils etwas blöde aus, und leiden vielfältig an kalten Fiebern, woran die nasse Seeluft, und die faulen Ausdünstungen der nahen Moorgründe Ursache sind«[6].

Ganz anders dagegen liest sich Mathias Koch in seinem Reiseführer über Oberösterreich und das Salzkammergut. Er schrieb 1854, dass die Bekanntschaft mit diesem Land »natursinnigen Reisenden eine seltene, häufig nicht geahnte Befriedigung, einen Genuß, an den sich die angenehmsten Erinnerungen knüpfen, gewährt«[7]. Als der Reiseführer über Oberösterreich und das Salzkammergut erschien, war Salzburg zwar schon wieder ein selbstständiges Kronland, wurde aber noch von Linz aus verwaltet.

Selbst wenn Salzburg nicht im Titel des Reiseführers aufscheint, ist doch, wenn es ums Rühmen der Landschaft geht, viel und oft von Salzburg die Rede. »Wenn man den Plainerberg im Rücken hat, und durch das Lengfelderthal kommt, so bemerkt man sogleich die große Veränderung im Charakter der Landschaft. Man sieht blos noch Landberge und Hügel und ein reiches Saaten- und Wiesenland, alles von ungemein freundlichem und mildem Ansehen.«[8] Der Autor begleitete die Leser weiter über Elixhausen und Obertrum nach Mattsee, »dessen romantische Lage« an den Seen und Bergen besonders hervorgehoben wird. Geschrieben wurde dieser Reiseführer, so merkte Koch in seiner Vorrede an, um nicht nur außereuropäische Länder mit großer Ausführlichkeit zu behandeln, sondern dieselbe Aufmerksamkeit auch deutschen Ländern und Völkern zuteilwerden zu lassen[9]. Ein Reiseführer, wie er von Koch verfasst wurde, ist durchaus schon als modern zu bezeichnen, verbindet er doch objektive Information mit subjektiven Eindrücken des Autors, was die landschaftlichen Reize der jeweiligen Regionen betrifft. Reisebeschreibungen dieser Art haben erheblich zur Entwicklung des inländischen Tourismus, dessen wesentliche Ausprägung die Sommerfrische war, beigetragen.

Die Anfänge des Tourismus gehen in Österreich zeitgleich mit der Erschließung des alpinen Raumes einher und der Österreichische Alpenverein, der am 19. November 1862 im Grünen Saal der Akademie der Wissenschaften in Wien gegründet wurde, nahm großen Einfluss auf diese Entwicklung. Die Aneignung der Bergwelt durch immer mehr Menschen kann durchaus als persönliche Begegnung des Einzelnen mit dem Nimbus des Erhabenen, das die Berge umgab, verstanden werden.

Ähnlich verhielt es sich auch mit der Aneignung der Gewässer, insbesondere, was die Seen betraf. Hatte bei Hübner 1796 »die nasse Seeluft« noch Schuld am kränklichen Zustand der Bevölkerung, war in den romantisierenden Beschreibungen der Seenlandschaft rund um Mattsee in den Jahrzehnten danach keine Rede mehr, und mit dem aufkommenden Tourismus wurde die Schönheit der Landschaft und die positive Wirkung des Seewassers auf die Gesundheit der Menschen in den Mittelpunkt der Beschreibungen gestellt. Was schön ist und was der einzelne Reisende als reizvoll wahrnimmt, soll ihm darüber hinaus auch noch einen Nutzen bringen. Das ist der Ansatz, den Heinrich Wallmann wählte, sowohl in dem von ihm verfassten Büchlein über Mattsee und seine Umgebung, das 1871 im Selbstverlag des Verfassers erschienen ist[10] wie auch in dem populärwissenschaftlichen Buch über die Heilquellen und Torfbäder im Herzogthum Salzburg[11]. Zur selben Zeit wie die Menschen anfingen, an die Seen und in die Berge zu reisen, begann sich auch der Bädertourismus in größerem Umfang zu entwickeln, sodass sich neben Gastein und Fusch noch eine Reihe kleinerer Kurorte herausbildeten. Dem Wasser wurde über die Heilwirkung bestimmter Quellen hinaus generell eine gesundheitsfördernde Wirkung attestiert, so auch dem Wasser des Mattsees. »Das Dorf Mattsee liegt am gleichnamigen See, in einer pittoresken Gegend mit prachtvoller Umgebung und herrlichen Fernsichten. Der See hat an einem sehr geeigneten Platze, ein paar hundert Schritte von Dorf Mattsee entfernt, ein 2–6 Fuß (entspricht einer Tiefe von einem halben bis zu knapp zwei Meter) tiefes Ufer in einem grossen Umfange und eignet sich daher zum Seebade ganz besonders. Sein Wasser ist arm an fixen Bestandteilen und seine Temperatur angenehm. Nicht bald dürfte sich ein See so vorteilhaft für Seebäder eignen, als Mattsee; dazu die nächste Nähe der trefflichen Torfmoore, die schöne Lage, die liebliche Umgebung und der bequeme Aufenthalt im Dorfe Mattsee.«[12]

Heinrich Wallmann, der gemeinsam mit dem Stiftsverwalter August Radnitzky und Cajetan Rottmayr zu den unermüdlichen Ideengebern für die Ankurbelung des Tourismus in Mattsee zählte, wurde am 10. Juli 1827 in Mattsee als unehelicher Sohn der neunzehnjährigen Bauerntochter Johanna Wallmann und des zwanzigjährigen Josef Straßer, Sohn eines Amtsgehilfen beim Pfleggericht Mattsee, geboren. Er wuchs bei seinen Großeltern Josef und Katharina Wallmann in deren Haus in Mattsee Nr. 8 auf. Eine Gedenktafel am heutigen Hotel Seewirt erinnert an seinen Geburtsort. Wallmann studierte in Prag und Wien Medizin und wurde 1854 zum Doktor der Medizin promoviert. Nachdem er sich 1855 auf vier Jahre zum Militär verpflichtet hatte, nahm eine sehr bewegte

Die Entwicklung Mattsees in der zweiten Hälfte des 19. Jahrhunderts ist eng mit dem Namen August Radnitzky (1810–1897) verbunden. Der »Fink von Mattsee« trat 1843 seine Lebensstellung als Verwalter des Kollegiatstifts an und wirkte gemeinsam mit seinem Freund Heinrich Wallmann am Aufbau des Fremdenverkehrs in Mattsee mit.

militärische Laufbahn ihren Anfang, die ihn auch an verschiedene Kriegsschauplätze führte. Nach einer Dozentur für pathologische Anatomie war er von 1871 bis 1883 im Reichskriegsministerium tätig und war danach medizinischer Leiter des Militär-Invalidenhauses in Wien und des Garnisonsspitals in Budapest. 1887 ließ er sich als Oberstabsarzt I. Klasse in den Ruhestand versetzen.

Er war Autor populärwissenschaftlicher Bücher, landeskundlicher Schriften und veröffentlichte unter dem Pseudonym Heinrich von der Mattig auch Gedichte, ähnlich wie sein väterlicher Freund August Radnitzky, den er bereits als Gymnasiast im Sommer 1843 in Mattsee kennenlernte. Wallmann hatte eine stark ausgeprägte patriotische Ader in dem Sinne, dass er auf Salzburg und seine Besonderheiten aufmerksam machte wie er auch in Wien für Mattsee eifrig geworben hatte. Außerdem zeichnete Wallmann ein untrügliches Gespür für das aus, was heute als gelungenes Marketing gilt. Um die Attraktionen des Ortes, die er mit angeregt hatte, auch publikumswirksam bekannt zu machen, beschrieb er im oben erwähnten Reiseführer über Mattsee und seine Umgebung ausführlich den See und das nach ihm benannte Bad: »Mattsee hat viele vorzügliche Eigenschaften zum Sommeraufenthalte, und eignet sich auch zum Gebrauche von See- und Moorbädern. In unmittelbarer Nähe des Dorfes, am Weiher, ist ein recht hübscher geräumiger Platz zum Baden«.[13]

Wallmann gab landschaftlich exponierten Plätzen und Orten wie in Mattsee dem Schlossberg oder in Obertrum dem Haunsberg durch die Verbindung zu historischen Ereignissen eine zusätzliche Bedeutung, sodass sich der schöne Platz und die große Geschichte positiv vereinigen konnten und auf Besucher als doppelter Magnet wirkten. Auf dem Haunsberg ließ er auf eigene Kosten ein Denkmal aufstellen, das an den Aufenthalt von Kaiser Josef II. im Jahr 1779 erinnern sollte, als dieser Teile seiner Erblande, darunter auch das im selben Jahr zu Österreich gekommene Innviertel besuchte, wobei peinlich darauf geachtet wurde, die Hofmark Mattsee zu umreiten, die damals noch nicht kaiserlicher

Der in Mattsee geborene Heinrich Wallmann (1827–1898) ließ sich nach dem Studium der Medizin in Prag und Wien als Militärarzt nieder. Daneben war er publizistisch tätig, veröffentlichte unter dem Pseudonym »Heinrich von der Mattig« und war ein sehr engagierter Ideengeber für den Saison-Verein.

Grund und Boden war. In Mattsee setzte er sich dafür ein, dass anlässlich der kaiserlichen Vermählung von Franz Joseph I. und Elisabeth in Bayern, »Sisi«, 1854 auf dem Schlossberg zwei Bäume – eine Eiche und eine Linde – gepflanzt wurden. In Erinnerung an den 200. Geburtstag von August Radnitzky, von dem der damalige Ablauf der Feierlichkeiten überliefert ist, wurde 2010 auf Initiative der Mattseer Prangerstutzenschützen am »Kaiserplatzl« eine Erinnerungstafel angebracht.

Heinrich Wallmann und August Radnitzky, die ein enges freundschaftliches Verhältnis verband, bildeten ein ideales Tandem. Während Radnitzky vor Ort bemüht war, die Mattseer Gewerbetreibenden für Wallmanns Ideen zu gewinnen, damit diese auch umgesetzt werden konnten, publizierte dieser fleißig und machte in seinen Wiener Kreisen eifrig Werbung für die Sommerfrische Mattsee. Außerdem war er von Anfang an Mitglied im Österreichischen Alpenverein und des 1869 von Gustav Jäger gegründeten Österreichischen Touristenclubs, der auch Herausgeber der Zeitschrift »Tourist« war.[14]

Die Entwicklung des Tourismus ab der Mitte des 19. Jahrhunderts und damit die Entdeckung des eigenen Heimatlandes ist aufs Engste mit dem Bau von Eisenbahnlinien verbunden, jener Verkehrsinfrastruktur, die neben dem Transport von Rohstoffen und Gütern auch den Transport einer größeren Anzahl von Menschen ermöglichte. Für Salzburg und Mattsee war der Bau der Kaiserin-Elisabeth-Bahn, der heutigen Westbahnstrecke, die vom Wiener Westbahnhof nach Salzburg führte, von enormer Bedeutung und wurde auch als aufwertendes Zeichen Wiens gegenüber dem seit 1850 wieder selbstständigem Herzogthum Salzburg gewertet. Von der Eröffnung der Bahnstrecke am 12. August 1860 bis zur Eröffnung des Wallmann-Bades am 20. Juli 1869 sind nur acht Jahre vergangen. Dass die Bahn gebaut werden würde, wurde mit einem Staatsvertrag zwischen Österreich und Bayern 1850 besiegelt. Für die Fahrt vom Wiener Westbahnhof bis zum Bahnhof Seekirchen, der sich ab 1898 Seekirchen-Mattsee nannte und als Schnellzug-Station eingerichtet wurde, brauchten die Reisenden einen Tag bzw. etwa neun Stunden.

Die publizistische Tätigkeit Wallmanns, die Gründung der Badegesellschaft, der Bau des »Wallmann-Bades« und 1882 die Gründung des »Saison-Vereines in Mattsee«: alles das deutet darauf hin, dass die Beteiligten, allen voran August Radnitzky, Heinrich Wallmann und Kajetan Rottmaier doch eher planvoll als durch den Zufall geleitet gehandelt haben. Anders als Wallmann und Radnitzky, die durch ihre berufliche und publizistische Tätigkeit auch außerhalb Mattsees bekannt waren, blieb Rottmaiers Wirkungskreis hauptsächlich auf den Ort beschränkt, wo in seinem Geschäft, das auch als »Konversations-Salon« diente, »über Mattsees Wohl und Wehe verhandelt und über (seine) hochfliegenden Pläne debattiert wurde«. »Unser seliger Radnitzky«, hieß es in dem Nachruf auf Rottmaier im »Salzburger Volksblatt« weiter, hat mit seinem faustischen Witz die Luftschlösser Rottmaiers des öfteren abtragen geholfen, der Mattsee als ein zweites Nizza oder Monaco im Traume sah.«[15] Ähnlich wie seine Freunde Wallmann und Radnitzky war Rottmaier von einem unbändigen Lokalpatriotismus beseelt und sehr zäh, wenn es um das Festhalten und Durchsetzen einmal gefasster Beschlüsse ging, so auch bei den Bemühungen um eine Bahnverbindung von Salzburg bzw. Seekirchen nach Mattsee.

Mitglieder der Badegesellschaft waren Matthias Hörmann, Theresia Kummer, geb. Höllwerth, Karl Heilmeier, Bartl Bruckmoser, Kajetan Rottmaier und Josef Berghammer. Da sich die nach Geschlechtern getrennten Badekabinen des Seebads bereits im ersten Jahr als zu wenig erwiesen, wurde die Anlage für die Saison bereits 1870 erweitert. Um die Erhaltung des Bades zukünftig finanziell abzusichern und den Ort allgemein zu verschönern, wurde 1882 der »Saison-Verein in Mattsee« als einer der ersten im damaligen Herzogtum gegründet. Nur die Marktgemeinde Zell am See war schneller und gründete bereits 1875 einen Verschönerungsverein. Mit der Gründung des Saison-Vereins hatte Mattsee tatsächlich Pionierarbeit geleistet. Der in §1 der Statuten beschriebene Vereinszweck lautet: »[…] im Interesse des Ortes Mattsee und Umgebung nach Maßgabe der Mittel und lokalen Verhältnisse alle jene Einrichtungen und Veranstaltungen anzuregen, zu fördern und zu schaffen, welche geeignet sind, den Mattsee besuchenden Sommergästen den Aufenthalt daselbst möglichst angenehm zu machen und eben dadurch den Verkehr derselben zu steigern«.[16] Ehrenmitglieder waren neben Heinrich Wallmann der Notar Albert Hasl, der Salzburger Arzt Roman Wiesthaler und der Wiener jüdische Schriftsteller Balduin Groller, alias Adalbert Goldschneider. 1892 hatte der Verein bereits 50 Mitglieder und Mattsee zählte 260 Sommergäste. Dass es trotz aller gemeinsamen Bestrebungen immer wieder schwierig war, die handelnden Personen für einen gemeinsamen Nenner zu gewinnen, davon zeugt ein Brief August Radnitzkys an Heinrich Wallmann vom 6. Juli 1871, in dem der schrieb: »Es ist hohe Zeit, dass du kömmst und mit allen Himmelkreuzdonnerwettern über die Indolenz, Borniertheit, Zerfahrenheit, Blindheit […] der Mattseer Gewerbsleute dreinfährst.«[17]

Die Geschichte des Fremdenverkehrs in Mattsee ist fast von Anbeginn an auch eine Geschichte des Antisemitismus. Im selben Jahr, als in Mattsee der

Saison-Verein gegründet wurde, begann der auf dem niederösterreichischen Schloss Rosenau residierende Gutsbesitzer und Reichstagsabgeordnete Georg Heinrich Ritter von Schönerer mit der Gründung des »Deutschen Schulvereins« explizit deutschnational zu agieren. Als Schönerer 1885 das Linzer Programm um den »Arierparagraphen« erweiterte, wonach jüdischen Personen die Aufnahme in deutschnationale Vereine verwehrt wurde, missachtete er die im Staatsgrundgesetz festgelegte Gleichstellung der jüdischen Bevölkerung. Dieser in Deutschland und Österreich früheste dokumentierte »Arierparagraph« wurde insbesondere von nationalistisch geprägten Sportvereinen, dem Alpenverein und Burschenschaften rasch übernommen.

Während sich die Sommerfrische – ursprünglich ein Privileg des Adels, der sich im Sommer auf seine Landgüter zurückzog – zu Beginn des 19. Jahrhunderts noch auf die ländlichen Regionen rund um die die großen Städte beschränkte, wie in Wien auf die Dörfer am Rande des Wienerwaldes, erweiterte sich nach 1860 der Radius erheblich. »In der Gründerzeit ging die Sommerfrische in die geografische und soziale Breite«, schrieb der Linzer Historiker Roman Sandgruber[18] dazu. Mattsee profitierte von dieser gesellschaftlichen Entwicklung und wurde zu einem erklärten Sommerfrische-Ziel des Wiener Bürgertums, das weder Reichenau noch Abbazia oder Ischl im Visier hatte. Zu diesem Wiener Bürgertum, das in der Gründerzeit zu Wohlstand gekommen war, zählten selbstverständlich auch jüdische Persönlichkeiten und Familien, für die die Dezemberverfassung des Jahres 1867 die uneingeschränkte Gleichberechtigung mit allen anderen Staatsbürgern brachte.

Wie in Preußen und in den deutschen Fürstentümern, so ging auch in der österreichischen Monarchie das Aufkommen des Antisemitismus beinahe zeitgleich mit Tolerierung und Emanzipation der Juden einher. Während in Preußen von König Friedrich Wilhelm III. bereits 1812 das Preußische Judenedikt erlassen wurde, welches 1847 durch ein Gesetz über die Verhältnisse von Juden abgelöst wurde, veränderte sich die Situation für die Juden in der Habsburger-Monarchie erst mit der sogenannten Dezemberverfassung des Jahres 1867 grundlegend. Das österreichische Staatsgrundgesetz gewährte den Juden von nun an die uneingeschränkte Gleichberechtigung mit allen anderen Staatsbürgern. So wurde die Gleichheit vor dem Gesetz manifest. Im entsprechenden Gesetzestext heißt es: »Für alle Angehörigen der im Reichsrate vertretenen Königreiche und Länder besteht ein allgemeines österreichisches Staatsbürgerrecht.« Wenige Tage später wurde die Gleichstellung der Juden auch in der transleithanischen Reichshälfte, womit Ungarn gemeint ist, mit Artikel 17 des ungarischen Verfassungsgesetzes durchgesetzt. Daraufhin setzte sich eine gewaltige jüdische Migrationswelle in Bewegung, und Wien war um 1900 in Europa die Stadt mit dem drittgrößten Anteil an jüdischen Einwohnern. Zur Relativierung der rechtlichen Situation ist in diesem Zusammenhang zu erwähnen, dass sich viele Juden ohne österreichische Staatsbürgerschaft in Wien aufhielten, was sie wiederum zu Heimatlosen machte, weil Heimatrecht und Staatsbürgerschaft aufs Engste miteinander verschränkt waren.

Mattsee

Die schöne Lage, die liebliche Umgebung, der bequeme Aufenthalt im Dorf und die Nähe zu »dem trefflichen Torfmoore« waren beste Voraussetzungen für ein Seebad. Mit dem 1869 eröffneten Wallmannsbad schrieb Mattsee als erstes Salzburger Seebad Tourismusgeschichte.

Die von den Habsburgern unterstützte und geförderte Vorherrschaft der katholischen Kirche hat in Österreich dazu geführt, dass der religiös bedingte Hass der Katholiken auf die Juden flächendeckend anzutreffen war und sich in Schmähungen klischeehafter Art zum Ausdruck brachte. Abgesehen von der Physiognomie war es vor allem der Zinswucher-Jude, der heimischen Geschäftsleuten und Bauern das Leben schwer machte. Haben wir es hier mit religiös besetzten Vorurteilen zu tun, zeigt der aufkommende rassisch gefärbte Antisemitismus ein weitgehend anderes Gesicht. Die Auflösung des *ancien régime* im Anschluss an die Französische Revolution und die Neuordnung Europas nach dem Wiener Kongress hatte die Ausbildung der Nationalstaaten zur Folge. Die fortschreitende Entwicklung der Nationalstaaten oder deren Verzögerung wie in der Donaumonarchie förderte einen Nationalismus, der sich zusehends ausbreitete und sich mit dem Rassismus verbündete. Das an den Rändern bröckelnde

Habsburgerreich mit seiner Vielzahl an Ethnien war dafür eine prädestinierte Spielwiese. Antisemitismus ist aus der damaligen »multikulturellen« Gesellschaft, die per se nationalistisch ausgerichtet war, erwachsen. Gerald Lamprecht vom Centrum für Jüdische Studien Graz schreibt dazu: »Antisemitismus ist nichts ›dämonisch Selbständiges‹, kein unabhängiges und unheimliches historisches Subjekt also, auch kein ›fait social‹, kein sozialer Tatbestand, der hinter dem Rücken der Menschen entsteht und sich über ihre Köpfe hinweg durchsetzt. Antisemitismus ist ebenso wenig ein Glied in einer Kette ewigen christlichen-religiösen Judenhasses. Antisemitismus ist vielmehr ein soziales Phänomen, dessen Entstehung unmittelbar mit den fundamentalen gesellschaftlichen Umbrüchen des 19. Jahrhunderts und den daraus resultierenden sozialen Verwerfungen, mentalen Verunsicherungen und kulturellen Entwurzlungen zusammenhängt. Der Antisemitismus war Symptom einer umfassenden Anti-Haltung, mit der Zeitgenossen auf die sozialen Konflikte und gesellschaftlich-kulturellen Verunsicherungen reagierten.«[19]

Die frühen Anfänge des Tourismus in Mattsee haben dementsprechend auch zu frühen Konfrontationen mit antisemitischen Störungen deutschnationaler Gruppierungen geführt. So sah sich der Vorstand des Mattseer Saison-Vereins bereits 1889 zu einer Stellungnahme genötigt, die in Anlehnung an die im Staatsgrundgesetz erfolgte Gleichstellung folgendermaßen lautete: »Jeder Sommergast – ob Jude oder Christ, der anständig lebt, ist gleich zu achten.«[20] Mit dieser öffentlich getätigten Aussage hatte sich der Saison-Verein deutlich gegen den rassisch bestimmten Antisemitismus gestellt und mit der einstimmigen Ernennung von Balduin Groller als Ehrenmitglied des Saison-Vereins ein deutliches politisches Zeichen gesetzt. Ob seine Ernennung zum Ehrenmitglied offiziell in Anerkennung seiner Verdienste um die Reklame für Mattsee in Wien vollzogen wurde und politisch nur inoffiziell intendiert war, sei dahingestellt. Wesentlich war das Signal in beide Richtungen, sowohl als Willkommenssignal an die jüdischen Sommergäste als auch als Mahnung an die antisemitisch eingestellten Deutschnationalen.

Balduin Groller, der als Adalbert Goldscheider am 5. September 1848 im ungarischen Arad geboren wurde und am 22. März 1916 in Wien verstarb, war neben seiner schriftstellerischen und journalistischen Tätigkeit auch Vizepräsident des 1906 gegründeten »Allgemeinen Sportausschusses für Österreich«, einer weitgehend unparteiischen Vereinigung von Sportverbänden unter der Leitung von Viktor Silberer, der ebenfalls als Journalist, Schriftsteller und Politiker arbeitete und als Pionier der österreichischen Luftfahrt Geschichte geschrieben hat.

Bekannt und berühmt wurde Balduin Groller als Schöpfer der Detektivfigur Dagobert Trostler, einem Wiener Sherlock Holmes. Groller machte nicht nur mündlich in Wien Werbung für Mattsee, sondern auch auf literarische Art und Weise in seinen Novellen. In der um 1910 entstandenen Novelle »In schlechter Form« lässt er die Handlung in Mattsee spielen und beginnt den Text mit einer pfiffigen Sympathiekundgebung für die Sommerfrische Mattsee: »Mattsee ist ein stiller, züchtiger Ort im Salzburgischen. Die Berge dort sind nicht eben

Der im ungarischen Arad als Adalbert Goldscheider geborene Balduin Groller (1848–1916) war Feuilletonjournalist in Wien und als Sportfunktionär einer der Wegbereiter des heutigen Nationalen Olympischen Comitees. Bekannt wurde er als Autor zahlreicher Novellen und Geschichten, berühmt machte ihn seine Detektivfigur Dagobert Trostler, dessen Spürsinn dem von Sherlock Holmes in nichts nachsteht. Balduin Groller kam höchstwahrscheinlich auf Empfehlung von Heinrich Wallmann zur Sommerfrische nach Mattsee und hat den Ort auch mehrfach literarisch verewigt. Nach den ersten rassistisch motivierten antisemitischen Strömungen unter den Wiener Sommerfrischlern wurde der Jude Groller zum Ehrenmitglied des Mattseer Saison-Vereins ernannt.

unbescheiden hoch, aber auch das hat sein Gutes: das Wasser im See ist angenehm warm, und es bedarf daher nicht immer erst eines heroischen Entschlusses, sich hineinzustürzen, um ein Bad zu nehmen. Das kleine Nest liegt auch an einem See, eigentlich sogar an drei Seen, ganz eigentlich nur an zweien, aber der dritte gehört mit dazu. Denn er ist durch einen Kanal mit den zwei anderen verbunden, die ihrerseits ebenfalls durch einen Kanal miteinander verbunden sind. Für Wasservergnügungen ist also ausreichend gesorgt … Das Bravourstück, alle drei Seen in einem Zug zu durchschwimmen, hat überhaupt noch keiner versucht, was eigentlich trotz der augenscheinlich ungewöhnlichen Schwierigkeit des Unternehmens recht merkwürdig ist. Denn die Gesellschaft in Mattsee – natürlich ist damit die Sommergesellschaft gemeint und nicht das Häuflein der biederen Gewerbsleute und Bauern, die die ständige Bewohnerschaft bilden – ist kolossal sportlich gesinnt.«[21]

Ein deutschnationaler Salon
Anton Breitner, der Scheffeltürmer von Mattsee

Als Anton Carl Maria Breitner am 18. März 1858 in Wien geboren wurde, kamen ein paar Monate später die ersten Sommergäste in den Ort[22]. Um diese Zeit war die Bahnstrecke von Wien nach Salzburg und weiter nach München zwar schon in Bau, aber noch nicht fertiggestellt und Mattsee hatte auch noch kein Seebad. Das Fortbewegungsmittel erster Wahl war nach wie vor die Kutsche.

23 Jahre später, am 12. September 1881 heiratete Anton Breitner, noch nicht ganz volljährig, in Mattsee Paulina Forsthuber, die Enkelin des Mattseer Medizinal-Chirurgen Anton Haug[23]. Noch wissen wir nicht, wie und wann Rosalia Breitner, Antons Mutter, auf Mattsee aufmerksam gemacht wurde. Vielleicht war es Heinrich Wallmann, möglicherweise aber auch Josef Hinterstoißer, der im März 1875 zum Vormund ihres Sohnes Anton bestellt wurde. Josef Hinterstoißer kam aus kleinen Salzburger Verhältnissen – der Vater war Briefträger – und studierte in Wien Medizin. Wenn wir die Eintragungen von Alterzbischof Karl Berg im Gästebuch der Villa Hinterstoißer[24] heranziehen, dann war es doch eher Hinterstoißer als Wallmann. Der Alt-Erzbischof, der erste Bewohner der Villa in ihrer neuen Bestimmung als Wohnsitz der emeritierten Salzburger Erzbischöfe, bezog sich in seinen Notizen auf Erzählungen von Simon Feichtner, dem langjährigen Mattseer Vize-Bürgermeister, der den Sachverhalt aber auch nur aus Erzählungen gekannt hatte. »Ende der 1860er und anfangs der 1870er-Jahre kam öfter ein junger Medizinstudent nach Mattsee, womit Josef Hinterstoißer, der spätere Wiener Gerichtspsychiater gemeint war. Hinterstoißer verkehrte als anerkannter Wiener Gerichtspsychiater in den Zirkeln um die Hofschauspielerin und Kaiser-Muse Katharina Schratt und war ein höchst begehrter Kavalier, wohl auch, weil er lange unverheiratet geblieben war. 1844 in Salzburg geboren, heiratete er am 10. April 1901 in der Michaelerkirche in Wien die 28 Jahre jüngere Ida, geborene Zeipelt, verwitwete/geschiedene Stephenson, der Anton Breitner mit einem Eintrag ins bereits erwähnte Gästebuch der Villa Hinterstoißer vom 3. Oktober 1926, zwei Jahre vor seinem Tod, gestand: »Dir habe ich mein Wissen und meine Freude am Schönen zu danken.«[25]

Weil Antons Mutter, Rosalia Breitner, jüdischer Abstammung war, wurde die Geburt ihres Sohnes im entsprechenden Taufbuch der Israelitischen Kultusgemeinde in Wien eingetragen. Als ihren Herkunfts- bzw. Aufenthaltsort hatte Rosalia Breitner damals Altofen[26] eintragen lassen. Inwieweit das bereits als erstes Mosaiksteinchen im Vertuschen der unehelichen Geburt war, lässt sich noch nicht endgültig sagen.

Der Vater von Anton Breitner war Anton Eugen Dreher (1810–1863), Sohn eines Brauers und zurzeit von Antons Geburt Inhaber der größten Brauerei des europäischen Festlandes. Innerhalb weniger Jahre hatte er aus dem

Klein-Schwechater Brauhaus, das er zuerst von seiner verwitweten Mutter pachtete und später kaufte, die führende europäische Brauerei außerhalb Englands gemacht. Der enorme unternehmerische und wirtschaftliche Erfolg gründete sich auf der Einführung des untergärigen Bieres, dessen Herstellungsweise er während einer Englandreise im Jahr 1837 kennenlernte. Neben Mautner-Markhof war Dreher der zweite Bierbrauer der Monarchie, der zum Brauen eine Dampfmaschine einsetzte, die heute im Technischen Museum Wien zu besichtigen ist. Unter Anton Dreher jun., dem Halbbruder von Anton Breitner, konnte die Produktion nach der Übernahme des Unternehmens nicht nur verdoppelt werden, es entstand sogar das weltweit größte Brauereiunternehmen, das von einem Eigentümer geführt wurde.

Als Anton Breitner geboren wurde, war seine Mutter Rosalia, auch Rosi genannt, 21 Jahre alt. Sie galt in den sechziger Jahren des vorigen Jahrhunderts als eine der bezauberndsten Frauen Wiens, zumindest wird dies in einem Artikel im »Salzburger Volksblatt«[27] so dargestellt. Unter der Überschrift »Das Grabmal der Frau Anna Breitner« ist zu lesen: »Unter den neu erstandenen Grabmalen auf dem Kommunalfriedhof fällt jenes unmittelbar neben der neuen Leichenhalle besonders auf. Aus der dunklen Umrahmung von Adneter Lienbacher-Marmor leuchtet in edlem, weißen Stein ein Frauenbildnis von ungewöhnlichem Reiz. Es stellt Frau Anna Breitner dar, die Mutter des Schriftstellers Anton Breitner in Mattsee. Sie galt in den sechziger Jahren des vorigen Jahrhunderts als eine der bezauberndsten Frauen Wiens. Das Porträt stammt von dem Wiener Bildhauer Gustav Jekel, der der reifen Schönheit dieses fein modellierten Kopfes alles Edle und Mütterliche zu geben wusste, das dieser Frau eigen war, sodass ein Kunstwerk von vollendeter Art entstanden ist.« Anton Dreher war damals in zweiter Ehe mit Anna Maria, geborene Herrfeldt aus Regensburg verheiratet und Vater eines neunjährigen Sohnes mit Namen Anton Carl Maria. Exakt unter dem gleichen Namen – Anton Carl Maria – wurde der Sohn von Rosalia Breitner und Anton Dreher, nachdem seine Geburt im Taufbuch der Israelitischen Kultusgemeinde eingetragen wurde, am 13. November 1858 in der Pfarre Wien-Margarethen römisch-katholisch getauft. Dieser Eintrag ist in mehrfacher Hinsicht von besonderem Interesse. Einmal belegt er, dass Anton Breitner, obwohl jüdisch geboren, knapp acht Monate später mit Einwilligung des Magistrats der Stadt Wien katholisch getauft wurde. Zum zweiten finden sich in diesem Matrikeneintrag auch Hinweise auf die jüdischen Eltern von Rosalia Breitner. Ihr Vater, Carl Breitner, ist als jüdischer Kaufmann vermerkt und ihre Mutter unter dem Namen Theresia, geb. Bachner. Drittens gibt ein nachträglich hinzugefügter Vermerk darüber Aufschluss, dass Rosalia Breitner »laut beigebrachten Taufscheins in der Pfarre zu den Schotten in Wien zur katholischen Religion übergetreten ist«. Dieser Hinweis ist vom 14. Juni 1876 datiert. Nach der Einführung des Staatsgrundgesetzes 1867, das die allgemeinen Rechte des Bürgers festschrieb, wurden im Jahr darauf die Interkonfessionellen Gesetze erlassen, die das Prozedere eines Kirchenaustritts bzw. einer Konvertierung festlegten. Dabei wurde auch der Status der Konfessionslosigkeit geschaffen, was eine zivile Matrikenführung bei der

Rosalia, auch Anna Rosa, Breitner (1837–1915), war die Tochter des jüdischen Wiener Textilhändlers Carl Breitner und seiner Frau Theresia. Sie galt als eine der bezauberndsten Wienerinnen ihrer Zeit. 1884 erwarb sie das Ambrosgütl, heute Burghard-Breitner-Weg 28, das sie bis an ihr Lebensende als Sommersitz bewohnte.

politischen Behörde zur Folge hatte. Im Zuge dessen wurden generell die Modalitäten eines Religionswechsels geregelt. Für Wien bedeutete das, dass der Austritt aus einer Konfession bzw. ein Wechsel beim Magistrat zu erfolgen hatte.[28] Rosi (Rosalia) Keppich, geb. Breitner, vollzog laut Register 1874 einen dieser 18 000 Austritte, wobei keine Geschäftszahlen angeführt sind, weder eine des Wiener Magistrats noch eine der Israelitischen Kultusgemeinde. Im angeführten Vermerk des Taufbuches wurde 1876 der Übertritt zum katholischen Glauben vollzogen.

Für Antons Sohn Burghard wurde die Religionszugehörigkeit seiner Großmutter 1938, als nach der Machtübernahme der Nationalsozialisten in Österreich jüdisch stämmige Professoren aus dem Dienst entlassen wurden, zu einer existenziellen Frage. Rosalia Breitner war eindeutig jüdischer Abstammung, und auch ihr Übertritt zum katholischen Glauben hatte nach der Gesetzgebung der Nationalsozialisten darauf keinen Einfluss. Ihr Sohn Anton war, obwohl auch er katholisch getauft war, Halbjude. Demnach kam Burghard Breitner als »Vierteljude« für den Staatsdienst nicht mehr in Frage.[29]

Anton Breitner wurde zwar unehelich geboren, jedoch von seinem leiblichen Vater als Sohn anerkannt und mit einem beträchtlichen Vermögen ausgestattet. Dieses wurde mündelsicher angelegt und von einem Vormund verwaltet. Dokumentarisch belegt ist, dass Dr. Josef Hinterstoißer im März 1875 als Vormund Dr. Leon Mileocki nachfolgte, der verstorben war und die Vormundschaft seit 10. Dezember 1861 innehatte. In dem Dokument[30] wird Antons Mutter, Rosalia Breitner, als »Kaufmannsgattin und verwitwete Keppich« angeführt, wiewohl es keinen Hinweis auf eine entsprechende Eheschließung gibt und im Sterbebuch der Pfarre St. Andrä in der Stadt Salzburg unter der Rubrik Besonderheiten dezidiert angeführt ist, dass der Eintrag, was Familienstand und Namen betrifft, unvollständig bleiben muss, weil auch ihr Sohn Anton darüber keine Auskünfte geben kann, oder wollte, wie hinzuzufügen ist. Es darf in diesem Zusammenhang der Vermutung gefolgt werden, dass Rosalia Breitner die uneheliche Geburt ihres Sohnes Anton durchaus vertuschen wollte und dafür eine nie vollzogene Eheschließung vortäuschte. Auch das Schreiben des Wiener k. u. k. Statthalters vom 16. Mai 1879[31] ist an Frau Rosa Anna Keppich, geb. Breitner, Kaufmannswitwe in Wien gerichtet. Darin wird mitgeteilt, dass ihr die Bearbeitung des Ansuchens um die Verleihung der österreichischen Staatsbürgerschaft gegen Vorlage einer vorläufigen Nachweisung der Entlassung aus dem ungarischen Staatsangehörigen-Verbande zugesichert wird, vorausgesetzt, der erforderliche Nachweis wird innerhalb von sechs Monaten dem Magistrat vorgelegt. Über eine weitere Bearbeitung des Ansuchens bzw. über die Verleihung der österreichischen Staatsbürgerschaft liegen keine Erkenntnisse vor. Dokumente oder Hinweise, wonach Rosa Anna Breitner je verheiratet war bzw. ungarische Staatsbürgerin wurde, konnten bislang nicht ausgeforscht werden. Über die Tatsache der unehelichen Geburt wurde innerhalb der Familie und im gesellschaftlichen Umgang ein Mantel des Schweigens gehüllt. Darauf hat auch Frau Rosa Steiner in einem Zeitzeugen-Gespräch[32] hingewiesen. Sie war als Mädchen bzw. junge Frau nach dem Ersten Weltkrieg im Haushalt der Breitner-Villa beschäftigt. Als Burghard Breitner sich im April 1938 um die Dokumente bemühte, die zur Ausstellung des geforderten Ariernachweises notwendig waren, insbesondere seine Großmutter väterlicherseits, Rosalia Breitner, betreffend, dokumentierte er in einem Brief an den Freund Wolfgang Widter, dass er von seiner Mutter erklärt bekommen habe, dass die Großmutter »ein außereheliches Kind einer katholischen Müllerstochter mit einem ungarischen Magnaten gewesen«[33] sei. Zumindest wisse sie das von ihrem Mann, Burghards Vater Anton Breitner. Im selben Absatz wird aber auch eine Bestätigung des Rabbiners von Alt-Ofen erwähnt, die besagt, dass Breitners Großmutter nicht in den Matriken eingetragen ist. Man wusste um die jüdische Abstammung, wollte sie aber aus unterschiedlichen Gründen unter allen Umständen vertuschen.

    Über Kindheit und Jugend Anton Breitners in Wien sind bislang nur wenige Daten bekannt. Jedenfalls wissen wir aus einem Schulzeugnis eines Gymnasiums in Krems, dass er ein mehr als lausiger Schüler gewesen sein muss. Im Trauungsbuch der Pfarre Mattsee ist er als »Hauseigenthümer« eingetragen.

    Als der knapp Zwanzigjährige mit seiner Mutter erstmals zur Sommerfrische nach Mattsee kam und sofort Gefallen am Ort und der Umgebung fand, mag dies auch in einen Zusammenhang mit der Ruhe und der Überschaubarkeit des Lebensalltags im Dorf gebracht werden. Vielleicht hatte er in einem Leben auf dem Land auch das Angebot einer möglichen Identität wahrgenommen, die ihm selbst fehlte oder die er als zu wenig ausgeprägt erlebte. Sein biografischer Hintergrund mit der unehelichen Geburt und deren Vertuschung, der jüdischen Abstammung, dem Konvertieren zur katholischen Kirche auf der einen und dem zu erwartenden Vermögen auf der anderen Seite, war nicht danach ausgerichtet, Stabilität und Identität auszubilden. Anton Breitner fehlte der Vater. Im Vorwort zu dem 1894 erschienenen Roman »Diemut« beschrieb er die Gegend, die zu seiner Heimat wurde. Es kann davon ausgegangen werden, dass Anton Breitner dabei auch sich selbst im Blick hatte, wenn es heißt: »… der Mattiggau, ein

Herzruhaus für jenen Müden, der in wilder Gebirgsschlucht oder an einsamer Meeresküste seinem Herzen und Gemüth vergeblich Trost und Ruhe gesucht, nachdem ihm das Schicksal übel zugesetzt und er der Welt und ihres Lärmens überdrüssig geworden.«[34]

Der Welt und ihres Lärmens überdrüssig geworden. Das bedeutete in Breitners wirklicher Welt Wien, die laute, hektische und übervölkerte Metropole im Rausch der Gründerzeit mit all den rasanten technischen und gesellschaftlichen Neuerungen. In Mattsee hatte Anton Breitner eine neue, eine andere Welt gefunden, die seinen Bedürfnissen eher entsprach. In geistiger Hinsicht war es die Literatur des damaligen Bestseller-Autors Joseph Victor von Scheffel, in der Breitner sein Zuhause fand.

Joseph Victor von Scheffel war bereits zu Lebzeiten einer der meistgelesenen deutschen Autoren seiner Zeit, und die beiden Hauptwerke »Der Trompeter von Säckingen« und »Ekkehard« wurden über zweihundertmal aufgelegt. Das Geheimnis seines Erfolgs lag in der Mischung aus behandeltem historischem Stoff, einer bildungsbeflissenen Art der Beschreibung und einer Sprache, die auch schon damals aus der Zeit gefallen zu sein schien. Der in den Texten angeschlagene »hohe Ton« brachte die Verehrung für den beschriebenen Stoff überdeutlich zum Ausdruck. Ganz im Sinne des Historismus blieb die Gegenwart dabei fast völlig ausgespart, was wohl auch der maßgebliche Grund dafür war, dass die Bücher so immens den Nerv der Zeit getroffen haben. Scheffel lieferte den Gegenentwurf zur ungehemmten Modernität der Gründerzeit.

Der Lieblingsschriftsteller des deutschen Kanzlers Bismarck war alles in allem ein liberaler deutscher Intellektueller der 1848er-Generation mit dem Habitus einer gewissen Kirchenfeindlichkeit und der Mitgliedschaft in verschiedenen Burschenschaften. Neben den beiden Romanen »Der Trompeter von Säckingen« und »Ekkehard« waren es auch die unzähligen Gedichte und Verse, die zu seiner Popularität beitrugen. Zum Anti-Modernismus in Scheffels Werk gesellte sich auch ein latenter Nationalismus, der mit dem nach der Reichsgründung 1871 eingesetzten Scheffel-Kult erst so richtig auf fruchtbaren Boden fiel.

Auch Anton Breitner war als junger Mann Scheffel verfallen und machte ihn zu seinem Hausgott und Übervater und wenn man so will auch zum Vaterersatz. Als Spross einer Liaison seiner Mutter mit dem Bier-Industriellen Anton Dreher spielte der Vater schon im Leben des kleinen Anton eine mehr als nachgeordnete Rolle, für den Heranwachsenden war der Vater durch den frühen Tod überhaupt nicht mehr vorhanden. Ein nicht zu unterschätzendes Detail in der biographischen Betrachtung Anton Breitners liegt in der Vermutung, dass seine Geburt auch den Zweck verfolgte, die Nachkommenschaft von Anton Dreher sicherzustellen, da der um neun Jahre ältere Bruder von schwächlicher Natur und gesundheitlich nicht sehr stabil war. Ab wann und in welchem Umfang Anton Breitner über diese »Lebenshypothek« informiert war, oder ob diese gar der Grund für den Rückzug in die Idylle war, ist nicht belegbar.[35]

Joseph Scheffel war für Anton Breitner jedenfalls viel mehr als nur der bewunderte Autor und Namensgeber für den zweiten Sohn Burghard, der in Verehrung

Anton Breitner und seine Frau Paulina, geb Forsthuber. Ihretwegen entschied sich Anton für ein Leben in Mattsee und nahm den Konflikt mit der Mutter in Kauf, die diese Verbindung alles andere als standesgemäß erachtete.

des Meisters wohl nach dem St. Gallener Klosterschüler Burckhard in Scheffels »Ekkehard« auf den Namen »Burghard« getauft wurde. Scheffel wurde zu Breitners geistiger Heimat, die sich nach dem Bezug der Villa auf dem Vorderwartstein 1886 mit der tatsächlichen Heimat zu einem Kosmos »verklärter Provinz«[36] verschmolz.

Ein vergleichender Blick auf Fotos der Villa »Seehalde«, dem Anwesen Scheffels in Radolfszell über dem Bodensee, und der Breitner-Villa am Vorderwartstein mit Blick auf den Obertrumer See, offenbart eine verblüffende Ähnlichkeit, die sich nicht nur in Lage und Position, sondern auch in Details der historisierenden Ausgestaltung niederschlägt. Anton Breitner beauftragte für die Planung die Wiener Architekten Heinrich Claus und Moritz Hinträger. Die für ihren Stil der Wiener Neo-Renaissance bekannten Architekten hatten viele Auftraggeber aus gut betuchten Kreisen in den Kronländern der Donaumonarchie. Wie aus einer Planskizze ersichtlich ist, sah der ursprüngliche Entwurf ein durchaus schlossähnliches Anwesen vor. Jedenfalls ist der Bau der Villa, wie er in den Jahren 1884 bis 1886 realisiert wurde und heute noch – im Wesentlichen unverändert – am Vorderwartstein steht, um einiges kleiner als geplant ausgefallen. Bezeichnend für den Stil der sogenannten Wiener Neo-Renaissance waren Rückgriffe auf antikisierende Stilelemente der französischen und deutschen Renaissance. »Eine asymmetrische Anordnung von Erkern, Balkonen, Loggien, Giebeln und Türmen gewährleistete die abwechslungsreiche und malerische Ansicht des Gebäudes«, wie ein Eintrag im Architektenlexikon[37] ausführt.

Mit der Entscheidung für ein Leben in Mattsee, der Hochzeit 1881, der Geburt der Söhne Roland 1882 und Burghard 1884, mit der Fertigstellung und dem Bezug der Villa 1886 fügte sich auch das äußere und familiäre Leben in den Rahmen ein, der von einer gewissen Abkehr von den damals aktuellen Strömungen geprägt war. Die Dominanz des Historismus, das heißt der Rückgriff auf vergangene Stile und Epochen, hatte von Anton Breitner umfänglich Besitz

Mileva Roller, geb. Stoisavljevic (1886–1949) war die Frau des bekannten Bühnenbildners und Mitbegründers der Salzburger Festspiele Alfred Roller, der sie als seine Schülerin an der Kunstgewerbeschule Wien kennenlernte und 1906 heiratete. Mileva Roller wurde nicht nur Nachbarin der Breitner-Villa, sondern auch eine enge Vertraute der Familie, insbesondere auch von Burghard Breitner. Um eine Totenskizze von Anton Breitner anzufertigen, reiste sie spontan aus Wien an.

ergriffen, sodass es mehr als auf der Hand lag, dass er der Moderne auch in seinem eigenen schriftstellerischen Schaffen entsagte. Mit dem 1892 erschienenen Erstlingswerk »Der Mönch von Mattsee« schuf er in Thema und Form eine Kopie von Scheffels »Ekkehard«, wohl auch, um dem verehrten Meister die entsprechende Referenz zu erweisen. Als Vorbild diente ihm dabei Erzbischof Pilgrim II. von Puchheim, der vielfach für den Mönch von Salzburg gehalten wurde.

Für die zwei Jahre später erschienene Publikation »Diemut«, die er ausdrücklich als eine Skizze mit scharf umrissenem historischem Hintergrund beschrieb, ging Breitner in das mittelalterliche Mattsee der Ritterzeit zurück. »Altertümelnd wie das Kleid ist auch das Wesen des Buches. Aber gar bald heimelt uns die vergilbte Schreibweise an, und wir begreifen, dass sich ein stilisiertes Kunstwerk ebenso genießen läßt, wie ein realistisches.«[38] Kurz nach Erscheinen von »Diemut« überraschte Breitner mit »Vindobonas Rose«[39] und einige Jahre später mit dem »Literarischen Scherbengericht«[40], einem »genialen, heiteren und kunsthandwerklich beachtenswerten Wurf.«[41] Von Überraschung ist deshalb die Rede, weil Anton Breitner mit beiden Werken die herkömmliche Form des Publizierens und Büchermachens verließ. Sowohl bei der einer römischen Bücherschachtel nachempfundenen zylinderförmigen Dose, in der die Buchseiten wie antike Schriftrollen aufgewickelt waren, als auch bei der antikisierenden Vase aus Pappmaché mit den aus Pappkarton gestanzten »Scherben« hatte Breitner Form und Inhalt historisierend mit Rückgriff auf die griechische und römische Antike präsentiert. In »Vindobonas Rose« wurde Anton Breitner zum Zeitgenossen des römischen Dichters Catull (Gaius Valerius Catullus), der sich brieflich entschuldigt hatte, die versprochenen Verse in Ermangelung einer Bücherschachtel nicht schicken zu können. Um den Mangel zu beheben, kreierte Breitner eine entsprechende Schachtel in Form eines Zylinders. Mit dem Literarischen Scherbengericht erinnerte Breitner an die Ära des Ostrakismos im Griechenland des 5. Jahrhunderts, als die Bürger aufgerufen waren, den Namen jenes Atheners, der aus Gründen der Staatsräson verbannt werden sollte, auf Tonscherben zu schreiben. Unmittelbar angeregt wurde Breitner »durch einen Zeitungsartikel über Ausgrabungen nahe der Akropolis in Athen, der von Überresten des 470 v. Chr. über den athenischen Staatsmann Themistokles abgehaltenen Ostrakismos«[42].

Anders als sein großes Vorbild Scheffel war Breitner kein Schriftsteller, der die Massen erreichte. Die Auflagenzahlen waren eher bescheiden und der von ihm selbst geleistete finanzielle Aufwand ungleich höher als die Einnahmen aus dem Verkauf.

Neben der Herausgabe der Scheffel-Jahrbücher und einer umfassenden Scheffel-Bibliographie arbeitete Breitner an einem Manuskript, dessen Geschichte im Salzburg zur Römerzeit spielt. Der Text trägt den Titel »Cäsarenwahn« und umfasst 355 maschingeschriebene Seiten, die zu sechs Heften gebunden sind. Im Vorwort dazu verwies Breitner auf die Figur des Erzählers, einen »anonymen Poeten der ersten historischen Dichtung auf dem Boden Salzburgs, der 1845 notierte, dass der Verfasser dieser Dichtung dieselbe in den ersten Jahren »seiner heimatlichen Verweilung in Salzburg« geschrieben habe. Die Figur des Erzählers, identisch mit dem Autor Breitner, vermerkte außerdem, dass diese Dichtung erst nach seinem Tode gedruckt werden solle.[43] An anderer Stelle des Vorwortes rechtfertigt Breitner sich selbst gegenüber, dass er zu Hause am Schreibtisch sitzt und nichts Praktisches unternimmt, um das Schicksal des Sohnes zu ändern. »Ehrenvoller und Pflicht wär's, den in Russland Gefangenen zu befreien. Nun ist aber beklagenswerter Weise der Erdenpilger nicht immer so nützlich erschaffen, seinen Platz nur dort zweckdienlich auszufüllen, wo es notwendig ist.«

Spätestens als Anton Breitner 1889 den Scheffelbund gründete und kurz darauf begann, im Westturm der Villa ein Scheffelmuseum einzurichten, hatte er das grassierende »Deutschtum«, das mit der Reichsgründung in Versailles 1871 eine lodernde Fackel entzündete, ganz und gar für sich angenommen, wohl auch, um den unehelich geborenen Wiener Juden in ihm kleiner zu machen. Die schriftstellerische Arbeit, das archäologische Wirken in und um Mattsee,[44] die Tätigkeiten im Zusammenhang mit der Leitung des Scheffelbundes und der Sammlungstätigkeit für das Museum ließen ihn zu einem beachteten und geachteten Mitglied des Salzburger kulturellen Lebens werden und das Haus am Vorderwartstein – gastfreundlich geführt von seiner Frau Pauline – zu einem geschätzten Treffpunkt von Journalisten, Schriftstellern, Künstlern, Verlegern und Lehrern werden, die allesamt eher das Lied von der großen deutschen Nation anzustimmen bereit waren als die »Internationale« der Sozialisten oder die Choräle der Kirche. Dass das auf Kosten einer ursprünglichen und grundsätzlich liberalen Haltung gehen musste, wurde wohl erst wahrgenommen, als die Fackel des Nationalen dem kleinen liberalen Flämmchen längst den Sauerstoff entzogen hatte.

Für die Entstehung der deutschnationalen Bewegung in Österreich sind im Wesentlichen zwei Gründe zu nennen. Zum einen fühlten sich die Deutschsprachigen in der Donaumonarchie von der deutschen Einigung, die mit der Gründung des Deutschen Kaiserreichs 1870/71 vollzogen wurde, ausgeschlossen. Zum anderen reduzierte sich der Einfluss der deutschsprachigen Bevölkerung, der sich nicht zuletzt aus der Vorstellung ableitete, dass die Deutschen den anderen Nationalitäten in der Monarchie überlegen seien. Darüber hinaus war das deutschnationale Lager besonders anfällig für den aufkommenden rassisch motivierten Antisemitismus.[45]

Als Anführer der Deutschnationalen und lautstarker Vertreter ihrer Ideen tat sich besonders Georg Heinrich Ritter von Schönerer (1842–1921) hervor. Der auf Schloss Rosenau in Niederösterreich residierende Gutsherr, Landwirt und Reichsratsabgeordneter sorgte sich vor allem um den Erhalt der deutschen Schulen in gemischtsprachigen Gebieten. Der ansonsten in sozialen Belangen seiner Bediensteten sehr liberale und aufgeschlossene Gutsherr gründete bereits 1880 den »Deutschen Schulverein«, dem es hauptsächlich um die Finanzierung deutscher Schulen in jenen Gebieten der Monarchie ging, in denen Zweisprachigkeit herrschte. Zwei Jahre später gründete Schönerer den Deutschnationalen Verein und arbeitete gemeinsam mit Victor Adler, dem späteren Sozialdemokraten jüdischer Herkunft, und anderen Gleichgesinnten das sogenannte Linzer Programm aus, das als Gründungsschrift der Deutschnationalen in der Donaumonarchie gilt und neben einer Reihe durchaus legitimer Forderungen, wie der nach einer Erweiterung des Wahlrechts sowie nach Vereins- und Pressefreiheit, vor allem den Schutz der deutschsprachigen Bevölkerung und Deutsch als Staatssprache einforderte. Mit Schönerer schwoll eine sehr aggressive antisemitische Stimme an, die das deutschnationale Lager zum Nährboden für einen rassisch motivierten Antisemitismus aufbereitete. Seine Losung lautete: »Ohne Juda, ohne Rom, bauen wir Germaniens Dom«. Als Reichsratsabgeordneter forderte Schönerer 1884 in einer Sitzung des Plenums die Auflösung des Vertrags mit Baron Rothschild als Hauptaktionär der Nordbahn. Als Begründung für seine Attacke gegen die Bankiersfamilie, die als Geldgeber des Kaiserhauses hoch angesehen war, nannte er die »jüdische Bedrohung« und rief gleichzeitig dazu auf, sich auf einen großen Kampf vorzubereiten. Schönerers Kampf galt dem

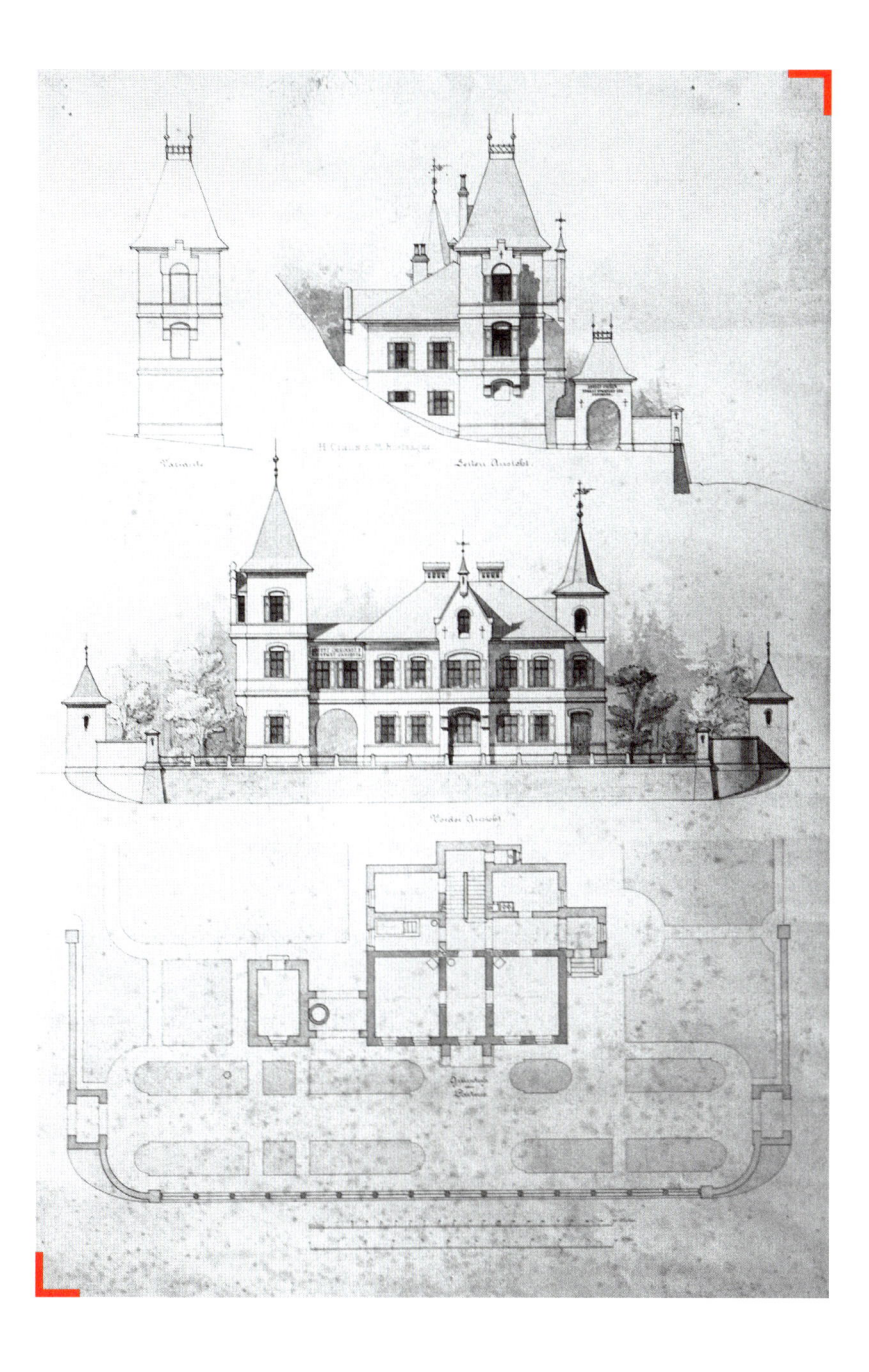

Die Pläne für die zwischen 1884 und 1886 erbaute Villa Breitner stammen von den Wiener Architekten Heinrich Claus und Moritz Hinträger, die für ihre Zeit sehr gefragte Architekten waren und vornehmlich für das aufstrebende Bürgertum Villen im Stile der Wiener Neo-Renaissance bauten.

(von links nach rechts): Hans Seebach, Pseudonym für Hans Demel (1872–1932), war Lehrer und Schriftsteller; August Brunetti-Pisano (1870–1943) Komponist und eine Zeit lang auch als Sportlehrer tätig, und Anton Breitner im Garten der Villa am Wartstein, die für viele Salzburger Intellektuelle, Künstler und Schriftsteller ein gern besuchter Ort war.

Judentum als Rasse, und er wurde dabei mehr als deutlich: »Ob Jud, ob Christ ist einerlei – in der Rasse liegt die Schweinerei«. Die ausgesprochene Bedrohung richtete sich gleichermaßen gegen Juden wie gegen die allgemeine Bevölkerung, die das Judentum und dessen Agenten unterstützt. Diese massive antisemitische Haltung Schönerers schlug sich auch im Linzer Programm nieder, das 1885 um einen »Arierparagraphen« erweitert wurde, was folgerichtig zum Bruch mit Victor Adler und zur Spaltung der Bewegung führte. Dem Arierparagraphen zufolge konnte jüdischen Bürgerinnen und Bürgern die Mitgliedschaft in Vereinen vorenthalten werden, wovon vor allem Sport- und Turnverbände sowie der Alpenverein Gebrauch gemacht hatten.

All jene Deutschnationalen, die dem Staat gegenüber loyal blieben, formierten sich zum Deutschen Klub, aus dem schließlich 1896 die Deutsche Volkspartei hervorging. Dagegen stand die Alldeutsche Bewegung der Anhänger Schönerers, die jedoch nicht so erfolgreich war und nach der Wahlreform von 1906/07 eine weitere Schwächung hinnehmen musste.

Bevor Anton Breitner im März 1908 seinen 50. Geburtstag feierte, stellte sich sein Freund und Weggefährte, der Historiker Hans Widmann, zu Weihnachten 1907 mit einem Gästebuch als Geschenk ein. Wie es sich für die Zeit und die handelnden Personen gehörte, verfasste Widmann auch ein entsprechendes Gedicht, das die erste Seite prägt und mit den Zeilen endet: »Fährt er dann aus ins weite Land/Dann drück' er dankend Eure Hand/Und wo er geh' und wo er steh'/Vergeß' er nie das Haus am See.«[46]

Hans Widmann hatte damit sicherlich den Geschmack des Hausherrn getroffen, weil die Eintragungen zumindest bis zum Ausbruch des Ersten Weltkrieges sehr umfangreich sind. Noch viel mehr erwies Widmann damit aber der Nachwelt einen Dienst, denn so lässt sich gut in Erfahrung bringen, wer zum Freundes- und Gästekreis von Anton und Paulina Breitner sowie später auch der Söhne Roland und Burghard zählte.

Häufige Gäste und Besucher waren, wie schon angeführt, der Historiker Hans Widmann, der 1888 nach Stationen in Görz, Steyr und Brünn ans k. u. k. Staatsgymnasium nach Salzburg versetzt wurde und auch Lehrer der Breitner-Söhne war. Neben seiner pädagogischen Arbeit war er auch als Literaturkritiker tätig und publizierte regelmäßig im »Salzburger Volksblatt«, wobei er sich auch für zeitgenössische moderne Autoren einsetzte. Darüber hinaus redigierte er die »Mitteilungen der Gesellschaft für Salzburger Landeskunde« und nach der gewünschten vorzeitigen Versetzung in den Ruhestand arbeitete er über zehn Jahre an der dreibändigen Salzburger Landesgeschichte[47], die bis zur achtteiligen »Geschichte Salzburgs« von Heinz Dopsch und Hans Spatzenegger[48] als Standardwerk galt. Weiters finden sich darin die Namen von Hans Demel, auch er war Lehrer und wirkte daneben unter dem Pseudonym Hans Seebach als Literaturkritiker sowie Schriftsteller und Verfasser von Puppenspielen. Einer der häufigsten Besucher im Haus am Wartstein war jedoch der Komponist August Brunetti-Pisano (1870–1943), der zwischendurch auch als Vertretungslehrer für den erkrankten Naturforscher und Alpinisten Ludwig Purtscheller am k. u. k. Staatsgymnasium einsprang. Brunetti-Pisano, der sich selbst im Nimbus des verkannten Genies suhlte und gerne den Bogen von Mozart zu sich als Komponisten spannte, fand in Anton Breitner einen großzügigen Fürsprecher und Förderer, der mehrmals sogar die teure Drucklegung seiner Kompositionen finanzierte[49].

Wie Burghard Breitner in seiner posthum erschienenen Autobiografie »Hand an zwei Pflügen«[50] schrieb, war August Brunetti-Pisano in den sportlich ausgeprägten Körper des Schülers vernarrt. Eine Sportverletzung, die Burghard Breitner für mehrere Wochen ins Bett zwang, nahm der Turnlehrer als willkommenen Anlass, ihn zu Hause am Wartstein zu besuchen und man darf annehmen, dass der zum Exaltierten neigende Brunetti-Pisano für homoerotische Empfindungen durchaus anfällig war. Jedenfalls bestand zwischen dem Schüler Breitner und dem um 14 Jahre älteren Komponisten ein engeres Band, als es für Schüler und Lehrer üblich ist, was zahlreiche Besuche in Mattsee belegen, vor allem aber auch die 1912 von Burghard Breitner verfasste Streitschrift »August Brunetti-Pisano – ein Kampfruf«[51], »in der sich Breiter vehement für seinen künstlerischen Freund einsetzte und eine größere Beachtung seiner Musik förderte«[52]. Als Brunetti von Burghard Breitner über den Inhalt der von ihm verfassten Streitschrift informiert wurde, folgte der Dankesbrief prompt, und Brunetti rang ganz offensichtlich um die entsprechenden Worte. »Mit heißem Dank bestätige ich den richtigen Empfang Deiner durch gnadenreiche, tief verständige und edelste Menschen zustande gekommene Expresstat. Für so große Liebe fehlen die Worte.«[53] Brunetti tat sich schwer, den Überschwang seiner Gefühle zu zügeln, so ist in den Briefen häufig von »Carissimo«, vom »Teuersten«, vom »treu und innig ergebenen« die Rede. Brunetti blieb Burghard Breitner während des Krieges und der Gefangenschaft treu und innig ergeben und war wie Hans Seebach maßgeblich an der »Dr. Burghard Breitner-Feier« im Stadt-Theater in Salzburg am 24. November 1920[54] anlässlich seiner Rückkehr aus der Gefangenschaft beteiligt. Hans

Anton Dreher, der Ältere (1810–1863) – sitzend – war in zweiter Ehe, nachdem die erste kinderlos geblieben war, mit der aus Regensburg stammenden Anna Herfeldt verheiratet. Der gemeinsame Sohn Anton Carl Maria (1849– 1921) hat als Anton Dreher, der Jüngere, europäische Biergeschichte geschrieben. Da er als Kind schwach und kränklich war, sicherte sich sein Vater mit Carl Anton Maria Breitner, dem Spross aus der Liaison mit Rosalia Breitner, einen »Ersatzerben«.

Seebach sprach die Begrüßungsworte und August Brunetti-Pisano steuerte die Zwischenmusik zur Uraufführung des von Burghard Breitner verfassten Schauspiels »Madonna im Glück«[55] bei: Vorspiel zu »Treibeis«[56] und »In einer Sommernacht«[57] nach einem Gedicht von Burghard Breitner.

Ein ebenso gern gesehener Gast und großzügiger Gönner am Wartstein war insbesondere während und nach dem Ersten Weltkrieg und der Gefangennahme Burghard Breitners Hans Glaser, der Verleger des »Salzburger Volksblatts«. Glaser war einer der drei Schwiegersöhne von Reinhard Kiesel, dem Begründer des Druck- und Verlagshauses Kiesel in der Rainerstraße in der Stadt Salzburg, wo die prononciert national-liberale Salzburger Tageszeitung, das »Salzburger Volksblatt«, 100 Jahre lang verlegt und gedruckt wurde.

Über viele Jahre sehr gerne gesehene Gäste in der Villa Breitner waren auch die Rollers und die Teschners. Als Burghard Breitner nach Beendigung seines Medizinstudiums verschiedentlich als Arzt Schiffsreisen begleitete, lernte er auf einer Nordland-Passage Künstler aus dem Kreis um Gustav Klimt kennen, zu denen auch der heute noch bekannte Grafiker und Schöpfer des berühmten Figurentheaters Richard Teschner (1879–1948) und dessen Frau Emma Teschner-Paulick sowie der berühmte Bühnenbildner, Hitlerprotegé und Mitbegründer der Salzburger Festspiele Alfred Roller und dessen Ehefrau Mileva, eine vielseitige Künstlerin des Jugendstils, zählten. Mileva Roller war Burghard Breitner sehr zugetan und besetzte geschickt die vakante Stelle der Frau an seiner Seite. Als er 1929 die Primararzt-Stelle an der Rudolfstiftung antrat und gleichzeitig, der Position entsprechend, eine Privatordination eröffnete, half Mileva, wo es nur ging, sie wählte die Möbel aus und half mit Tafelsilber aus, um das, wie könnte es anders sein, nach dem Tod Burghard Breitners zwar kein Krieg, aber eine kleine Fehde ausbrach. Während es mit der Familie Roller, die in nächster Nachbarschaft zur Breitner-Villa ein Sommerhaus am Vorderwartstein bezog, zum Bruch kam, blieb die Freundschaft mit Richard und Emma Teschner bis zu deren Tod bestehen. Die stark deutschnationale Prägung führte in der Familie Breitner durchaus zu Sympathien dem Nationalsozialismus gegenüber, ohne jedoch auch nur in Ansätzen dogmatische Verfechter des Regimes zu sein. Wegen der stark ausgeprägten nationalsozialistischen Haltung des jüngeren Roller-Sohnes Ulrich, der im Sommer 1934 nach dem Juli-Putsch zwei Jahre in Haft war, kam es schließlich zum Bruch. Alfred Roller selbst war als Sohn einer Brünner Bürgerfamilie deutschnational und – abseits seiner künstlerischen Kontakte – nicht gerade philosemitisch eingestellt.[58]

Mit Ausbruch des Ersten Weltkrieges begann Breitners Welt, die längst schon brüchig geworden war, auseinanderzubrechen. Literarisch war er an den selbst aufgezogenen Grenzen seines rigorosen Rückzugs gescheitert. Vom literarischen Ruhm seines Idols – Joseph Scheffel – war Breitner meilenweit entfernt und eine Öffnung zur Moderne hin konnte und wollte er offensichtlich nicht vollziehen, vielmehr gefiel er sich in der Rolle, über seine Gegner »Literarisches Scherbengericht«[59] zu halten und einer heillosen Nostalgie das Wort zu reden. Mit Ausbruch des Ersten Weltkrieges begann auch der Ruhm Scheffels zu schwinden, weil die Welt, die er besang, plötzlich keine Gültigkeit mehr hatte. Um die Idee des Nationalen zu retten und zu feiern, um im Krieg zu bestehen, musste der Moderne der Vortritt gelassen werden, denn nur sie stellte das Kriegszeug her und nicht die schön geredete Welt von Gestern und Vorgestern, die längst vergangene Zeit der Ritter sowie der griechischen und römischen Antike. Ab Ausrufung des Krieges zählten nur mehr das Diktat der Gegenwart und die Rettung der Zukunft. Anton Breitners Idylle – so sie für ihn überhaupt noch bestand – ist gänzlich im Herbst 1914 zerschellt, als die Nachricht eintraf, dass das sein Sohn Burghard von den Russen gefangen genommen wurde und der Abtransport in ein Gefangenenlager im Osten Sibiriens bevorstand. Am Ende des Krieges hatte die Familie wegen der Zeichnung von Kriegsanleihen außerdem den Großteil ihres beweglichen Vermögens verloren und sie musste bis zum Herbst 1920 warten, ehe der Sohn Burghard aus der Gefangenschaft heimkehren konnte.

Das von Anton Breitner nach Gründung des Scheffelbundes errichtete Scheffelmuseum im Westturm der Villa wurde zum Wallfahrtsort all jener, die sich der Welt des Historismus verschrieben hatten, weil sie der Industrialisierung und den damit einhergehenden gesellschaftlichen Veränderungen ablehnend gegenüberstanden.

Richard Teschner (1879–19489), Maler, Grafiker und Kunsthandwerker, der das Puppentheater entscheidend weiterentwickelte, zählte gemeinsam mit seiner Frau Emma Bacher-Paulick zu den engsten und längsten Freunden Burghard Breitners und war ein gern gesehener Gast in der Villa. Er sagte Burghard am Tag des Attentats von Sarajewo voraus, dass er in den Krieg ziehen werde und weit fort sein würde, unerreichbar weit.

Die Welt war zusammengebrochen und mit ihr die Konstruktionen seiner Existenz. Die verklärte Welt von gestern hatte keinen Bestand mehr und die abgelehnte Moderne hatte die Welt in Brand gesetzt. Aber der fürs erste geplatzte Traum von der großen deutschen Idee begann mit den Nationalsozialisten erneut zu wachsen.

Wir wissen nicht, ob Anton Breitner daran noch interessiert war, während er Zwiesprache mit den Tieren hielt und am Wartsteinspitz die untergehende Sonne anbetete. Unter der Überschrift »Der romantische Heilige am Mattsee« setzte ihm Milenka (Mileva) Roller anlässlich seines 70. Geburtstages im »Neuen Wiener Journal« ein bewegendes Denkmal: »Seine warme, gütige, mitfühlende, alles umsorgende Menschlichkeit, die keinen Menschen unbeachtet, ungetröstet, unbeschenkt – kein leidendes Tier ungepflegt, keine abgerissene, weggeworfene Blume nicht ins Wasser gerettet, keinen Tierkadaver unbegraben sehen kann – artet manchmal in tragikomische Clownerie aus, über die man lacht und doch tieferschüttert ist.«[60] Sechs Wochen später, am 30. Mai 1928, ist Anton Breitner in Mattsee verstorben. Ein Jahr zuvor wurden die Bestände des Museums an den Deutschen Scheffelbund nach Karlsruhe verkauft. Dem eifrig-treuen und ergebenen Scheffeltürmer blieb auf der letzten Strecke seines Lebens ein verwaister Turm als stummer Zeuge der einstigen geistigen Heimat.

»Judenrein« lässt die Kassen klingeln
Fremdenverkehr und Antisemitismus

In den beiden letzten Jahrzehnten des 19. Jahrhunderts hatte sich der Fremdenverkehr in Österreich so weit entwickelt, dass er als eigenständiger Wirtschaftszweig wahrgenommen und in die Statistiken aufgenommen wurde. Wie die Weiterentwicklung dieses Wirtschaftszweiges forciert wurde, war aber eher eine regionale Frage in den einzelnen Kronländern, als dass von einem nationalen Wirtschaftsplan für den Tourismus die Rede hätte sein können. Ab 1890 wurden erste Statistiken veröffentlicht und 1909 erhielt Österreich ein Departement für Fremdenverkehr, das unter dem Dach des Ministeriums für öffentliche Arbeiten eingerichtet wurde. Im Jahr 1911 verteilten sich die Gäste auf 2 336 Tourismusorte in den österreichischen Kronländern mit knapp 15 000 Betrieben und zahlreichen Privatvermietern, die insgesamt 496 239 Betten zur Verfügung hatten[61]. Insgesamt wies Österreich bis zum Ausbruch des Ersten Weltkrieges eine durchaus günstige Tourismusbilanz auf. Es kamen mehr Touristen ins Land als Österreicher ins Ausland reisten.

Für Mattsee weisen Aufzeichnungen die ersten Gäste für den Sommer 1857[62] nach. Die Zahlen stiegen von Jahr zu Jahr gemächlich, sodass für das Jahr 1909 bereits insgesamt 1 256 Sommergäste gemeldet waren. Zu dieser Zahl sind noch 75 Personen zu addieren, die als begleitendes Dienstpersonal vermerkt wurden. Als es in den Jahren nach dem Ersten Weltkrieg wirtschaftlich wieder aufwärts ging, kamen in den Monaten von Anfang Juni bis Ende September durchschnittlich 1 200 Feriengäste nach Mattsee, die in den allermeisten Fällen mindestens vier Wochen im Ort blieben[63].

Das Reiseverhalten der Menschen ist seit jeher aufs Engste mit den jeweils bestehenden politischen Verhältnissen verknüpft. Das betrifft zum einen die Erlaubnis, überhaupt reisen zu dürfen, das heißt aus dem eigenen Land auszureisen und in ein anderes Land einzureisen. Zum anderen gab es immer auch geopolitische Bedingungen, die es geboten scheinen ließen, in ein Land wegen instabiler politischer und wirtschaftlicher Verhältnisse nicht zu reisen. Der zunehmende rassistisch motivierte Antisemitismus um die Wende vom 19. zum 20. Jahrhundert schuf eine zusätzliche Ebene im Verhältnis von Reiseverhalten und politischem Umfeld.

Womit Georg von Schönerer in den frühen 1880er-Jahren begonnen hatte, wurde vom Wiener Bürgermeister Karl Lueger (1844–1910), dem »Herrgott von Wien«, wie er bewundernd genannt wurde, fortgesetzt und in vielfachen Nuancierungen verfeinert. Während Schönerer der Bourgeoisie seinen auf germanischem Erhabenheitskult fußenden rassistischen Anitsemitismus einimpfte, ließ Lueger keine Gelegenheit aus, um vor den Wiener Kleinbürgern, Händlern und Gewerbetreibenden gegen das »jüdische Großkapital« Stimmung zu machen. Sein politischer Aufstieg und die Festigung seiner Macht über vier Legislaturperioden hinweg verdankte er der auch von ihm geforderten Wahlrechtsreform von 1885, wonach kleinbürgerlichen Gruppierungen das Wahlrecht eingeräumt wurde. Ermöglicht wurde dies durch die Herabsetzung der direkten Steuerleistung als Bedingung für die Ausübung des Wahlrechts auf fünf Gulden jährlich. Mit sicherem politischen Instinkt wusste er die Wählerschichten aus dem kleinbürgerlichen Milieu für sich zu gewinnen, indem er mehr als fahrlässig mit der antisemitischen Trumpfkarte spielte und für alle existenzbedrohenden Veränderungen der kleinen Gewerbetreibenden und Handwerker das »jüdische Kapital« als Verursacher benannte. Dabei wurden die Folgen eines gravierenden Strukturwandels ebenso den Juden in die Schuhe geschoben wie die Veränderungen, die die generelle Liberalisierung des Marktes mit sich brachte.

Nach dem Bruch zwischen Schönerer und Lueger[64] im Vorfeld der Wahlen vom September 1890 schuf Lueger gemeinsam mit Antisemiten, gemäßigten Deutschnationalen und Reformkatholiken den losen Zusammenschluss der »Vereinigten Christen«, deren ideologisches Gerüst die katholische Sozialreform einerseits und ein wirtschaftlich motivierter Antisemitismus andererseits gepaart mit sozialdemokratischen Versatzstücken bildete. Damit war der Streit im antisemitischen Lager endgültig entschieden[65]. Luegers politisches Kalkül ging auf, obwohl ihm Kaiser Franz Joseph I. die erforderliche Bestätigung verweigert hatte, weil er die verfassungsmäßige Gleichberechtigung aller Bürger unter Lueger nicht gewährleistet sah. Nach einer Audienz beim Kaiser verzichtete Lueger auf das Amt und begnügte sich mit der Position des Vizebürgermeisters. Nachdem Lueger im April 1897 erneut zum Bürgermeister gewählt wurde und Papst Leo III. interveniert hatte, gab der Kaiser nach und erteilte am 16. April 1897 schließlich sein Einverständnis.

Nach Mattsee wurden, wie dargestellt, auf Grund der frühen Bemühungen um den Sommertourismus bereits in den 1880er-Jahren antisemitische Strömungen aus der Reichs- und Residenzstadt Wien importiert, wobei es noch zu keinen persönlichen Angriffen und Schmähungen kam. Dieser Status quo hielt sich bis zum Ausbruch des Ersten Weltkrieges.

Mit dem Ende des Ersten Weltkrieges und der anschließend grassierenden wirtschaftlichen Not änderte sich die Situation grundlegend. War es bereits in der zweiten Hälfte des Krieges zu erheblichen Engpässen in der Lebensmittelversorgung gekommen, spitzte sich die Mangelwirtschaft nach dessen Ende deutlich zu, wofür in zunehmendem Maß den Juden die Schuld in die Schuhe geschoben wurde. Auf politischer Ebene waren es die epochalen Umwälzungen wie der Zusammenbruch der Habsburger-Monarchie und die Gründung von Deutsch-Österreich, jenem »Reststaat«, der am 11. November 1918 proklamiert wurde, sowie die politischen Auseinandersetzungen um die Neugründung der zerfallenen Reiche Russlands, Deutschlands und der Habsburger Monarchie, die Friedensverträge von Versailles und Saint Germain und das für Österreich festgelegte Verbot einer Vereinigung mit Deutschland, die alte antijüdische

Strandbad Mattsee. (Salzburg) 250—10

Der feierlichen Eröffnung des Strandbads im Sommer 1928 gingen viele Verhandlungen und jahrelange Streitereien voraus.

Ressentiments erneut schürten und für den rassistisch motivierten Antisemitismus einen breiten Nährboden schufen.

Der massive Antisemitismus in österreichischen Fremdenverkehrsorten – insbesondere in Gemeinden des Salzburger Flachgaus – muss auch als Folge des Konflikts zwischen der Metropole und der »Provinz« in den Kronländern gelesen werden. Die ehemalige Habsburger-Metropole zählte nach dem Ende des Ersten Weltkrieges etwa 1,8 Millionen Einwohner – 200 000 weniger als bei Kriegsausbruch – davon waren mehr als zehn Prozent Juden. In ländlichen Regionen wie dem Flachgau war der jüdische Anteil an der Gesamtbevölkerung verschwindend klein. In diesem Zusammenhang muss von einer schiefen Projektion des Geschehens in der Reichs- und Residenzstadt Wien auf die Tourismusorte im ländlichen Raum gesprochen werden. Was in der Zweimillionen-Metropole Wien – von Schönerer und Lueger gut aufbereitet – als Themen einer forcierten tagespolitischen Auseinandersetzung wahrgenommen wurden, aber als ein Thema unter mehreren, nahm sich im Dorf oder in der Kleinstadt ungleich größer aus, vor allem auch, weil die Anwürfe mit derselben Kraft formuliert wurden, wie sie von der politischen Propaganda in der Metropole bekannt wurden[66]. Dabei darf nicht übersehen werden, dass der rassistisch motivierte Antisemitismus in den ländlichen Regionen auf einen bereits manifest vorhandenen religiös untermauerten Antijudaismus traf.

Die wirtschaftliche Lage unmittelbar nach dem Ersten Weltkrieg war in der Hauptsache durch Engpässe in der Versorgung mit Lebensmitteln und Gütern des täglichen Bedarfs geprägt. Teile der christlich-sozial und deutsch-national orientierten Parteien und deren Sympathisanten verstanden es, das Judentum oder die Juden für den Mangel zumindest mitverantwortlich zu machen. Ausschlaggebend für die Schuldzuweisung waren in der Hauptsache die vielen aus Galizien, Ostpolen und aus Russland bzw. der Sowjetunion geflohenen Städeljuden[67], die arm, ausgehungert und verlaust in Wien angekommen sind. Die mehr als miserable Wirtschaftslage, die höchst instabilen politischen Verhältnisse und das soziale Elend der vielen Flüchtlinge waren der ideale Nährboden für Xenophobie und Angst vor dem Verlust der eigenen Identität. Diese Ängste sind auch deshalb auf so fruchtbaren Boden gefallen, weil von sozialem Abstieg, Verarmung, Existenznot und Überlebenskampf zum ersten Mal alle gesellschaftlichen Schichten betroffen waren und nicht nur die Ränder der Gesellschaft. Der Niedergang der Monarchie, der Zerfall des bislang gültigen Wertesystems, der Wegfall adeliger Privilegien und der damit verbundene gesellschaftliche Abstieg haben Menschen zu Bittstellern gemacht, die nur wenige Jahre zuvor noch tonangebend waren oder sich zumindest so gefühlt haben. Der verlorene Weltkrieg und in Folge davon der Zusammenbruch der Finanzmärkte hat auch viele bürgerliche Familien und Gewerbetreibende um ihr – zumindest – bewegliches Vermögen gebracht. Das Zeichnen von Kriegsanleihen – verstanden als patriotische Pflicht und wohl auch als Spekulation auf die goldenen Zeiten danach – wurde von Seiten des Staates mit propagandistischer Wucht forciert. Nur zwei Drittel des Finanzaufwandes für den Ersten Weltkrieg kamen aus dem Budget, drei Fünftel wurden über Kriegsanleihen lukriert, die neben der Bevölkerung auch von der Waffenindustrie gezeichnet wurden. Wer die Schuldverschreibungen nicht bis zum 15. Mai 1919 einlösen konnte, blieb auf den wertlos gewordenen Coupons sitzen[68]. Für diesen enormen Kapitalverlust wurden Schuldige gesucht und in den Juden gefunden.

Was als »Sommerfrischen-Antisemitismus« in den vergangenen Jahren historisch ausführlich untersucht wurde, hat sich in der Regel in kleineren Gemeinden zwischen Niederösterreich und Tirol abgespielt. Es waren etwa 70 Orte in sieben Bundesländern[69], die mit dem Etikett der »judenreinen Sommerfrische« warben und damit auch gute Geschäfte machten. Eine dieser Gemeinden war Mattsee. Während sich größere Tourismusorte wie Bad Gastein, Bad Ischl, Bad Aussee oder Zell am See zumindest während der Saison judenfreundlich gaben, blieben die kleinen ihrer Linie ganzjährig treu. In einem Beitrag in der »Wiener Allgemeinen Zeitung« wurde diese fragwürdige Praxis entsprechend kritisch aufgegriffen. Es ist völlig zu Recht von einem fragilen Idyll die Rede, da Juden nur aus wirtschaftlichen Gründen akzeptiert wurden. Man sprach von einem saisonalen Antisemitismus: »Bis Mitte Juli radikal antisemitisch, Mitte Juni bis Mitte September verlogen judenfreundlich – Judengeld ist eben doch auch Geld – und vom halben September an wieder radikal antisemitisch«[70].

Sommerfrische-Antisemitismus und »Alpen-Apartheid« war auch nichts spezifisch Österreichisches. Die Phänomene waren auch im Deutschen Reich zu beobachten, allerdings in einem erheblich geringeren Ausmaß, wie Frank Boyot[71] ausführte. Der aggressive dörfliche Rassenhass in den österreichischen Tourismusgemeinden konnte sich ungebremst ausbreiten und stieß kaum auf Widerstände. Im Gegenteil, wurde er doch durch politische Würden- und Entscheidungsträger angestoßen und gefördert, die sich für die entsprechenden Empfehlungen und Beschlüsse in Gemeindegremien stark machten. Im niederösterreichischen Wallfahrtsort Maria Taferl empfahl der Bürgermeister bereits 1920 den Vermietern im Ort, Juden keine Unterkunft zu gewähren[72].

In besonderem Maße auffallend ist, wie ausgeprägt sich der Sommerfrischen-Antisemitismus im Salzburger Flachgau darstellte. Neben Mattsee trat hier besonders auch Seekirchen in den Vordergrund, das sich erst später als Mattsee durch den Bau von Strandbädern als Sommerfrische-Ort etablierte. Nach dem Ersten Weltkrieg prägte in Seekirchen wie in Mattsee der Antisemitismus die Werbung für den Ort.[73] Maßgeblichen Einfluss auf die antisemitische Stoßrichtung in Seekirchen hatte der Jurist und Reichsratsabgeordnete Julius Sylvester (1854–1944), der sich im Ort niedergelassen und in der Ortschaft Zell ein Strandbad errichtet hatte. Sylvester war ein glühender Anhänger Georg von Schönerers und brachte dessen Rassenideologie nach Salzburg, wo er von 1894–1898 Mitglied des Gemeinderats war und zwei Jahre als Vizebürgermeister amtierte. Als er Anfang der 1890er-Jahre in Seekirchen das Zeller Schlösschen erwarb, gründete er dort einen Zweigverein des »Antisemitenbundes«. Dieser 1919 von Anton Jerzabek, 1867–1939, gegründete Verein hieß mit vollem Namen: »›Deutschösterreichischer Schutzverein Antisemiten-Bund‹ und war eine antisemitische Sammelbewegung mit dem Vereinszweck der möglichst vollständigen Sammlung aller deutschösterreichischen Staatsbürger Deutschösterreichs in gemeinsamer, lückenlos geschlossener Abwehrreihe behufs einiger Führung des Notwehr- und Selbsterhaltungskampfes des deutschösterreichischen Volksganzen gegen das Semitentum«.[74] Publizistisches Sprachrohr des Antisemitenbundes war die Wochenzeitung »Der eiserne Besen«, die zuerst in Wien erschien und ab 1922 in Salzburg herausgegeben wurde. Die Gründung der Salzburger Ortsgruppe des Antisemitenbundes fand im August 1921 statt, die Gründung der Ortsgruppe Mattsee im Frühjahr 1925. Wohl weil Bundeskanzler Engelbert Dollfuß während seiner Zeit als katholischer Studentenführer regelmäßig vor dem Antisemitenbund Vorträge hielt, wurde das 1933 ausgesprochene Bestandsverbot des Vereins wegen der Nähe zur NSDAP nicht exekutiert[75].

In Mattsee agitierte der aus Wien stammende Arzt Arnold Mannlicher (1880–1958) voll und ganz im Sinne des Antisemitenbundes. Mannlicher studierte in Wien Medizin und ließ sich 1912 als praktischer Arzt in Mattsee nieder. Zuvor betrieb er in Obertrum eine Ordination, wo er auch wohnte und wo am 23. Mai

SEESTRAND- UND MOORBAD
MATTSEE
LAND SALZBURG OESTERREICH
503 m ü. M. Wärmster See der Nordalpen, 22—24° Cels

Ständiger Autobus-Verkehr
mit der Stadt Salzburg
Abfahrt vom Residenzplatz
Familienkabinen
Einzelbäder ⚡ Abonnement
Moor- und Medizinal-Bäder
Billigste Bade- und Pensionspreise

In den Jahren nach dem Ersten Weltkrieg brach in zahlreichen österreichischen Tourismusorten ein rassistisch gefärbter Antisemitismus aus. Die Gemeinden priesen sich unverhohlen als »judenreine Sommerfrische« an und handelten auch entsprechend. Der Salzburger Flachgau war davon besonders betroffen.

1910 sein Sohn Herbert geboren wurde. Verheiratet war Arnold Mannlicher mit der Wiener Professorentochter Auguste Weiss, die er höchstwahrscheinlich während eines Mattsee-Urlaubs kennengelernt hatte.

Als 1925 auch in Mattsee eine »Filiale« gegründet wurde, geschah dies wohl auch auf Mannlichers Initiative, war er doch um diese Zeit bereits als Bezirksleiter tätig. 1925 wurde Mannlicher ergänzend auch zum Obmann-Stellvertreter des Gauvereins gewählt. Als Arnold Mannlicher 1912 mit seiner ärztlichen Arbeit in Mattsee begonnen hatte, kannte er den Ort und die Gegend bereits von mehreren Sommerurlauben, die er gemeinsam mit seinen Eltern in Mattsee verbracht hatte. 1901 schrieb der damals 22-Jährige ein »Lobgedicht« auf den Ort und seine Menschen, das mit der Aufforderung an die Wiener Sommerfrischler endet, im großstädtischen Alltagsleben doch manchmal an Mattsee zu denken[76].

Die zeitlichen Zusammenhänge mit der Gründung der Mattseer Niederlassung des Antisemitenbunds sind deshalb von besonderem Interesse, weil Harald Waitzbauer in seinem erwähnten Beitrag von der Vermutung ausgeht, dass Mannlicher der Absender jener Postkarte gewesen sein könnte, die an den Komponisten Arnold Schönberg adressiert war und in der er aufgefordert wurde, den Ort zu verlassen. Diese Postkarte behielt Arnold Schönberg zeit seines Lebens bei seinen Unterlagen und wird heute in The Library of Congress, Washington, D.C. aufbewahrt.

Ob Arnold Mannlicher nun tatsächlich der Absender war, kann zum heutigen Zeitpunkt weder bestätigt noch ausgeschlossen werden, auch nicht, ob Mannlicher mit jener Person identisch war, die auch von der Presse als »Diktator von Mattsee« apostrophiert wurde. Harald Waitzbauer relativiert die Zuordnung Mannlichers als Absender insofern, als er zu bedenken gibt, dass Mannlicher in einem Beitrag im »Eisernen Besen«[77] schrieb, er habe sich erst 1923 der Sache des Antisemitismus angenommen. Losgelöst von der Person oder den Personen aus dem Kreis der Wiener Sommerfrische-Gäste ist festzuhalten, dass die Gemeinde ihrerseits die Bemühungen als Sommerfrische-Ort »judenrein« zu bleiben, bereits 1920 nachhaltig umsetzte. So hieß es in den an Interessenten verschickten Aufnahmebedingungen, »dass in Mattsee ausschließlich Deutsch-Arier Aufnahme fänden«[78]. Die Wiener Sommerfrischler waren von diesem antisemitisch geprägten Vorgehen der Mattseer Vermieter sehr angetan. In einem Beitrag in der Reichspost heißt es dazu: »Eine wahre Erquickung. Der Bevölkerung von Mattsee ist es gelungen, den Ort in dieser Sommersaison fast judenrein zu halten. Darüber herrscht die größte Freude unter den Fremden, die hauptsächlich Wiener sind. Ein Sommergast hat nun dem Gefühl der Dankbarkeit dadurch Ausdruck verliehen, daß er einen Aufruf an die Sommergäste von Mattsee am Stiftsplatze anbringen ließ. Den wackeren Bürgern von Mattsee wird darin gedankt, dass sie Juden als Sommergäste abweisen und damit ihre liebliche Heimat rein erhalten, den Fremden aber eine ungestörte Erholung ermöglichen. Zumal für Wiener biete die dortige judenfreie Sommerfrische eine wahre Erquickung.«[79] Im Jahr darauf wurde das Vorgehen verschärft und von Seiten der Gemeindevertreter öffentlich dazu aufgerufen, Ferienwohnungen nicht an Juden zu vermieten. Diese rigorose Maßnahme steht in unmittelbarem Zusammenhang mit der Ankunft des Komponisten Arnold Schönbergs, seiner Familie und einigen Schülern.

Arnold Schönberg wählte auf Anregung seines Bruder Heinrich Mattsee als Ort für den Sommeraufenthalt der Familie und einem erweiterten Kreis von Schülern. Er traf am 2. Juni 1921 mit seiner Frau Mathilde und Tochter Gertrude in Mattsee ein und bezog das von Schwägerin Bertl reservierte ›Zimmerhanslhaus‹ am Vorderwartstein, heute Burghard-Breitner-Weg 16. Eine gute Woche später traf auch Schönbergs Schüler Felix Greissle, Freund und späterer Ehemann von Tochter Gertrude, in Mattsee ein und bezog im Haus Nr. 35 Quartier. Den Beschreibungen zufolge fühlte man sich in Mattsee wohl und war sowohl von der Unterkunft wie vom Ort sehr angetan. Felix Greissle schrieb auf einer Ansichtskarte an Schönbergs Schüler Alban Berg: »Von Schönberg kann ich Ihnen nur das Beste berichten. Er ist gut gelaunt.«[80] Auch Schönberg selbst vermittelte in einer »Ausflugskarte« an Anton von Webern gute Ferienlaune, als dieser sich besorgt um seinen Lehrer zeigte und intensiven Anteil am Tagesablauf und am gesundheitlichen Wohlergehen nahm.

Aber bereits Ende Juni musste der Aufenthalt Schönbergs, seiner Familie und seiner Schüler für Unmut unter arischen Sommergästen und wohl auch in Teilen der Bevölkerung gesorgt haben. Dieser Unmut wurde offensichtlich auch in die Gemeindestube getragen, sodass sich die politische Gemeinde zu einer entsprechenden Reaktion im Sinne antisemitischer Restriktionen genötigt sah. Dementsprechend wurden die Vermieter von Ferienwohnungen aufgefordert, diese nicht an Juden zu vermieten. Da ein Vorgehen gegen die Vermieter gesetzlich keinesfalls gedeckt gewesen wäre, stellte die Gemeindevertretung als mögliche Sanktionen sogar Schikanen der »deutsch-arischen« Bevölkerung in Aussicht. Ein Zuwiderhandeln hätte demnach nicht nur für die jüdischen Sommergäste Folgen gehabt, sondern auch für die heimischen Vermieter. Die einen wären mehr oder weniger rabiat vertrieben worden, was in mehreren Fällen auch praktiziert wurde. Was die »störrischen« Vermieter zu erwarten gehabt hätten, darüber kann nur spekuliert werden.

Wie Harald Waitzbauer zu Recht ausführte, wäre »ein regelrechtes Aufenthaltsverbot für Juden gesetzlich nicht gedeckt«[81] gewesen, denn die im Staatsgrundgesetz von 1867 festgeschriebene uneingeschränkte Gleichberechtigung der Juden fand durch ein Überleitungsgesetz auch Eingang in das 1920 beschlossene Bundes-Verfassungsgesetz. Der Erlass eines Aufenthaltsverbots für Juden hätte demnach einen Bruch der Verfassung bedeutet. Deshalb wurde »ein verschlungenerer Weg«[82] gewählt. Im zuständigen Gemeindeausschuss wurde ein einstimmiger Beschluss gefasst, an die Vermieter von Sommerwohnungen in Mattsee einen Aufruf zu erlassen, in dem ersucht wurde, »den Ort Mattsee wie im Vorjahre so auch heuer ›judenfrei‹ zu halten«. Weil der Beschluss »nur« im Ausschuss gefasst wurde und in der Form eines Ersuchens gestaltet war, konnte eine Rechtsverletzung umgangen werden. Beschlüsse können in Einzelfällen, wenn die Gemeindevertretung dies beschlossen hat, auch in den Ausschüssen

Dr. Arnold Mannlicher, ab 1912 in Mattsee als Sprengelarzt tätig, kam schon in seiner Jugend mit den Eltern zur Sommerfrische an den Mattsee und verfasste 1901 ein Gedicht auf den Ort. 1925 gründete Mannlicher eine Filiale des »Deutsch-österreichischen Schutzvereins Antisemiten-Bund«.

Mattsee und die Judenfrage.

Gewöhnliche Menschenkinder würden, wenn sie einmal klar und deutlich zu erkennen bekommen, daß sie in einem Orte von der Bevölkerung nicht gerne gesehen sind, die Konsequenzen ziehen und den Staub von den Füßen schütteln. Aber Israel kennt ein derartiges Anstandsgefühl nicht. Hoffentlich ist diese Judenaffäre für die Vermieter von Mattsee ein deutlicher Wink, an Juden überhaupt nicht zu vermieten und sich im vorhinein immer zuerst genau über die arische Abstammung zu vergewissern, dann bleiben alle diese unliebsamen Erfahrungen aus. Mattsee wird immer seinen größten Stolz dareinsetzen, als judenrein zu gelten und es auch zu sein.

In dem namentlich nicht gekennzeichneten Beitrag in der »Salzburger Chronik« vom 5. Juli 1921 bedient der Verfasser zuerst wesentliche Aspekte des politischen Antisemitismus, wonach Juden den Kunst- und Kulturbereich dominieren würden, um anschließend die völkische Keule zu schwingen, dass Juden per se kein Anstandsgefühl hätten.

gefasst werden, ohne dass die Gemeindevertretung darüber abstimmen muss. Davon sind allerdings Beschlüsse ausgenommen, die z. B. einer behördlichen Genehmigung bedürfen oder eine ortspolizeiliche Verordnung darstellen. Wie sehr die Sachlichkeit in der Berichterstattung zu wünschen übrig ließ, macht der Beitrag in der Neuen Freien Presse deutlich, in welchem der Verfasser – ein Grazer Korrespondent – die Frage stellt, »ob die Bundesgesetze just in Mattsee im Salzburgischen in so ungenierter Weise außer Kraft gesetzt werden dürfen«[83]. Der vom Gemeindeausschuss verfasste Aufruf lautete folgendermaßen: »Der Gemeindeausschuß von Mattsee hat in seiner Sitzung vom 19.ds. einstimmig seiner Entrüstung Ausdruck gegeben, dass einzelne Vermieter von Sommerwohnungen in Mattsee dieselben Juden überließen und dadurch den allbekannten Ruf Mattsees als ›judenreine Sommerfrische‹ schwer geschädigt haben«. In der Salzburger Chronik vom 5. Juli 1921 ist zu lesen: »Die gefertigte Gemeindevertretung richtet daher an die gesamte Bevölkerung von Mattsee das dringende Ersuchen, den Beschluss der freigewählten Gemeindevertretung willig Folge zu leisten, damit unserem schönen Orte Mattsee die Folgen einer etwaigen Verjudung, den Mietern und Vermietern Schikanen jeder Art durch die deutsch-arische Bevölkerung erspart bleibe. Mattsee, am 20. Juni 1921.«[84]

Bezeichnend für den gesamten Vorfall ist, dass die Diskussion darüber überwiegend in den Zeitungen stattgefunden hat. Nicht nur der Aufruf hat – in der deutsch-national ausgerichteten »Salzburger Chronik« abgedruckt – mehr Aufsehen als in Mattsee selbst erregt, auch die Reaktion der Sommerfrischler wurde vornehmlich über die Zeitungen gespielt. In einer Kundmachung lassen Sommerfrischler wissen, dass sie der Gemeindevertretung für ihre stramme antisemitische Verlautbarung danken und geben der Erwartung Ausdruck, dass die Bewohner Mattsees auch in Zukunft in erster Linie den deutsch-arischen Stammesgenossen gastliche Aufnahme gewähren. In dem schon erwähnten Beitrag in der »Salzburger Chronik« vom 5. Juli 1921 legte der Verfasser völlig ungeschminkt eine rassistisch motivierte antisemitische Haltung an den Tag, die an Deutlichkeit nichts offen ließ und jene Vorurteile großzügig bediente, die mit Georg von Schönerer und Karl Lueger salonfähig geworden sind. Diese redaktionelle Linie einer Zeitung, die dem christlich-sozialen Lager zuzuordnen war, offenbart sehr deutlich, in welcher Form und in welchem Umfang der Antisemitismus in den Jahren nach dem Ersten Weltkrieg praktiziert wurde. Für Mattsee nicht uninteressant ist der Umstand, dass Kanonikus Leonhard Steinwender, Kanoniker des Stiftes Mattsee und ein wesentlicher Proponent der politischen Kirche Salzburgs, als Chefredakteur für die »Salzburger Chronik« verantwortlich zeichnete. Unter der Überschrift »Mattsee und die Judenfrage« führte der Verfasser des namentlich nicht gekennzeichneten Beitrags nach der Abhandlung des Mattseer Ereignisses aus, wie umfassend Juden den Kunst- und Kulturbereich dominieren würden, um gleich darauf deren Kunst- und Kulturverständnis zu desavouieren, indem von jüdischen »Schiebern, Kettenhändlern und Wucherer-Künstlern« die Rede ist. Die Minderwertigkeit der jüdischen Rasse wird abschließend deutlich gemacht, indem ihr der Verfasser mangelnde Empathie und die Unfähigkeit zu adäquatem sozialen Verhalten unterstellt. »Gewöhnliche Menschenkinder würden, wenn sie einmal klar und deutlich zu erkennen bekommen, dass sie in einem Orte von der Bevölkerung nicht gerne gesehen sind, die Konsequenzen ziehen und den Staub von den Füßen schütteln. Aber Israel kennt ein derartiges Anstandsgefühl nicht.«[85]

Nachdem Schönberg die bereits erwähnte, anonym verfasste und in Mattsee abgestempelte Postkarte eines »arischen Sommerfrischlers« erhielt, in der er auf den oben erwähnten Beitrag in der Salzburger Chronik aufmerksam gemacht wurde, entschied er sich zum Abbruch des Ferienaufenthalts in Mattsee, der ursprünglich bis Oktober geplant war. Schönberg verließ Mattsee am 13. Juli und übersiedelte nach Traunkirchen, wo er in der Villa Josef mit der Adresse Traunstein Nr. 29 Quartier bezog. Als er am 16. Juli Alban Berg brieflich über den Ortswechsel informierte, schrieb er: »Es war zum Schluss sehr hässlich in Mattsee. Die Leute dort haben mich scheinbar so verachtet, wie wenn sie meine Noten kennten.«[86] Damit legte Schönberg den Finger auf die Wunde eines zweifachen Unbehaustseins. Zum »falschen« Blut kamen die »falschen« Töne. Dass auch mit dem Konvertieren vom jüdischen Glauben zum christlich-protestantischen kein schützendes Dach zu gewinnen war, musste Schönberg spätestens im Sommer 1921 in Mattsee zur Kenntnis nehmen. Er hätte selbstverständlich der Mattseer Gemeindevertretung gegenüber darauf pochen können, dass er Mitglied der evangelischen Kirche ist und das antisemitische Gezeter ihn nicht beträfe. Allein das hätte ihn nicht gerettet, weder vor dem höchstwahrscheinlich trotzdem »Raus!« skandierenden Mob noch vor der Radikalität des zukünftigen musikalischen Schaffens. Zuhause war Schönberg in seiner Arbeit, dem Komponieren und der theoretischen Auseinandersetzung mit Musik. Für den Künstler in ihm muss es nach den Ereignissen der Vertreibung aus Mattsee einer Erlösung gleichgekommen sein, wieder arbeiten zu können.

In einem Brief an Alma Mahler vom 26. Juli 1921 schrieb er »… habe ich wieder zu arbeiten begonnen. Was ganz Neues! Die Deutscharier, die mich in Mattsee verfolgt haben, werden es diesem Neuen (speciell diesem) zu verdanken haben, daß man sogar sie noch 100 Jahre lang im Ausland achtet, weil sie dem Staat angehören, der sich neuerdings die Hegemonie auf dem Gebiet der Musik gesichert hat!«[87] Schönbergs künstlerische und biografische Reaktion auf den Mattseer Vorfall beschreibt Therese Muxeneder in ihrem Beitrag »Ein nettes Erlebnis im Salzkammergut«, S. 125ff.

Der Musikwissenschaftler Matthias Henke kam in seinem sehr erhellenden Aufsatz unter dem Titel »Antisemitische Erfahrung und kompositorische Reflexion«[88], in dem die Bezüge zwischen dem Mattseer Ereignis und Schönbergs kompositorischer Arbeit ausgeleuchtet werden, selbstredend auch auf die Frage der Haltung der katholischen Kirche zu den Vorkommnissen zu sprechen. Er nahm dabei Bezug auf den Artikel in der Neuen Freien Presse vom 9. Juli 1921, worin die Stimme eines Mattseer Sommergastes, der mit dem antisemitischen Vorgehen im Ort keinesfalls einverstanden war, wiedergegeben wurde und der auch darauf verwies, dass Mattsee Sitz eines Domkapitels sei, das niemals der konfessionellen Intoleranz das Wort geredet habe. Unabhängig davon, dass Henke den Begriff des Domkapitels unkorrigiert übernahm, wobei das Stiftskapitel gemeint war, liegt er auch mit seiner Einschätzung, wonach der österreichische Klerus den Antisemitismus der Christlichsozialen Partei scharf verurteilt hätte, nicht ganz im Lot. Der hohe österreichische Klerus wurde durch eine Intervention von Seiten Kaiser Franz Josephs I., der sich über die aggressive Agitation in der Nationalitätenfrage besorgt zeigt, zum Handeln angehalten, was die Fronten zwischen der kirchlichen Leitung und den Christlichsozialen unter Lueger verhärtete. Franz Schindler, Universitätsprofessor und Chefideologe der Christlichsozialen – er wurde später zum Mentor des Priesterkanzlers Ignaz Seipel – hatte sehr gute Kontakte zum päpstlichen Nuntius Antonio Algiardi, der sich als mächtiger Fürsprecher der Christlichsozialen zeigte. Einerseits hatte er Sympathie für den Elan der jungen Bewegung, andererseits verachtete er die Passivität des Episkopats gegenüber dem Liberalismus.[89] Schindler gelang es jedenfalls mit Unterstützung Roms in Person des päpstlichen Nuntius, dass es zu

Arnold Schönberg kam über Vermittlung seiner Schwägerin Bertl, Tochter des Salzburger Bürgermeisters Max Ott, zur Sommerfrische nach Mattsee und wohnte im seinerzeitigen Zimmerhanslhaus, heute Burghard-Breitner-Weg 16.

»keiner Verurteilung der dynamischen antisemitischen Bewegung der sog. Christlichsozialen«[90] kam, obwohl sich das konservative wie das liberale politische und das kirchliche Establishment Österreichs in seltener Einigkeit dafür ausgesprochen hatten.

Die Vertreibung Schönbergs aus Mattsee und die Erregung darüber war zum überwiegenden Teil ein Thema, das in den Zeitungen Wellen schlug und unter den Sommergästen höchstwahrscheinlich eher ein Thema war als unter der Mattseer Bevölkerung. Ein Indiz dafür sind die wiedergegebenen Stimmen von Gästen in der Presse und auch die am Stiftsplatz angebrachte Äußerung eines Wiener Sommerfrischlers, der der Gemeindevertretung für ihr Vorgehen dankt. Stimmen von Einheimischen waren nicht zu vernehmen, jedenfalls sind sie nicht nach außen oder in die Zeitungen gedrungen. Schönberg hatte keine Fürsprecher, weder aus den Reihen der Kirche noch aus der Bevölkerung. Auch in einem anderen Fall antisemitischer Krawalle, wobei es darum ging, eine jüdische Familie zu vertreiben, behielten die Antisemiten oder jene, die für die Krawalle angeheuert wurden, wie in diesem Fall die Mitglieder des UNION Yacht Clubs, die Oberhand, wenn sie skandierten: »Juden hinaus, lasset es schallen von Haus zu Haus!«. Das Diktat der Gemeindevertretung, alles zu unternehmen, um eine judenreine Sommerfrische zu bleiben, hat sich auf allen Linien durchgesetzt. Allerdings gilt es auch zu betonen, dass sich in den Gästelisten aus den 1920er-Jahren durchaus Namen wie Kornblum oder Blau angeführt sind, die auf eine jüdische Abstammung schließen lassen. Es kann angenommen werden, dass der Grad der Assimilierung bei diesen Sommergästen, so sie tatsächlich jüdischer Abstammung gewesen sein sollten, so weit fortgeschritten war, dass zumindest äußerlich keinerlei Indizien festzustellen waren, oder sie wurden nicht wahrgenommen.

Mattsee blieb seiner antisemitisch ausgerichteten Tourismuspolitik treu und brüstete sich 1928 in einer Stellungnahme, zu der sie die Union deutschösterreichischer Juden aufforderte, »daß der seinerzeit einstimmig gefaßte Gemeinderatsbeschluß (›judenrein‹) wegen Nichtaufnahme von Semiten noch zu Recht besteht, und es noch immer geglückt hat (sic!), Mattsee judenrein zu erhalten«. Die Union deutschösterreichischer Juden, eine starke Gruppierung innerhalb der israelitischen Kultusgemeinde, wurde 1884 als Österreichisch-Israelitische Union als Reaktion auf den rassistischen Antisemitismus, der von Georg Ritter von Schönerer geschürt wurde, gegründet. Sie wandte sich in der Sache judenreine Sommerfrische 1929 mit einer Anfrage an den Bundeskanzler. Das Bundeskanzleramt ließ Vizekanzler Vinzenz Schumy in einer sehr allgemeinen Erklärung in dem Sinne antworten, dass derartige Beschlüsse nach Rechtsanschauung des Bundeskanzleramtes gegen die Staatsgrundgesetze verstießen. Zuständig seien jedoch die Bezirkshauptmannschaften.[91] In weiterer Folge richtete die Union in Einzelfällen eine Aufsichtsrechtsbeschwerde an die zuständigen Bezirkshauptmannschaften. In St. Johann im Pongau und im niederösterreichischen Mank führte das zur Untersagung der Ausgrenzung von jüdischen Touristen.[92] In Mattsee wurde der »Arierparagraph« hinsichtlich der Werbung für die Sommergäste in einer der letzten Sitzungen der Fremdenverkehrs-Interessenten beschlossen.

In Mattsee wurden die Restriktionen den jüdischen Sommergästen gegenüber erst zu Beginn der 1930er-Jahre eingestellt. Das entsprechende Jahr oder ein genaues Datum lassen sich nicht zuordnen. Ironischerweise ist in einer kleinen Notiz im deutschnational ausgerichteten Salzburger Volksblatt vom 8. Juni 1933, die die Überschrift trägt: »Der Niedergang des Fremdenverkehrs« und auf Schilderungen des Mattseer Schlossermeisters Johann Lögl Bezug nimmt, am Schluss der Ausführungen zu lesen, dass in einer der letzten Sitzungen der Fremdenverkehrs-Interessenten beschlossen wurde, von dem in den Jahren nach dem Umsturze geübten starren Festhalten an dem Arierparagraphen hinsichtlich der Werbung für die Sommergäste abzulassen. In der Hauptsache beklagt Lögl, NSDAP Ortsgruppenleiter der frühen Stunde und wegen Nazi-Schmiereien wiederholt mit dem Gesetz in Konflikt geraten, dass die Touristen ausblieben und das Geschäft mit dem Tourismus daniederliege. »Ich frage mich, will man alles zugrunde gehen lassen, nur damit die christlichsoziale Partei noch eine Zeit schalten und walten kann, wie sie will.«[93] Im Übrigen deckt sich der Termin des Erscheinens dieser Vorwürfe mit dem der Deutschen Reichsregierung Inkrafttreten der 1 000 Mark-Sperre. Sie war als Blockademaßnahme angeordnet, um wirtschaftlichen Druck auf Österreich auszuüben und besagte, dass jeder deutsche Staatsbürger vor der Einreise nach Österreich 1 000 Reichsmark zu bezahlen habe, immerhin ein Betrag, der auf den heutigen Geldwert umgerechnet etwa 5 500 Euro ausmacht. Lögls Klage über das gänzliche Ausbleiben reichsdeutscher Gäste um Pfingsten 1933 ist auf das Inkrafttreten der 1 000 Mark-Sperre zurückzuführen. Als offiziellen Grund nannte die Regierung in Berlin die Ausweisung des bayerischen Justizministers Hans Frank, eines alten Kampfgefährten Hitlers, aus Österreich. Die Strafaktion, die Österreich in die Knie zwingen wollte, blieb bis nach dem Juliabkommen 1936 aufrecht und traf den Nerv der österreichischen Wirtschaft empfindlich, betrug der Anteil reichsdeutscher Gäste am touristischen Gesamtaufkommen immerhin etwa 40 Prozent.

Mattsee zieht die katholisch-nationale Elite an
»Vaterländische« Hochburg

Der Ruf Mattsees als judenreine Sommerfrische gründete sich nach dem Ersten Weltkrieg und festigte sich in den Jahren danach, auch weil dafür kontinuierlich geworben wurde. Vor allem die Wiener Sommergäste schätzten die »judenfreie Zone«, aber auch im erstarkenden deutschnationalen Milieu generell wurde man auf den Ort aufmerksam, in dem politisch das christlichsoziale Lager dominierte, dem die deutschnationalen Parteien erst mit großem Abstand folgten, während die Sozialdemokraten praktisch nicht existent waren. Sie konnten erst bei den Nationalratswahlen von 1927 und 1930 einen Zuwachs von zehn bzw. zwölf Stimmen verzeichnen.

Mit Anton Breitner lebte und wirkte ein stark deutschnational orientierter und im Licht der Öffentlichkeit stehender Mann in Mattsee, dessen offenes Haus ein Treffpunkt für gleichgesinnte Schriftsteller, Publizisten, Historiker, Künstler und Musiker aus der Stadt Salzburg und der näheren Umgebung war. Der Einfluss Breitners auf die politische Willensbildung im Dorf war jedoch als äußerst gering einzuschätzen. Außerdem war die Welt Anton Breitners schon vor Ausbruch des Ersten Weltkrieges eine brüchige geworden. Die Verlage lehnten seine Manuskripte ab, aber was wohl noch viel schwerer wog, muss die Wahrnehmung gewesen sein, dass die Entwicklung der Gesellschaft in einem derart rasanten Tempo an ihm vorbeizog, dass er kaum noch Möglichkeiten hatte, darauf zu reagieren. Er war klug genug, beiseite zu treten, den Sturm gewähren zu lassen und vom Wartstein wie von einem fernen Stern aus in die neue Welt zu winken. Mit umso größerer Wucht ist diese neue Welt dann im Herbst 1914, wenige Wochen nach Ausbruch des Krieges, als sein Sohn Burghard in russische Kriegsgefangenschaft geriet, in die »verklärte Idylle« eingedrungen. Die Wahrnehmung, dass die Auflösung der alten Welt bereits eingeläutet war, erfuhr Anton Breitner nicht nur durch das Fortschreiten des Krieges – beide Söhne, Roland wie Burghard, kamen an die Front, Burghard geriet kurz darauf in russische Kriegsgefangenschaft –, sondern auch durch den Verlust der Mutter, die am 19. Juni 1915 starb. Zeitgleich brachen ihm Vergangenheit und Zukunft weg, und die Gegenwart begann nach dem Tod der Mutter neu zu atmen, selbst wenn die Sorge um die Söhne den Atem stocken ließ. Bezeichnend für das Lebensschicksal Anton Breitners war der Satz, den er auf die Parte drucken ließ: »Von ihr gilt der Spruch: Du stirbst nicht Mutter, ewig lebt dein Tod.«[94]

Das Ende des Ersten Weltkrieges wurde mit den sogenannten Pariser Vorort-Verträgen besiegelt. Über das Schicksal Österreichs wurde in St. Germain-en-Laye[95] verhandelt, ohne dass sich die österreichische Seite direkt an den Verhandlungen beteiligen durfte. Unterschrieben wurde das umfangreiche Vertragswerk, das aus 381 Artikeln bestand, am 10. September 1919. Knapp ein Jahr später, am 16. Juli 1920 trat der Vertrag förmlich in Kraft, womit auch völkerrechtlich die Auflösung Österreich-Ungarns besiegelt war. Zwei der wesentlichen Bedingungen, die die neue Republik Deutschösterreich – sie wurde am 12. November 1918 ausgerufen – zu erfüllen hatte, traf nicht nur das deutschnationale Lager mitten ins Herz. Zum einen wurde Deutschösterreich als Staatsname verboten und zum anderen erhielt Österreich ein Anschlussverbot gegenüber dem Deutschen Reich. In der Konstituierenden Nationalversammlung am 6. September 1920 wurde entsprechend heftig gegen den Vertrag protestiert, insbesondere gegen den Herzenswunsch, sich mit dem »deutschen Mutterlande« wirtschaftlich, kulturell und politisch zu vereinigen.

Nur weil der Idee des Anschlusses an das Deutsche Reich von den Siegermächten ein Riegel vorgeschoben wurde, hieß das nicht, dass man an einer möglichen Realisierung dieser Idee nicht weitergearbeitet hat. So wurden entsprechende Klubs und Vereinigungen gegründet, die der deutschnationalen Sache verpflichtet waren. Eine davon war die 1919 von katholischen und deutschnationalen Studentenverbindungen gegründete »Deutsche Gemeinschaft«, als deren offizielles Vereinsziel »die Hebung der wirtschaftlichen Kraft Deutschösterreichs« angegeben wurde. In Wirklichkeit wurde die Deutsche Gemeinschaft als Tarnorganisation für den Geheimbund »Die Burg« genutzt, dessen Mitgliedern es vor allem darum ging, Schlüsselpositionen in Wirtschaft, Politik und Verwaltung, vor allem aber auch an den Universitäten, mit Mitgliedern oder Sympathisanten der Gesellschaft, sprich des Geheimbundes zu besetzen.[96] Prominente Mitglieder aus den Reihen der etwa 100 Mitglieder waren der ehemalige k. u. k. Feldmarschall-Leutnant Carl von Bardolff, Rechtsanwalt Arthur Seyß-Inquart, der Historiker Alfons Dopsch, der Nationalökonom und Heimwehr-Ideologe Othmar Spann, der Altphilologe und Religionswissenschaftler Rudolf Munch, der schon als junger Mann ein glühender Anhänger der deutschnationalen Bewegung um Georg Ritter von Schönerer war, der Prähistoriker Oswald Menghin, der Lehrer und Politiker Emmerich Czermak, Bundesminister für Unterricht, sowie der Lehrer und Schriftsteller Karl Wache, der als Kanzleileiter der Deutschen Gemeinschaft tätig war und dessen Kanzleisekretär Engelbert Dollfuß war.

Dem Wiener Rechtsanwalt Arthur Seyß-Inquart sowie dem Prähistoriker Oswald Menghin und dem späteren Bundeskanzler Engelbert Dollfuß begegnen wir auch in anderen Vereinigungen wie dem Deutschen Klub wieder und vor allem in Mattsee, wo die Familie Seyß-Inquart ab 1928 ihre Sommerferien verbrachte und später auch Oswald Menghin, der am Hinterwartstein sogar ein Sommerhaus erwarb, und Engelbert Dollfuß, der vom 21. bis 24. Juli 1934 unter strengster Geheimhaltung in der Villa Hinterstoisser weilte – es sollte das letzte Wochenende seines Lebens werden. Ein weiteres Mitglied der Deutschen Gemeinschaft war Heinrich Rischanek, der die Hinterstoisser-Villa den gesamten Sommer über gemietet hatte und auf dessen Einladung Dollfuß nach Mattsee gekommen war.

Um das Ziel des Geheimbundes, akademische und staatliche Schlüsselpositionen mit Mitgliedern oder Sympathisanten der Deutschen Gemeinschaft zu besetzen, auch tatsächlich zu erreichen, wurden Persönlichkeiten, die linke Ideologien vertraten, Liberale oder Freimaurer waren oder gar jüdischer Abstammung, bekämpft und von wichtigen Positionen ferngehalten. In diesem Zusammenhang wurde der Begriff des »anarchischen Ungeradentums«, wie man jüdische Vertreter liberaler und marxistischer Strömungen nannte, geprägt. Den Staat zu unterwandern und Schlüsselstellungen einzunehmen, damit diese nicht durch den Feind besetzt werden, zählten zu den wichtigsten Aufgaben der »Burgbrüder«, so die Bezeichnung für die Mitglieder der Deutschen Gemeinschaft, die sich intern ähnlich einer Freimaurerloge organisierten. Selbstverständlich gehörte dazu auch die Verpflichtung zur gegenseitigen Förderung. Es wurden Informationen gesammelt und Feindlisten angelegt. So gab es eine Gelbe Liste, in der alle Juden eingetragen wurden mit dem Wert: »Kenntnis der Gelben (,) die als Vorläufer des Ugtums bekämpft werden«. »Ugtum«, »Ug«, »Ungerade« oder »Ungeradentum« wurden als Synonyme für alle Feinde und Erscheinungen, die sich gegen unser Volk richten, verwendet.[97]

Ein zweiter Verein zur Pflege des deutschen Volkstums war der schon 1908 gegründete Deutsche Klub. Ob sein ursprünglicher Zweck tatsächlich darin bestand, »die Spannungen zwischen den verschiedenen deutschnationalen Burschenschaften und Korporationen abzubauen, deren Vertreter einander bis dahin vor allem wegen der Frage der Mensuren und des Waffengebrauchs in den Haaren gelegen haben«[98], mag dahingestellt sein. Interessant ist in jedem Fall, dass der Deutsche Klub personell wie strukturell mit der Deutschen Gemeinschaft eng verbunden war und Anfang der 1920er-Jahre 1 000 Mitglieder hatte, was gleichzeitig der informell festgesetzten Maximalzahl entsprach.

Ebenso wie die Deutsche Gemeinschaft war auch der Deutsche Klub dezidiert deutschnational und antisemitisch ausgerichtet. Seine Mitglieder hielten nicht nur zahlreiche Spitzenpositionen im Kultur- und Wissenschaftsbereich wie Burgtheater, Nationalbibliothek, Tiergarten Schönbrunn, Naturhistorisches Museum und Akademie der Wissenschaften besetzt, sondern auch die Universitäten. 1938 waren mit Bundeskanzler Seyß-Inquart, Justizminister Franz Hueber, Unterrichtsminister Oswald Menghin, Sozialminister Hugo Jury und Handelsminister Hans Fischböck fünf Mitglieder des Deutschen Klubs im Kabinett der Anschlussregierung vertreten. Seyß-Inquart, Franz Hueber und Oswald Menghin waren auch in der Deutschen Gemeinschaft vertreten.

Neben der Deutschen Gemeinschaft und dem Deutschen Klub existierte noch der Österreichisch-Deutsche Volksbund und die 1925 gegründete Österreichisch-Deutsche Arbeitsgemeinschaft. Auch in diesen vehement deutschnational und antisemitisch ausgerichteten Vereinen wurde für den Anschluss Österreichs an das Deutsche Reich agitiert. Neben Arthur-Seyß-Inquart, der die Österreichisch-Deutschen Arbeitsgemeinschaft als Geschäftsführer nach außen vertrat, war hier besonders der Politiker und Wirtschaftsfachmann Hermann Neubacher tätig, der unmittelbar nach dem Anschluss Bürgermeister von Wien geworden war. Von den Ereignissen 1938 überrollt wurde die Gründung des Deutschsozialen Volksbundes. Diese wurde von Karl Bardolff, einem ehemaligen

Arthur Seyß-Inquart, dessen Arbeitsschwerpunkt bis zum Ausbruch des Zweiten Weltkrieges in Wien lag, ließ sich vom Architekten Otto Strohmayr, der im Auftrag Hitlers gemeinsam mit Otto Reitter Schloss Kleßheim zum »Gästehaus des Führers« umgestaltete, nach der Ernennung zum Reichsstatthalter in Dornbach, wo die Familie bereits lebte, eine Villa planen. Die heutige Werfelstraße hieß ab 1939 Iglauer Straße, benannt nach der böhmischen Stadt, in der der Vater von Seyß-Inquart als Direktor des Gymnasiums wirkte.

Flügeladjudanten des Thronfolgers Franz Ferdinand, und Arthur Seyß-Inquart betrieben. Auf deren Proponentenliste waren neben dem Wiener Universitätsprofessor Heinrich Srbik auch die Namen von Hans Graf Abensberg-Traum, Peter Graf Czernin und Philipp Graf Gudenus[99] zu finden.

Im Zuge der nach dem gescheiterten Juli-Putsch gesetzten Restriktionen gegen völkische und deutschnationale Einrichtungen traf auch den deutschen Klub, der im Herbst 1934 von Amts wegen geschlossen wurde. Über Vermittlung von Edmund Glaise-Horstenau, Schuschniggs Verbindungsmann zu den oppositionellen deutschnationalen Kreisen sowie Staatsrat und ab Juli 1936 Bundesminister, wenn auch ohne Portefeuille, wurde der Deutsche Klub jedoch nach wenigen Monaten wieder zugelassen und entwickelte sich zu einer der maßgeblichen Tarnorganisationen der illegalen Nationalsozialistischen Deutschen Arbeiterpartei in Wien. Nach der Annexion Österreichs wurde Bardolff, der auch Obmann des Verbands deutschvölkischer Vereine gewesen war, zum SA-Obergruppenführer ernannt. 200 Mitglieder des Deutschen Klubs beteiligten sich am 11. März 1938 am SA-Aufmarsch vor dem Bundeskanzleramt. Der

Deutsche Klub, der seinen Sitz in der Hofburg hatte, wurde 1939 endgültig aufgelöst. Seyß-Inquart war darüber hinaus Vorstandmitglied im Deutsch-Österreichischen Volksbund und beim Steirischen Heimatschutz.

Die deutschnationale Punzierung Mattsees kam in den 1920er-Jahren weit weniger aus der Mitte der Bevölkerung und war vielmehr ein Konstrukt medialer Vermittlung, die landschaftliche Idylle und ideologische Reinheit im Sinne eines gefeierten Deutschtums geschickt zu inszenieren wusste. Diese Inszenierung machte – wenn auch unter verschiedenen Vorzeichen – drei spätere hochrangige Nationalsozialisten auf Mattsee aufmerksam: Franz Hueber, der von 1927 bis 1937 als Notar in Mattsee tätig war; Arthur Seyß-Inquart, der als Anwalt in Wien arbeitete und die Sommerferien in Mattsee verbrachte sowie der Prähistoriker und Universitätsprofessor Oswald Menghin, der häufig in Mattsee weilte und unmittelbar nach dem Einmarsch Hitlers in Österreich dort ein Sommerhaus erwarb.

Dass die Familie Seyß-Inquart nach 1928 ihre Sommerferien in Mattsee verbrachte, hatte zwei wesentliche Gründe. Zum einen erlitt Arthur Seyß-Inquart bei einem Bergunfall im August 1928 in den Dolomiten einen offenen Knöchelbruch, der ein chronisches Beinleiden zu Folge hatte. Durch diese körperliche Beeinträchtigung kamen Sommerferien in den Bergen nicht mehr in Frage. Zum anderen wollte man aber auch die Sommerferien nicht mehr länger im Salzkammergut verbringen, da sich dort, vor allem in der Wahrnehmung von Ehefrau Gertrude, viel zu viele Juden tummelten. 1928 bzw. 1929, als die Familie ihre Sommerferien zum ersten Mal in Mattsee verbrachte, war Arthur Seyß-Inquart seit mehreren Jahren als Rechtsanwalt in Wien tätig und dem Wiener deutschnationalen Milieu katholischer Prägung tief verbunden, jedoch stets im Hintergrund wirkend. Zur oftmals beschriebenen Gläubigkeit von Seyß-Inquart ist ergänzend anzumerken, dass er diese nach Aussagen seiner Frau Gertrude je nach Gebrauch einsetzte.

Der am 22. Juni 1892 in Stannern bei Iglau, dem heutigen tschechischen Stonarov, als Sohn des Gymnasialdirektors Emil Seyß und seiner Frau Auguste geborene Arthur hatte drei Geschwister: Hedwig (Jahrgang 1881), Richard (Jahrgang 1883) und Irene (Jahrgang 1884). Während Vater Emil Seyß und sein Sohn Richard »zu den toleranteren Elementen« der deutschen Minderheit zählten und die tschechische Sprache erlernten, war bei den jüngeren Geschwistern Irene und Arthur das Gegenteil der Fall. Sie weigerten sich strikt, die tschechische Sprache zu erlernen. Die Familie zog nach der Pensionierung des Vaters zuerst nach Baden und später nach Wien. Den Doppelnamen Seyß-Inquart erhielt die Familie (oder nur Arthur allein) 1906 durch Namensübertragung von Seiten des Großonkels Heinrich Ritter von Inquart noch vor der Übersiedlung nach Baden bzw. Wien.

Mitten im Ersten Weltkrieg, am 7. Dezember 1916 wurden Arthur Seyß-Inquart und Gertrude Maschka von Arthurs älterem Bruder Richard in der Speisinger Waisenhauskirche getraut. Ein halbes Jahr später schloss Seyß-Inquart sein rechtswissenschaftliches Studium mit der Promotion am 25. Mai 1917 ab, wofür er vom Militärdienst freigestellt wurde. Weil das erste Kind – Tochter Ingeborg wurde am 18. September 1917 geboren – schon unterwegs war, setzte sich Gertrudes Vater, ein ranghoher Beamter im Kriegsministerium, dafür ein, dass sein Schwiegersohn ab Oktober 1918 Studienurlaub bekam und nicht mehr an die Front zurückkehren musste. Auch Seyß-Inquarts erste Konzipientenstelle beim Familienanwalt von Julius Meinl wurde ihm von seinem Schwiegervater vermittelt. Am 22. August 1921, just an dem Tag, als sein Sohn Richard auf die Welt kam, wurde er offizieller Kompagnon der Kanzlei Dr. Herbert Dölter und damit auch selbstständiges Mitglied der Wiener Anwaltschaft. Zeitgleich knüpfte Arthur Seyß-Inquart immer engere Kontakte zu den Wiener deutschnationalen Zirkeln wie der Deutschen Gemeinschaft und dem Deutschen Klub. Außerdem wurde er Mitglied im steirischen Heimatschutz, ab 1933 Deutschösterreichischer Heimatschutz, der für seine radikale deutschnationale und antisemitische Linie bekannt war.

Arthur Seyß-Inquart, der Betreiber und letztlich auch Vollstrecker des Anschlusses Österreichs an Hitlerdeutschland, war schon als Kind und Jugendlicher ein glühender Verehrer alles Deutschen und quasi beseelt von der deutschen Idee. So schrieb er am 17. September 1909 – er war 17 Jahre alt – einen Brief an seine Schwester Helenka (Hedwig), in dem es hieß: »Ich habe aber noch einen Drang in mir, es ist die Liebe zum deutschen Volk, und diesem will ich helfen als Politiker, da darf ich keine Gefühle haben; darum bin ich bestrebt, in Fällen, wo der Verstand zu reden hat, jedes Gefühl zu unterdrücken und nur Nutzen und Schaden in Betracht zu ziehen«[100]. Knapp 30 Jahre später, am 15. März 1938 hielt Seyß-Inquart, auf dem Altan der Neuen Burg – von Hitler als »der Reichsstatthalter Dr. Seyß-Inquart« angekündigt – eine flammende Rede zur Feier des Anschlusses Österreichs ans Deutsche Reich: »Wonach Jahrhunderte deutscher Geschichte gerungen haben, wofür ungezählte Millionen der besten Deutschen geblutet haben und gestorben sind, was im heißen Ringen letztes Ziel, was in bittersten Stunden letzter Trost war, heute ist es vollendet. Die Ostmark ist heimgekehrt. Das Reich ist wiedererstanden, das volksdeutsche Reich ist geschaffen.«[101] Zwischen der Formulierung dieser beiden Textpassagen liegen nicht ganz dreißig Jahre. In diesen drei Jahrzehnten, insbesondere zwischen den frühen 1920er-Jahren und 1938, dem Jahr des Einmarsches Hitlers in Österreich, widmete sich Arthur Seyß-Inquart planmäßig und akribisch, die Idee des Anschlusses Österreichs an das Deutsche Reich auch Wirklichkeit werden zu lassen[102]. Vor der Nationalratswahl am 9. November 1930, es sollte die letzte in der Ersten Republik werden, hielt Seyß-Inquart eine Rede in der Deutschen Gemeinschaft, in der er die nationale Bedeutung dieser Wahl hervorhob und forderte: »Wir Österreicher müssen so schnell wie möglich in das Reich hinein, um bei dessen Neugestaltung politisch bestimmend eingreifen zu können.«[103]

Ob die ersten Sommerferien der Familie Seyß-Inquart in Mattsee noch ins Jahr 1927 fielen oder später zu datieren sind, lässt sich nicht mit Bestimmtheit feststellen. Diesen Zeitpunkt konnte auch Dorothea Seyß-Inquart, die jüngste, 1928 geborene Tochter, nicht, aus Familienerzählungen abgeleitet, eindeutig

Franz Hueber (1894–1981), in erster Ehe mit Paula Göring, der jüngeren Schwester Hermann Görings verheiratet, ließ sich 1927 als Notar in Mattsee nieder. Gemeinsam erwarben sie ein Haus am Vorderwartstein.

bestimmen[104]. Ihre Erinnerungen konzentrierten sich auf den Umstand, dass die Familie jeweils bei anderen Quartiergebern untergebracht war, mehrere Male jedoch im Bräugastof Iglhauser.

Dr. Franz Hueber wurde am 10. Jänner 1894 im oberösterreichischen Grünburg als Sohn des k. u. k. Gerichtsadjutanten Dr. Anton Hueber und dessen Frau Gabriele[105] geboren und trat nach dem Studium eine Stelle als Notariatsanwärter in Saalfelden an. Der dortige Notar war Dr. Friedrich (Fritz) Rigele (1878–1937), Sohn des Notars Gustav Rigele und Bruder von Gabriele Hueber, geb. Rigele, der Mutter von Franz Hueber.[106] Der bekannte Alpinist, der als einer der ersten das Bergsteigen mit Eisen erprobte, war seit 1912 mit Olga (1889–1970), der ältesten Schwester von Hermann Göring verheiratet. Der entschiedene Antisemit lernte Adolf Hitler 1922 bereits bei einer Kundgebung auf dem Münchner Königsplatz kennen und schloss sich anschließend der NSDAP an. In späteren Jahren kämpfte er gemeinsam mit Eduard Pichl[107] um den Ausschluss der jüdischen Sektion Donau aus dem Deutschen und Österreichischen Alpenverein. Im Juli 1936 hatte er dieses Ziel mit der Schaffung des reichsdeutschen Sektionentages, dem er vorstand, erreicht. In der Folge ging es hauptsächlich darum, reichsdeutsche bzw. nationalsozialistische Interessen gegenüber dem Deutschen und Österreichischen Alpenverein zu vertreten.

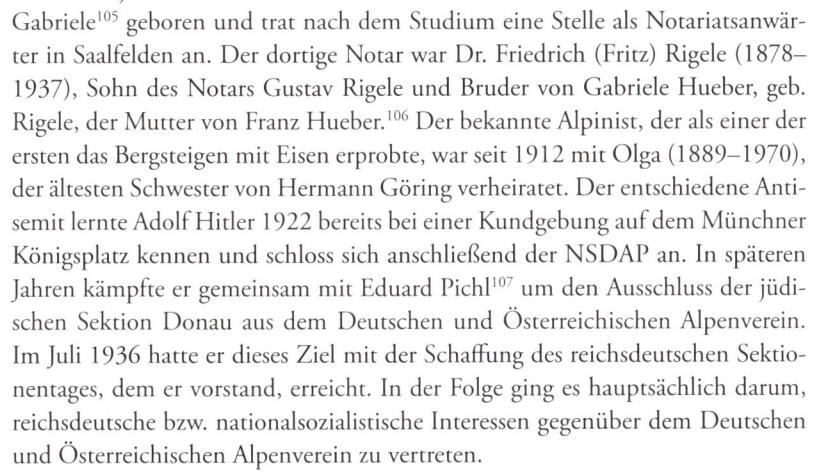

Franz Hueber kam nach dem Studium der Rechtswissenschaften an der Universität Wien von 1912 bis 1918, das durch den Kriegsdienst zeitweilig unterbrochen wurde, und der Promotion 1919 in das Notariat seines Onkels Fritz Rigele in Saalfelden und war dort als Konzipient und Notariatsanwärter tätig. Hueber stand der Heimwehr seit ihrer Gründung im Jahr 1919 nahe und wurde einer der Mitbegründer der Heimwehr im Pinzgau.[108] Wesentlich für den Verlauf seiner politischen Tätigkeit nach 1933[109] war die im Jahr 1921 geschlossene Ehe mit Paula Göring (1890–1960), der jüngeren der beiden Göring-Schwestern. Nachdem Hueber die Notariatsprüfung und eine dreijährige berufliche Praxis bei seinem Onkel, der zugleich auch sein Schwager war, absolviert hatte, übernahm er 1927 das Notariat in Mattsee und baute gleichzeitig seine Position in der Heimwehr aus, die in verschiedene ideologische Blöcke gespalten war. Hueber wurde 1929 Heimwehrführer im Gau Salzburg und vertrat den deutschnationalen Flügel, der sich immer mehr den Nationalsozialisten annäherte.[110] Vom Dezember 1930 bis zum August 1932 war Hueber Abgeordneter

Oswald Menghin (1888–1973), Frühhistoriker, Schriftsteller und Universitätsprofessor, verkehrte wie Arthur Seyß-Inquart in den Wiener antisemitisch-deutschnationalen Kreisen, pflegte aber auch ein sehr freundschaftliches Verhältnis zum Salzburger Landeshauptmann Franz Rehrl.

zum Nationalrat und Fraktionsführer des Heimatblocks, der als politischer Arm der Heimwehren galt und als eigene Partei gegründet wurde, weil die Heimwehr sich 1930, als Bundeskanzler Vaugoin Neuwahlen ausschreiben musste, sich nicht entscheiden konnte, ob sie in einer »bürgerlichen Einheitsfront« gegen die Sozialdemokraten antreten sollten, oder ein Bündnis mit den Großdeutschen, dem Landbund oder den Nationalsozialisten eingehen sollten. Die Entscheidung für die Gründung einer politischen Partei ging vom Steirischen Heimatschutz aus. Während in Wien, Niederösterreich und dem Burgenland der Heimatblock gemeinsam mit den Christlichsozialen kandidierte, wurden in Kärnten und in der Steiermark eigene Listen aufgestellt. In Tirol wurde überhaupt nicht kandidiert und in Salzburg kandidierte Hueber als Zweiter Landesführer.[111] Wegen interner Rivalitäten und Streitigkeiten verfügte der Heimatblock aber nicht über eine nennenswerte politische Schlagkraft. Darin mag ein Grund zu finden sein, warum Hueber am 28. Juni 1933 aus der Heimwehr austrat, ein anderer liegt sicherlich im verwandtschaftlichen Verhältnis zu Hermann Göring, der zum mächtigsten Nationalsozialisten avancierte, begründet. Jedenfalls trat Hueber 1934 in die NSDAP ein und beteiligte sich nach dem Juliputsch an der von Anton Reinthaller initiierten »Nationalen Aktion«, die sich die Befriedung zwischen dem autoritär geführten Ständestaat und den illegalen Nationalsozialisten zum Ziel gesetzt hatte.[112]

Als sich Franz Hueber als Notar in Mattsee niederließ, erwarb er im Februar 1927 gemeinsam mit seiner Frau Paula das sogenannte Schneiderhaus, Mattsee Nr. 60, am Vorderwartstein. Das Haus, das heute noch im Besitz der Nachkommen steht, wurde durch die Hilfsbereitschaft Paula Huebers für eine Reihe von Mattseern zur letzten Anlaufstelle in größter Not. Einer davon war Burghard Breitner, der sich 1938 hilfesuchend an Paula Hueber wandte, als ihn die Nationalsozialisten nach dem Einmarsch in Österreich in den dauernden Ruhestand versetzen wollten, da er den Großen Ariernachweis nicht erbringen konnte. Ein anderer war der damalige Zechpropst Jakob Hofbauer, Lechnerbauer in Haag, der als Fahnenträger mit einigen mutigen Mattseern an der verbotenen

Wallfahrt nach St. Wolfgang teilgenommen hatte. Auf dem Weg dorthin wurde die Gruppe von Nationalsozialisten angehalten und am Weitergehen gehindert. Sie setzten die Wallfahrt trotzdem fort und nahmen dann in der Kirche am Bittgottesdienst teil. Kurze Zeit nach dieser Wallfahrt wurde Jakob Hofbauer wegen seines Verhaltens verhaftet und im Gefängnis in Salzburg-Glasenbach eingesperrt. Aufgrund einer Intervention von Frau Hueber wurde Jakob Hofbauer nach einer Woche wieder freigelassen.

Oswald Menghin war nicht nur Mitglied der Deutschen Gemeinschaft und damit von strikt antisemitischer und antiliberaler Gesinnung, sondern als Mitglied der 1892 gegründeten Leo-Gesellschaft[113] auch ein ausgewiesener Vertreter des katholischen Lagers. Menghin, am 19. April 1888 in Meran geboren, studierte ab 1906 in Wien Prähistorische Archäologie. Nach Promotion und Habilitation war er am Niederösterreichischen Landesarchiv tätig und wurde 1918 zum ao. Professor und 1922 zum o. Professor für Urgeschichte berufen. Im Studienjahr 1928/29 war er Dekan der philosophischen Fakultät und 1935/36 Rektor der Universität Wien. Menghin, der neben seiner wissenschaftlichen Arbeit auch belletristische Werke verfasste, war im Ersten Weltkrieg nicht als Soldat eingerückt, weil er als unabkömmlich galt. In den frühen 1920er-Jahren beschäftigte er sich mit damals gängigen Themen zur »Rassenkunde« und »der Judenfrage«.

Um akademische Karrieren von Juden an der Wiener Universität zu verhindern, hatte sich an der Philosophischen Fakultät eine Professorengruppe gebildet, die unter dem Namen »Bärenhöhle« bekannt war. Die namensgebende Bärenhöhle war ein Seminarraum des Paläontologischen Instituts der Wiener Universität zwischen Stiege IX und VII, wo auch die Sammlung von Höhlenbären-Knochen aus der Drachenhöhle bei Mixnitz in der Steiermark untergebracht war. In diesem Raum organisierte der antisemitisch eingestellte Paläontologe Othenio Abel (1875–1946) regelmäßige Treffen, an denen prominente Geisteswissenschaftler wie auch Oswald Menghin oder Heinrich von Srbik teilnahmen, um gegen jüdische Kollegen zu opponieren und sich gegenseitig zu protegieren. Um Personalentscheidungen durch gezielte Beeinflussung von Kollegen erfolgreich in die gewünschte Richtung zu treiben, ließen sie sich in Habilitations- und Berufungskommissionen wählen. So verwundert es nicht, dass Menghin, der die Nähe zu den Machthabern sowohl des katholischen und später austrofaschistischen sowie des nationalen Lagers suchte und fand, polemisch als »Hakenkreuzprofessor« benannt wurde, wiewohl er kein illegales Parteimitglied war. Sein Erfassungsantrag wurde am 8. September 1939 vom Gaugericht Wien zurückgestellt, weil er Mitglied des Cartellverbands und eines Geheimbunds war. Am 1. Juli 1940 wurde ihm schließlich die NSDAP-Parteimitgliedschaft zuerkannt. »Oswald Menghin kann durchaus als Beispiel für einen nationalkatholischen, kulturkonservativen willfährigen Wissenschaftler mit mehr oder weniger starken völkischen, rassistischen und antisemitischen Tendenzen gelten, dessen Gesinnung es ihm ermöglichte, sich den Nazis zur Verfügung zu stellen.«[114] In jedem Fall war Oswald Menghin ein Mann zwischen den Fronten, zwischen altösterreichischer Gesinnung und deutschnationalem Bekennertum, zwischen Katholizismus und dem »neuen Menschen«, von dem er annahm, dass er den negativen Kurs der sozialen Entwicklung in Europa ändern würde. Der 1933 erschienene Band »Geist und Blut«, galt als seine ideologische Grundsatzerklärung, worin er auch die grundlegende Rassentheorie der Nationalsozialisten bekräftigte. Als kulturpessimistisch geprägter Autor diagnostizierte er in dem 1924 erschienenen Roman »Zerrissene Fahnen«[115], dass das deutsche Volk unter einem Übermaß an Kosmopolitismus und an einem Mangel an Nationalgefühl leide. Ein Zerrissener war Menghin auch in Fragen der praktischen Politik, was die Zukunft Österreichs in einem »großen« Deutschland betraf. Was er 1936 anlässlich der 550-Jahr-Feier der Universität Heidelberg in seiner Funktion als Rektor der Universität Wien betonte: »Selbst wenn in Berlin die Sowjets säßen, wir gehören zusammen«, wiederholte er 1938, um letztlich aber doch von der Entwicklung enttäuscht zu sein, dass es nicht bei einem eigenständigen Österreich unter deutschem Dache blieb. Wobei dieses Bedauern sicherlich nicht ganz frei von hohler Rhetorik war, um sich keine zukünftige Option zu versperren.

Als Professor und Leiter des Instituts für Urgeschichte sowie als Rektor der Universität Wien und Berater der katholischen Studentenschaft übte Menghin einen großen Einfluss auf die Studierenden aus. Auch auf politischer Ebene war Menghin mehrfach eingebunden. Ab Juli 1936 war er als »Vertreter der nationalen Opposition« Mitglied im Führerrat der Vaterländischen Front[116] und ab Februar 1937 war er im sogenannten Siebener-Ausschuss, einem siebenköpfigen Personenkomitee vertreten, dem mit Leopold Tavs, Hugo Jury und Gilbert von In der Maur auch führende Persönlichkeiten aus den Kreisen der österreichischen Nationalsozialisten angehörten[117], um in Fragen der nationalen Vermittlung zwischen Regierung und nationaler Opposition zu verhandeln. Weil auf politischer Ebene keine Fortschritte zu erzielen waren, zog sich Menghin im Sommer 1937 aus dem Gremium zurück, das kurze Zeit später auch Bundeskanzler Kurt Schuschnigg als gescheitert erklärte.

Wo Dollfuß baden ging
Der Kanzler lernt schwimmen

Als Bundeskanzler Engelbert Dollfuß am 21. Juli 1934 – es war ein Samstag – unter höchster Geheimhaltung in Mattsee, in der Villa Hinterstoisser, ankam, hatte er zwei Vorhaben im Gepäck, im Prinzip waren es drei. Offiziell folgte er einer Einladung seines Freundes Heinrich Rischanek[118], Mitglied des Bundesgerichtshofs während der Zeit des diktatorisch geprägten Ständestaats, in der Villa Hinterstoisser ein erholsames Wochenende in Ferienlaune zu verbringen. Die Lage der Villa, unmittelbar am Ufer des Obertrumer Sees gelegen, war der ideale Ort, um schwimmen zu lernen. Dollfuß wurde von Benito Mussolini, dem Führer, auch Duce genannt, der italienischen Faschisten, zu einem Strandurlaub samt Familie nach Riccione an der oberen Adria eingeladen. Der kleingewachsene, aus ärmlichen Verhältnissen stammende Niederösterreicher hatte wie viele seiner Zeit nicht schwimmen gelernt und auch keine Vorstellung davon, wie mondän und lässig der Duce seinen Strandurlaub verbrachte. Mussolini in Badehose am Strand, neben ihm Gian Galeazzo Ciano, Mussolinis Schwiegersohn[119], ebenfalls groß gewachsen und in Badehose und dazwischen der österreichische Bundeskanzler mit Anzug, Krawatte und Hut. Fotos, die im Sommer 1933 um die Welt gingen, als Dollfuß zum ersten Mal in Riccione war. Um im Jahr darauf neben den italofaschistischen »Heroen« halbwegs »bella figura« zu machen, womit in Italien die Übereinstimmung von Anlass, Kleidung und Haltung gemeint ist, wollte sich Dollfuß am Obertrumer See auf die bevorstehenden Urlaubstage einstimmen. Ehefrau Alwine ist mit den beiden Kindern Eva und Rudi bereits am 14. Juli mit dem Zug vorausgereist. Der Bundeskanzler begleitete Frau und Kinder bis Villach, übernachtete dort und besuchte am Sonntag die Baustelle der Großglockner Hochalpenstraße, mit deren Bau im Sommer 1930 begonnen worden war.

Die darauffolgende Woche ist den Amtsprotokollen zufolge ruhig verlaufen, zumindest nach außen. Im Hintergrund war Dollfuß jedoch auch in diesen Tagen sehr um einen Ausgleich mit den politischen Gegnern bemüht. Auf der einen Seite galt es die Arbeiterschaft zu befrieden, auf der anderen Seite die nationalen Kreise. Nach einem Gespräch im Juni mit Hermann Neubacher, Freund und ehemaliger Wohnungsnachbar von Arthur Seyß-Inquart, NSDAP-Mitglied seit 1933, gab es auch Gesprächstermine mit Seyß-Inquart, den Dollfuß schon von der Deutschen Gemeinschaft her kannte. Weil diese Gespräche ergebnislos verliefen, wurden für das Wochenende in Mattsee, wo auch Seyß-Inquart Ferientage verbrachte, unter höchster Geheimhaltung weitere Gespräch vereinbart.

Bundeskanzler Dollfuß wusste zwar von zirkulierenden Gerüchten über einen bevorstehenden Putsch, maß dem aber keine besondere Bedeutung bei. Dollfuß hatte seine eigene Agenda, um sich Freiräume zu schaffen, die Position seiner Regierung zu festigen und das fortwährende Drängen der Nationalsozialisten, an der Regierung beteiligt zu werden, deutlich in die Schranken zu weisen. In Riccione wollte er mit dem Duce seine Pläne für einen entscheidenden politischen und wirtschaftlichen Schlag gegen die Nationalsozialisten besprechen, den er für August plante.[120] Vier Wochen vor dem vereinbarten Gespräch mit Seyß-Inquart in Mattsee verhandelten Mussolini und Hitler in der Villa Pisani in Stra bei Venedig ohne Beisein von Dollfuß auch über Österreich. Aus Geheimberichten erfuhr Dollfuß, dass die Unabhängigkeit Österreichs erhalten bleiben und normale Umstände herbeigeführt werden sollten. Dabei offenbarten sich jedoch Auffassungsunterschiede zwischen Hitler[121] und Mussolini, was die jeweilige Vorstellung von Unabhängigkeit betraf, denn Hitler maßte sich an, den Zeitpunkt der Wahlen, die Zusammensetzung der Regierung und die Person des Bundeskanzlers zu bestimmen.

Es kann davon ausgegangen werden, dass Hitler über die Einladung des Duce an Dollfuß Bescheid wusste und möglicherweise auch über die Themen der bevorstehenden Gespräche zwischen Dollfuß und Mussolini. Deshalb war Eile geboten, denn das Zeitfenster zwischen dem Aufenthalt in Mattsee und der Abreise nach Riccione war klein. Die Frist zum Handeln war äußerst knapp, sie betrug weniger als eine Arbeitswoche, da der offizielle Rückreisetermin des Kanzlers von Mattsee nach Wien für den 23. Juli angesetzt war. Dollfuß, bekannt für spontane, bisweilen springhafte Entscheidungen und Handlungen, blieb jedoch einen Tag länger und kehrte erst am Dienstag nach Wien zurück.

In der Beschreibung der Darstellung des Geheimgesprächs zwischen Dollfuß und Seyß-Inquart in Mattsee gehen die Meinungen auseinander. Die Positionen reichen von der Ansicht, es habe gar nicht stattgefunden bis zur Einschätzung, dass es fruchtlos verlaufen sei. Zum Wesen des Juliputsches zählt, dass er organisatorisch schlecht vorbereitet war, was in der Hauptsache darin begründet lag, dass die Ziele der für die Vorbereitung verantwortlichen Aktivisten und Gruppierungen nicht deckungsgleich waren und jeweils eigene Interessen verfolgt wurden. Diese Diskrepanz lässt sich vor allem zwischen den österreichischen Nationalsozialisten und den Befehlsgebern und Überbringern aus Berlin feststellen. Es kann jedenfalls davon ausgegangen werden, dass Arthur Seyß-Inquart – wie immer das Gespräch am besagten Wochenende verlaufen sein mag – ein Rädchen im Teil der Verschwörungszirkel war. Seyß-Inquart kann das Gesprächsangebot von Dollfuß zum Schein angenommen haben, um den Kanzler zu beschwichtigen und ihm zum Schein zu signalisieren, dass die Putschgerüchte tatsächlich nicht ernst zu nehmen seien. Sollte das Gespräch in der Auffassung von Dollfuß einen unbefriedigenden Verlauf genommen haben, so könnte das auch daran liegen, dass Seyß-Inquart sehr wortkarg geblieben ist. Eine Taktik, der er sich auch als beteiligter Anwalt in Strafprozessen gerne bediente. So äußerte er seiner Frau Gertrude gegenüber einmal die Bemerkung, dass er seine Prozesse gewinne, indem er nichts sage.

Die Salzburger Chronik[122] berichtete in einer kurzen Notiz, dass der Kanzler am Samstag, dem 21. Juli um 7.45 Uhr abends nach Mattsee kam und dass außer Holzinger nur zwei Personen Bescheid wussten. In dieser kurzen Notiz

Bundeskanzler Engelbert Dollfuß, hier in der Uniform als Oberleutnant der Kaiserschützen, verbrachte das Wochenende vom 21. bis 24. Juli in der Villa Hinterstoisser am Obertrumer See. Zum einen war ein Geheimtreffen mit Arthur Seyß-Inquart geplant, der zur selben Zeit in Mattsee war, zum anderen wollte der Kanzler schwimmen lernen, um am Strand von Riccione eine bessere Figur als im Jahr zuvor zu machen. Der Duce, Italiens Faschistenführer Benito Mussolini, hatte den Bundeskanzler und seine Familie zu einem Strandurlaub an der Adria eingeladen.

war auch zu lesen, dass Dollfuß von einem Badegast erkannt worden war. Wie in der Mattsee Chronik nachzulesen ist, konnte der Besuch des Bundeskanzlers der Mattseer Bevölkerung schon deshalb nicht verborgen bleiben, weil vor dem Anwesen Wachtposten aufgestellt waren und Gendarmen in Zivil im Ort patrouillierten. Zwei Kinder, eines davon war der sechsjährige Simon Feichtner, der spätere Mattseer Vizebürgermeister, brachten dem Kanzler ein Ständchen dar und sangen eine Strophe der Ständestaat-Bundeshymne, deren Text mit dem Satz beginnt: »Sei gesegnet ohne Ende, Heimaterde wunderhold«.[123]

Die Zeit nach den Nationalratswahlen vom November 1930 bis zum Putschversuche im Juli 1934 zählt zu den fragilsten Abschnitten der jungen Republik Österreich, die mit der Ausschaltung des Parlaments ihren ersten Höhepunkt fanden. Dass die Auffassungsunterschiede über die zeithistorische Einschätzung der Rolle von Engelbert Dollfuß bis in die jüngste Gegenwart wirken, ist auch als Beweis dafür zu nehmen, wie stark ausgeprägt das Lagerdenken in der Ersten Republik und darüber hinaus war und wie wenig gefestigt parlamentarisches Denken und Handeln war, das fast spielerisch zur Ausschaltung des Parlaments führte.

Engelbert Dollfuß, der lange zwischen der Berufung zum Priester und einem bürgerlichen Leben mit Familie schwankte, hatte sich nach einem rechtswissenschaftlichen Studium, das er mit der Promotion abschloss, einen Namen als Agrarexperte gemacht und war Direktor der niederösterreichischen Landwirtschaftskammer, als er 1930 von Bundeskanzler Carl Vaugoin zum Präsidenten der Bundesbahnen Österreich (BBÖ)[124] ernannt wurde. Im März 1931 – die österreichischen Bundesregierungen hatten eine Verweildauer von einigen Monaten – war er Landwirtschaftsminister in den Kabinetten Ender und Buresch. Nach den für die Nationalsozialisten erfolgreichen Landtagswahlen in Wien, Niederösterreich und Salzburg stellten die Sozialdemokraten – seit der Wahl im November 1930 verfügten sie über die relative Mehrheit – einen Antrag auf Auflösung des Nationalrats, was Neuwahlen zur Folge gehabt hätte. Dieser

Der gebürtige Salzburger Josef Hinterstoisser (1844–1921) wurde als Gerichtspsychiater am Wiener Landesgericht weit über die Fachgrenzen hinaus bekannt und war ein Vertrauter der Hofschauspielerin und Kaiserfreundin Katharina Schratt. Zugleich war er der gerichtlich bestellte Vormund von Anton Breitner.

Entscheidung kam Kanzler Buresch durch Rücktritt zuvor. In der Folge wurde Dollfuß von Bundespräsident Wilhelm Miklas am 10. Mai 1932 als Kanzler designiert und mit der Bildung einer Bundesregierung beauftragt. Nachdem die Sozialdemokraten das Angebot zur Zusammenarbeit ausgeschlagen hatten, bildete Dollfuß eine Koalition mit Landbund[125] und Heimatblock, dem politischen Arm der Heimwehren, mit einer hauchdünnen Mehrheit von einer Stimme. Der Heimatblock, obwohl nur mit acht Mandaten im Nationalrat vertreten, wurde für die Zusammenarbeit mit drei Ministerposten belohnt, unter ihnen war für kurze Zeit auch Franz Hueber als Justizminister.

Als es am 4. März 1933 in einer Sitzung des Nationalrats[126] zu Unstimmigkeiten bei einer Abstimmung gekommen war und im Zuge dessen die drei Parlamentspräsidenten Karl Renner, Rudolf Ramek und Sepp Straffner von ihrem Amt zurücktraten, wurde der Nationalrat handlungsunfähig. Bundeskanzler Engelbert Dollfuß, der in diesem Zusammenhang von der »Selbstausschaltung des Parlaments« sprach, nutzte die »Gunst« der Stunde und etablierte nach Absprache mit der Parteispitze der Christlichsozialen ab sofort einen autoritären Regierungsstil. Dieser hatte zur Folge, dass die Abgeordneten am 15. März, als der Nationalrat wieder zusammentreten wollte, von der Polizei am Betreten des Parlaments gehindert wurden. Damit und mit den folgenden staatsstreichartigen Sanktionen wurde der Parlamentarismus der ersten Republik mutwillig außer Kraft gesetzt und eine Quasi-Diktatur errichtet. Dollfuß regierte mit Hilfe des Kriegswirtschaftlichen Ermächtigungsgesetzes aus dem Ersten Weltkrieg, führte die Pressezensur ein, verbot den Republikanischen Schutzbund, die bewaffneten Verbände der Sozialdemokratie, und trieb die Demontage des Verfassungsgerichts voran. Im Weiteren wurde die Aussetzung aller Wahlen beschlossen, die Kommunistische Partei aufgelöst und einen Tag später die NSDAP. Die Sozialdemokratische Arbeitspartei, SDAP, wurde ein gutes halbes Jahr später im Zuge des Februaraufstands verboten. Vor dem Hintergrund der nationalsozialistischen Diktatur in Deutschland schloss sich Dollfuß mit der faschistischen Heimwehr zusammen und versicherte sich der Unterstützung Mussolinis, der seinerseits wiederum daran interessiert war, den Dreibund aus Italien, Österreich und Ungarn zu stärken und deshalb auch die Heimwehr finanziell unterstützte. Nach seinem ersten Besuch bei Mussolini in Riccione im Sommer 1933 kündigte der Kanzler nach der Sommerpause am 11. September die Gründung eines Ständestaates nach autoritärem Muster an.

Am 30. April 1934 haben die Abgeordneten der Vaterländischen Front[127] ein Gesetz beschlossen, das die Regierung mit allen Befugnissen ausgestattet hat, die zuvor den legislativen Institutionen Nationalrat und Bundesrat oblagen. Die Mandate der Sozialdemokraten wurden vor der Sitzung des »Rumpfnationalrats« für erloschen erklärt. Am 1. Mai – dem Feiertag der Arbeiterbewegung – wurde die Verfassung des Ständestaats erlassen, womit die Erste Republik endgültig zu existieren aufgehört hat. Aus der Republik Österreich wurde der Bundesstaat Österreich und die Verfassung begann mit den Worten: »Im Namen Gottes, des Allmächtigen, von dem alles Recht ausgeht, erhält das österreichische Volk für seinen christlichen deutschen Bundesstaat auf ständischer Grundlage diese Verfassung.«[128] Als staatliches Hoheitszeichen galt ab sofort das Kruckenkreuz[129].

Das Kruckenkreuz ersetzte nicht nur das Staatswappen, das auch in der Ersten Republik ein Adler mit Mauerkrone sowie in den Fängen Hammer und Sichel prägte, sondern war auch der sichtbare Ausdruck für die besondere Verbundenheit des Staates mit der Kirche. Die österreichische Amtskirche, allen voran Kardinal Innitzer, begrüßte die Ausschaltung des Parlaments als »Anbruch einer neuen Zeit«. Die Proklamation des Ständestaates am 1. Mai 1934 hatte auch unmittelbare Konsequenzen für das Land Salzburg und für die Gemeinde Mattsee. So wurde auf Landesebene mit dem sogenannten Ermächtigungsgesetz[130] die Landesverfassung erstmals gebrochen. Der Landesregierung wurden bis zur Neuregelung der verfassungsrechtlichen Verhältnisse im Bund und Land auf berufsständischer Grundlage außerordentliche Befugnisse übertragen. Mit diesem Gesetz wurde der Landtag entmachtet und die spätere Verankerung der neuen Landesverfassung, die am 14. September 1934 erlassen wurde, vorbereitet. Im Zuge der Umsetzung wurden alle Mandate außer der des Landeshauptmanns[131] für erloschen erklärt, auch die der als ruhend gemeldeten Mandate der nationalsozialistischen und sozialdemokratischen Abgeordneten. Ebenso erloschen auch die Mandate der letzten demokratisch gewählten christlichsozialen Abgeordneten. Landeshauptmann Franz Rehrl hatte zu akzeptieren, dass Alois Wagenbichler[132], zweiter Landesführer der Heimwehr und stellvertretender Landesleiter der Vaterländischen Front, zu seinem Stellvertreter ernannt wurde.

In einzelnen Gemeinden des Landes Salzburg, so auch in Mattsee und Seeham, beschloss die Landesregierung die Auflösung der Gemeindevertretung und die Ernennung eines Regierungskommissärs. In Mattsee wurde dazu Josef Holzinger, der im Ort ansässige Apotheker, bestimmt. Bei einem Regierungskommissär handelt es sich nach dem Recht der österreichischen Bundesländer um einen von der Landesregierung per Bescheid bestellten Funktionsträger, der kommissarisch, d. h. übergangsweise, die Geschäfte der Gemeinde führt. Er löste damit Jakob Leobacher als Bürgermeister ab, der aus der Gemeindevertretungswahl 1931[133] als Bürgermeister hervorging, nachdem Jakob Iglhauser die Wahl nicht angenommen hatte.

Die im Verlauf des Putschversuches am 25. Juli im Bundeskanzleramt auf Dollfuß abgegebenen Schüsse sind bis heute ein nicht restlos aufgeklärter Kriminalfall geblieben, denn es ist nach wie vor nicht erwiesen, wer den zweiten Schuss abgegeben hat. Der ohnehin dilettantisch vorbereitete und durchgeführte Putsch von Mitgliedern der Wiener SS-Standarte 89, die aus zumeist arbeitslosen jungen Männern bestand, wurde zusätzlich erschwert, weil Bundeskanzler Dollfuß nicht, wie vorgesehen, schon am Montag, dem 23. Juli, nach Wien zurückkehrte, sondern erst am darauffolgenden Dienstag. Deshalb musste auch die für den Dienstagnachmittag angesetzte Ministerratssitzung verschoben werden, in deren Verlauf die gesamte Bundesregierung festgenommen werden sollte.

Dollfuß traf von Mattsee kommend am Dienstag gegen Mittag in Wien ein, wo ihn sein erster Termin in das Heeresministerium am Stubenring führte. Da er am 10. Juli 1934 auch die Leitung des Heeresministeriums übernommen hatte, begrüßte er im Marmorsaal die Spitzen des Heeres und des Ministeriums. Anschließend traf er sich mit Heinrich Rischanek, auf dessen Einladung er das Wochenende in der Villa Hinterstoisser verbracht hatte, zum Mittagessen. An diesem Essen nahm auch Friedrich Stockinger[134] teil, der im Auftrag von Dollfuß mit dem oberösterreichischen NS-Bauernführer Anton Reinthaller Geheimgespräche führte. Das Gespräch zwischen Dollfuß und Stockinger wurde am Abend fortgesetzt.

Die Ereignisse des Vormittags vom 25. Juli 1934 sind vielfach dokumentiert, sodass auf eine Darstellung in diesem Zusammenhang verzichtet werden kann. Auf zwei Aspekte sei jedoch hingewiesen, die im Zusammenhang mit Arthur Seyß-Inquart stehen. Zu den wesentlichen Drahtziehern des gescheiterten Putsches gehörte auch der Wiener Rechtsanwalt Otto Gustav Wächter (1901–1949), ein Kollege und Freund von Arthur Seyß-Inquart, der auch Mitglied im Deutschen Klub war. Otto Gustav Wächter floh nach dem Putsch ins Deutsche Reich und wurde nach der Machtergreifung Hitlers in Österreich von Seyß-Inquart zum Staatskommissar des Reichsministers berufen. Nach Auflösung der österreichischen Landesregierung wurde er, als Seyß-Inquart Stellvertreter des Generalgouverneurs in den besetzten polnischen Gebieten wurde, zum Gouverneur von Galizien ernannt. Arthur Seyß-Inquart war auch Pate des ersten Enkelsohnes von Wächter. Nach dem Zweiten Weltkrieg kam Wächter bei Bischof Alois Hudal[135] in Rom unter. Unter dem falschen Namen Alfredo Reinhardt lebte er bis zu seinem Tod im Kolleg von Bischof Hurdal, der nach dem Krieg für viele Nationalsozialisten Fluchthilfe leistete.

Otto Planetta und Franz Holzweber wurden nach dem Putsch, in dessen Verlauf Planetta einen der beiden Schüsse auf Bundeskanzler Dollfuß abgegeben hatte, im Hof des Kanzleramts verhaftet und unmittelbar danach vor Gericht gestellt. Von einem für das Verfahren neu geschaffenen Ausnahmegericht wurden Holzweber und Planetta zum Tode durch den Strang – es handelte sich um einen Würgegalgen – verurteilt. Das Urteil wurde am 31. Juli im Hof des Wiener Landesgerichts vollstreckt. Ob Otto Planetta Arthur Seyß-Inquart persönlich bekannt war, lässt sich nicht feststellen. In jedem Fall war die Mutter

Planettas der Familie Seyß-Inquart bekannt, da sie in unmittelbarer Nähe der Villa von Seyß-Inquart in Dornbach, im 17. Wiener Gemeindebezirk, wohnte und als Zugehfrau in zahlreichen Häusern arbeitete.[136] Als dreieinhalb Jahre später, am 15. März 1938, Adolf Hitler am Heldenplatz sprach und vor ihm Arthur Seyß-Inquart in seiner neuen Funktion als Reichsstatthalter war, unter den Zuhörerinnen auch seine Frau Gertrude, die sich in Begleitung ihrer Hausgehilfin, der Witwe Otto Planettas, auf dem Heldenplatz einfand.[137]

Arthur Seyß-Inquart war sehr besorgt darum, keinesfalls in Verbindung mit dem Putsch gebracht zu werden und schon gar nicht mit den tödlich verlaufenen Schüssen auf Bundeskanzler Dollfuß. An welchen Fäden er im Hintergrund tatsächlich zog, wird eine dringend anstehende Neubewertung der Rolle Seyß-Inquarts während des Ständestaates und auch schon zuvor aufzudecken haben. Johannes Knoll ist in seinem 2015 erschienenen Buch »Arthur Seyß-Inquart und die deutsche Besatzungspolitik in den Niederlanden (1940–1945)«[138] in einem Kapitel bereits auf die Rolle Seyß-Inquarts im deutsch-nationalen und völkischen Milieu detailliert eingegangen.

Aber auch in Mattsee wurde geputscht. Wie die chronologische Auflistung nationalsozialistischer Anschlags- und Propagandatätigkeit in der Mattsee Chronik[139] aufzeigt, haben die Nationalsozialisten im Frühjahr 1933, unmittelbar nach der autoritären Machtübernahme unter völliger Missachtung des Parlaments durch Bundeskanzler Dollfuß, mit auffälliger Agitations- und Propagandatätigkeit begonnen, die häufig mit Sachbeschädigungen, insbesondere durch Hakenkreuzschmierereien verbunden waren. Der erste bekannte Auftritt von Nationalsozialisten geht übrigens schon auf den 22. November 1931 zurück, als im Gasthof Iglhauser ein »mitreißender Redner« am Werk war, »dessen Ausführungen bei einem großen Teil der Zuhörer allgemeinen Beifall fanden«[140].

»Bundeskanzler Engelbert Dollfuß hat die Regierungsgeschäfte an den ehemaligen steirischen Landeshauptmann Anton Rintelen übergeben.« Diese Nachricht war das vereinbarte Signal, auf das Nationalsozialisten in ganz Österreich warteten, um mit der »Erhebung«, womit der Putsch gemeint war, zu beginnen. Aber die Nachricht drang nur verzögert durch und das auch nur in einigen Teilen Österreichs. Insbesondere in den Bundesländern Steiermark, Kärnten, Oberösterreich und Salzburg kam es zu zahlreichen Gefechten zwischen Nationalsozialisten und der Polizei bzw. Gendarmarie und freiwilliger Schutzkorps oder regierungstreuer Wehrverbände. So auch in Mattsee, wo der Putsch unter der Leitung des Schlossermeisters Johann Lögl stand, der sich als »Ortsgruppenleiter« der verbotenen NSDAP verstand. Wie in der Mattsee Chronik[141] detailliert dargestellt, rotteten sich im Laufe des 26. Juli zwischen 20 und 30 Nationalsozialisten, denen sich einige Angehörige des Landbundes anschlossen, am Ufer des Obertrumer Sees zusammen. Da die Putschisten bereits alle Telefonleitungen gekappt hatten und Mattsee praktisch von der Außenwelt abgeschlossen war, hatte Revierinspektor Eisl große Probleme, sich mit den umliegenden Gemeinden zu verständigen und die Männer des Heimatschutzes zu koordinieren. Als eine Gruppe von Heimwehrmännern vor der »Wasenhütte« einen bewaffneten

Josef Hinterstoisser ließ die Sommervilla 1890 nach Plänen des Architekten Karl Mayreder auf einem Seegrundstück am Obertrumer See erbauen. Nach seinem Tod 1921 vermietete die Witwe das Haus regelmäßig an Sommergäste. Als Mieter im Sommer 1934 ist Heinrich Rischanek verzeichnet, auf dessen Einladung Bundeskanzler Engelbert Dollfuß nach Mattsee kam. Josef Hinterstoisser brachte sein gesamtes Vermögen in eine Studienstiftung zu Gunsten bedürftiger Studenten ein, räumte aber seiner Frau Ida und den Geschwistern den Nießbrauch auf Lebenszeit ein. Aufsichtsorgan der Stiftung sollte der jeweilige Salzburger Fürsterzbischof bzw. Erzbischof sein. Auf diesem Weg kam die Villa in den Besitz des Erzbischöflichen Stuhls und dient seit den 1980er-Jahren als Wohnsitz der emeritierten Salzburger Erzbischöfe.

Nationalsozialisten entdeckten, kam es im Zuge der Entwaffnung dieses Wachpostens zu Kampfhandlungen, da einige Putschisten aus der Hütte heraus das Feuer eröffneten. Bei dem kurzen Feuergefecht wurden zwei Nationalsozialisten verletzt. Dem zweiten Teil der Putschisten, die sich in der benachbarten »Breitnerhütte« befanden, gelang die Flucht über den Obertrumer See und weiter ins Deutsche Reich. Unter ihnen befand sich auch Johann Lögl[142]. Im Zuge von Hausdurchsuchungen kam es zu weiteren Verhaftungen, sodass bis zum 30. Juli insgesamt 13 »Minderbeteiligte« nach Salzburg überstellt wurden, die zumeist auf der Festung Hohensalzburg oder im ehemaligen Kinderheim Itzling inhaftiert wurden. Hermann Steiner sen. beschreibt in einem Zeitzeugengespräch[143] die Erfahrungen seines Vaters, der auch unter den Verhafteten war. Nachdem die verhafteten Nationalsozialisten in die Stadt Salzburg transportiert und auf die Festung gebracht wurden, mussten sie sich, auf dem Weg zu den Kasematten hinab, in einem Spießrutenlaufen durch die in Reihen links und rechts aufgestellten Mitglieder der Heimwehr hindurchbewegen. Jakob Iglhauser, ein sehr gesetzter Mann, dem das Laufen schwerfiel, konnte nur durch die Reihen gehen und wurde so von den Attacken und Schlägen der Heimwehrmänner besonders getroffen, bis er ohnmächtig auf dem Boden zu liegen kam. Weil die Schläge nicht aufhörten, hat ihn mein Vater schließlich zu den Zellen geschleppt, wobei ihm die Heimwehrmänner das Nasenbein gebrochen haben.

Einige dieser verhafteten Nationalsozialisten blieben bis Dezember 1934 im Anhaltelager Wöllersdorf interniert. Im September 1934 standen elf Angeklagte, die bei den Auseinandersetzungen in Mattsee beteiligt waren, vor dem Militärgericht in Linz. Alle Angeklagten wurden zu Kerkerstrafen zwischen ein und zwei Jahren verurteilt[144]. Österreich weit wurden bei den Kampfhandlungen zwischen 25. und 30. Juli mehr als 200 Menschen getötet. Etwa 4 000 Nationalsozialisten, die sich der strafrechtlichen Verfolgung nicht durch Flucht ins Ausland entzogen, wurden vor den nach dem 26. Juli neu eingerichteten Militärgerichten verurteilt. Im Fall des ins Deutsche Reich geflüchteten Johann Lögl wurde ein Sühnegeld in Höhe von 1 500 Schilling verhängt. Dabei handelte es sich um den Höchstbetrag, der im Flachgau diesbezüglich verhängt wurde. Der Verfall des Eigentums konnte nur durch eine Nacht-und-Nebelaktion des Schwiegervaters von Lögl verhindert werden.[145]

Die Villa, in der Bundeskanzler Engelbert Dollfuß das Wochenende vom 21. bis 24. Juli 1934 verbracht hatte, war zu dieser Zeit im Besitz von Ida Hinterstoisser, der Witwe des Erbauers und Namensgebers Josef Hinterstoisser, der sie 1890 nach Plänen des Architekten Karl Mayreder[146] erbauen ließ. Josef Hinterstoisser hinterließ, als er am 23. November 1921 unerwartet im Alter von 77 Jahren starb, ein ansehnliches Vermögen, das neben der Sommervilla, einer Kunst- und Münzensammlung und vor allem auch Anleihen und Pfandbriefe umfasste. Dass die Villa heute dem Erzbischöflichen Stuhl in Salzburg gehört und den emeritierten Erzbischöfen als Ruhesitz dient, hat seinen Grund im Testament Hinterstoissers, der sein gesamtes Vermögen einer Stipendienstiftung vermachte. Seiner Frau Ida sowie den Geschwistern Theresia und Karl sicherte er zu gleichen Teilen den Fruchtgenuss auf Lebenszeit. In dem sehr ausführlich verfassten Testament vom 20. Mai 1920 heißt es eingangs: »Von dem Wunsche beseelt, meiner Liebe zur Heimat dauernden Ausdruck zu geben, andererseits an meiner stillen Begeisterung für meinen wissenschaftlichen Beruf zu huldigen, verfüge ich, dass nach dem jeweiligen Ableben meiner nächsten Erben aus dem schließlichen Nachlassvermögen Stipendienstiftungen, die meinen Namen zu führen haben, errichtet werden.«[147] Im Rahmen der weiteren Ausführungen hat der Erblasser auch einige Bedingungen an die zukünftigen Stipendienbezieher formuliert. So ist zumindest ein mittelmäßiger Studienerfolg Voraussetzung, um in den Genuss eines Stipendiums zu kommen. Ausdrücklich erwähnte Hinterstoisser in diesem Zusammenhang jedoch, dass es unerheblich sei, ob der Bewerber ehelicher oder unehelicher Abstammung bzw. von adeliger Herkunft ist oder nicht. Studentinnen schloss er vom Genuss eines Stipendiums aus seiner Stiftung ebenso zur Gänze aus wie sozialdemokratische Parteigänger.

Weltwirtschaftskrise und Inflation haben das Nachlassvermögen erheblich geschmälert, sodass es gar nie zu einer Errichtung der Stiftung im Sinne Hinterstoissers gekommen ist. Außerdem war seine Witwe, Ida Hinterstoisser, erheblich jünger als ihr Mann und ist am 21. Mai 1961 im Alter von 89 Jahren verstorben. Um ihre prekäre finanzielle Situation zu lindern, versuchte sie den Umstand, dass Dollfuß das letzte Wochenende seines Lebens in ihrer Villa verbrachte, für sich zu nutzen und richtete an die Bundesregierung den Antrag, die Villa zu erwerben und ihr im Gegenzug auf Lebenszeit eine monatliche Rente in Höhe von 300 Schilling zuzusprechen. Ihr Ansuchen unterstützte sie mit dem Argument, dass »dies jene Stätte ist, an der unser verewigter Heldenkanzler Dr. Engelbert Dollfuß die letzten fröhlichen Erholungsstunden verbrachte in der Gesellschaft der ihm befreundeten Familie: Bundesgerichtsrat Dr. Heinrich Rischanek u. zwar die Tage 21.–24. Juli, unmittelbar vor seinem grausamen Tode.« Das Bundeskanzleramt lehnte jedoch den Antrag auf Grund fehlender Mittel ab. Das Schreiben von Ida Hinterstoisser ist mit 4. September 1934 datiert, sodass davon auszugehen ist, dass der Aufenthalt von Bundeskanzler Kurt Schuschnigg mit seiner Familie in der Villa, den auch ein Eintrag im Gästebuch bestätigt, in einem Zusammenhang mit dem geplanten Verkauf steht, oder im Zuge des Aufenthalts der Anstoß dazu gegeben wurde. Schuschniggs Frau Herma hinterließ im Gästebuch der Villa folgenden Eintrag: »Den Frieden der Natur genießend denkt stets in lb. Erinnerung der Villa Hinterstoißer Herma v. Schuschnigg«. Der mit kindlicher Schrift hinzugefügte Namen »Kurti« deutet darauf hin, dass der 1926 geborene Sohn Kurt in Mattsee mit dabei gewesen ist. Unter demselben Datum findet sich auch ein Eintrag, gez. mit »Dr. Rischanek«: »Unvergesslich bleibt uns der Sommer 1934, den wir hier in ihrer idyllisch gelegenen Villa verbrachten. Freude erlebten wir durch den Besuch unseres lb. Bundeskanzlers Dr. Dollfuß vom 21. – 24. Juli. Größtes Leid durch seinen unerwarteten Tod am 25. Juli.«[148]

Kurt Schuschnigg (1897–1977) begann seine politische Laufbahn nach dem Studium der Rechtswissenschaften und einigen Jahren anwaltlicher Tätigkeit

Eigentlich sollte der Aufenthalt von Dollfuß in Mattsee nur vom 21. Juli (Samstagabend) bis 23. Juli (Montagvormittag) dauern. Der für seine spontanen Entschlüsse bekannte Kanzler verlängerte jedoch um einen Tag, weshalb auch eine für Dienstag angesetzte Sitzung des Ministerrates auf Mittwoch verschoben werden musste. Diese Sitzung dauerte nur kurz, weil sie Dollfuß auf einen Hinweis von Emil Fey hin abbrach. Kurz darauf wurde der Kanzler angeschossen und starb Stunden später an den Folgen des Attentats.

1927 als damals jüngster Abgeordneter im Nationalrat für die Christlich-Soziale Partei. 1932 wechselte er in die Regierung und war unter den Bundeskanzlern Buresch und Dollfuß Justiz- und Unterrichtsminister. Schuschnigg galt als einer der maßgeblichen Architekten des autoritären Regimes im Ständestaat. Wie sehr bereits im Sommer 1932, kurz nachdem Dollfuß Bundeskanzler geworden war, mit der Ausschaltung des Parlaments geliebäugelt wurde, dokumentiert eine Wortmeldung Schuschniggs vom 17. Juni 1932, mit der er die Frage aufwarf, ob der »nächste Kabinettswechsel nicht gleichbedeutend mit der Ausschaltung des Parlaments sein müsste«.[149] Da Schuschnigg der Heimwehr misstraute, gründete er mit ostmärkischen Sturmscharen einen betont katholischen und antisemitischen Kampfverband. Als Bundeskanzler wurde er zum Führer der Vaterländischen Front bestimmt.

Die Bemühungen Ida Hinterstoissers, aus dem Aufenthalt von Engelbert Dollfuß in Mattsee Kapital für sich selbst zu schlagen, sind im Sand verlaufen. Außerdem war auf das Anwesen grundbücherlich eine Vormerkung für eine fideikommissarische Substitution[150] zu Gunsten der noch zu errichtenden Stipendienstiftung eingetragen. Da der jeweilige Salzburger Fürsterzbischof und später Erzbischof von Hinterstoisser als Aufsichtsorgan über die Stiftung vorgesehen war, hätte dieser ohnedies erst seine Zustimmung zu einem Verkauf der Immobilie geben müssen.

In den 1950er-Jahren konnte zwischen der Erzdiözese Salzburg und Frau Ida Hinterstoisser bezüglich der Hinterlassenschaft ihres Mannes und ihrer nach wie vor sehr schwierigen finanziellen Situation eine Regelung gefunden werden, wonach Frau Hinterstoisser die noch vorhandenen Kunst- und Wertgegenstände der Erzdiözese überließ und diese ihr im Gegenzug eine monatliche Pension in Höhe von 300 Schilling bezahlt. Außerdem wurde vereinbart, dass nach dem Tod von Ida Hinterstoisser deren langjährige Haushälterin, Frau Maria Oberegger, das Wohnrecht auf Lebenszeit eingeräumt wurde. Nach umfangreichen Sanierungs- und Renovierungsarbeiten hielt das erzbischöfliche Konsistorium am 2. Oktober 1984 nach Besichtigung der Villa Hinterstoißer eine Klausurtagung ab, in deren Rahmen dem Erzbischof als künftigem Nutznießer dieser vorzüglich renovierten Villa der Schlüssel zu Haus und Wohnung übergeben wurde.

Im Zentrum steht das Kruckenkreuz
Mattsee wird zum Markt erhoben

Die Markterhebung Mattsees fand in einer politisch prekären und wirtschaftlich sehr schwierigen Zeit statt und ist zum Teil auch als Antwort auf diese prekären historischen Rahmenbedingungen zu verstehen. Markterhebungs- und Stadternennungsfeiern haben während der Zeit des Ständestaates neben Mattsee nur an zwei Orten in Österreich stattgefunden: Die Tiroler Gemeinde Steinbach am Brenner wurde 1936 offiziell zum Markt erhoben, wiewohl der Ort schon seit 1407 als Markt bezeichnet wird; 1937 wurde Pinkafeld im Burgenland zur Stadt erhoben.[151] Die Markterhebung Mattsees wurde als großes Requiem für Engelbert Dollfuß inszeniert und gefeiert und dem Mythos um den »ermordeten Heldenkanzler« einverleibt.

Die politische Situation in Mattsee war durch das Spannungsfeld zwischen national-katholischen Lager und dem großdeutsch-nationalen bzw. nationalsozialistischen geprägt. Daneben und dazwischen war die Heimwehr angesiedelt, deren Landesführer, Franz Hueber, in Mattsee lebte und als Notar tätig war. Obwohl Hueber sich spätestens nach der Machtergreifung der Nationalsozialisten in Deutschland deutlich auf ihre Seite schlug, was nicht zuletzt auch auf den Einfluss seines Schwagers Hermann Göring zurückzuführen war, galt Mattsee für die regionale NS-Propaganda als »letzte Stütze des Starhemberg-Heimatschutzes«[152] im Flachgau. Zwischen judenreiner Sommerfrische, deren Ursprünge bereits im ausgehenden 19. Jahrhundert durch deutschnational gesonnene Sommergäste gelegt wurden, und der Sommerfrische für hohe Repräsentanten des Nazi-Regimes erlebte Mattsee während der Zeit des autoritär geführten Ständestaates ein Intermezzo als »vaterländische Hochburg«, wofür sich der alte Kirchenort mit der knapp 1200-jährigen Geschichte des Kollegiatstifts vorzüglich eignete. Der dem Stift ab 1927 als Kanonikus externa verbundene Regierungsrat Leonhard Steinwender war als Chefredakteur der »Salzburger Chronik«, dem Organ der Christlich-Sozialen Partei ein dezidiert katholischer und streitbarer Publizist und damit ein deutlicher Vertreter des politischen Katholizismus, der den Ständestaat prägte und ihm Struktur gab. In jedem Fall war er neben den Geistlichen Franz Donat und Michael Schusterbauer eine bedeutende Stütze für die christlichsoziale Partei, die in Salzburg zur dominierenden politischen Kraft geworden war.[153] Der begabte Redner und Prediger stand als enger Freund und Gesinnungsgenosse an der Seite von Landeshauptmann Franz Rehrl.

Nach der Abberufung der Gemeindevertretung und der Beauftragung Holzingers als Regierungskommissär sowie der Niederschlagung des Putsches war das Machtgefüge der Vaterländischen Front fertig gezimmert, wenn auch nicht so standfest wie gewünscht.

Der bis heute im strafrechtlichen Sinn letztendlich immer noch nicht restlos aufgeklärte »Mordfall Dollfuß« hat unmittelbar nach den Ereignissen zu einer Überhöhung der Person von Engelbert Dollfuß geführt und in der Folge zu einer Mythologisierung des Kanzlers, der im Kampf um ein »freies Österreich« gefallen ist. Die tiefen ideologischen Gräben, die auch durch die Politik des Kanzlers Dollfuß zwischen dem »schwarzen« und dem »roten« Lager gezogen wurden, und sein fast schon verzweifelter Versuch, durch Annäherung an die österreichischen Nationalsozialisten eine Befriedung innerhalb des katholisch-nationalen Lagers zu erreichen, um gemeinsam den »Nationalsozialismus aus dem Reich« abzuwehren, haben ein beinah unentwirrbares Netz aus Intrigen und Abhängigkeiten insbesondere auch im jeweiligen Verhältnis zur Heimwehr geschaffen, das einen idealen Hintergrund für Legendenbildung und Mythologisierungen lieferte. Je dichter das Netz aus Lügen, Halbwahrheiten, Vermutungen und beabsichtigtem Schweigen gesponnen ist, umso rascher lassen sich Legenden als Stellvertreter von Fakten bilden. Wie Lucile Dreidemy[154] beschrieb, fand im Fall des erschossenen Bundeskanzlers die Mystifizierung nicht nur auf der Seite seiner Anhänger und Bewunderer statt, sondern auch auf der des politischen Gegners und ideologischen Feindes. Dollfuß stand nach den Ereignissen vom 25. Juli für Heldentum, Opferbereitschaft, Patriotismus und Pflichtbewusstsein gleichermaßen wie für Diktatur, Autoritarismus und Faschismus. Aus beiden Perspektiven wurde mit Hingabe an einer mystifizierenden Überhöhung gearbeitet. Selbstredend wurde der 25. Juli zum Volkstrauertag erklärt. Salzburgs Landeshauptmann Franz Rehrl ließ einen Aufruf verbreiten, in dem es hieß, Dr. Dollfuß sei als Blutzeuge für Österreichs Freiheit, für christlichen Glauben und europäische Kultur erlegen. »Wie vergossenes Märtyrerblut immer neuer lebender Same für die Ideen geworden ist, für die er floss, wird auch aus dem Blut unseres unvergesslichen Führers neues Leben und neue Kraft unserem Vaterlande ersprießen.«[155]

Seine vorerst letzte Ruhe fand Engelbert Dollfuß in einer provisorischen Bestattungsstelle auf dem Hietzinger Friedhof. Doch bereits am 28. September wurde der Leichnam exhumiert und am Tag darauf in einem Sarkophag in der Dr.-Seipel-Dr.-Dollfuß-Gedächtniskirche, die auf Betreiben von Hildegard Burjan[156], die dem Bundeskanzler Prälat Ignaz Seipel sehr nahe stand, in Wien-Fünfhaus, dem 15. Gemeindebezirk, errichtet wurde, endgültig bestattet. Die Grabstelle auf dem Hietzinger Friedhof blieb weiter bestehen und der Wiener Bürgermeister verfügte am 26. Oktober 1934 die Aufrechterhaltung der leerstehenden Grabanlage und dessen Ausschmückung mit Koniferen und Blumen sowie die Anbringung einer Marmortafel mit der Inschrift »Hier ruhte Bundeskanzler Dr. Engelbert Dollfuß«. Die von der Stadtregierung eingesetzte Kommission konnte jedoch nicht schlüssig in Erfahrungen bringen, ob es sich dabei um ein Ehrengrab der Stadt Wien handelt. Die entsprechende Dateikarte weist aus, dass es sich um eine »in Obhut genommene« Grabstelle handelt, wofür aktuell der Begriff »ehrenhalber gewidmet« verwendet wird[157]. In der Inneren Stadt, im ersten Wiener Gemeindebezirk wurde in der Michaelerkirche, eine

> **Urkunde**
>
> Die Landesregierung in Salzburg hat die Ortsgemeinde **Mattsee** in Ansehung des hohen Alters und der geschichtlichen Bedeutung der Siedlung, sowie in Würdigung ihrer Stellung als Hauptort des Drei-Seen-gebietes der Mattig mit Beschluß vom 15. Mai 1935, auf Grund des § 2, des Gesetzes vom 9. November 1926, L. G. Bl. vom Jahre 1927, Seite 45,
>
> **zum Markt erhoben.**
>
> Des weiteren hat die Landesregierung der Marktgemeinde Mattsee das nachstehend beschriebene und in Farben dargestellte Wappen verliehen als:
>
> Im roten Felde ein silberner, von einem aufrecht gestellten flammenden Schwert mit goldenem Griff belegter silberner Pfahl der beiderseits von je einem auswärts gekehrten silbernen Spießträger begleitet ist. In diesem Wappen erinnert das flammende Schwert als Attribut des heil. Michael an das Kollegiatstift zu Mattsee, das der Ursprung und ein bedeutendes Wahrzeichen des Ortes ist. Die Spießträger sind dem Wappen der Herren von Haunsperg entnommen, von denen sich ein Zweig in vergangenen Jahrhunderten „von Mattsee" nannte.
>
> Zur Beurkundung der angeführten Verleihung habe ich diese Urkunde gemäß § 4, Abs. 2, des oben genannten Gesetzes eigenhändig unterzeichnet und das Landessiegel beidrücken lassen.
>
> Salzburg, am 4. Juli 1935
>
> Der Landeshauptmann
>
> Stampiglie   Dr. Rehrl e. h.

Neben Steinbach am Brenner war Mattsee der einzige Ort in Österreich, der während der Zeit des Ständestaates zum Markt erhoben wurde. Gleichzeitig mit der Markterhebung wurde auch das Wappen verliehen.

der ältesten Wiener Kirchen, ließ ein Freundeskreis für die Turmkapelle ein Relief des Getöteten anfertigen. Daneben erinnert eine Marienstatue an das misslungene Attentat auf Dollfuß vom 3. Oktober 1933. Hansi Rischanek[158] bat dafür auch Landeshauptmann Rehrl um eine Spende, der dieser Bitte mit der Überweisung von 50 Schilling nachkam.

In schneller Abfolge wurden in vielen Gemeinden und Städten ein Dollfuß-Denkmal errichtet sowie Straßen und Plätze nach ihm benannt. In Mattsee wurde dafür die Ludwigshöhe auserkoren. Dabei handelt es sich um einen Aussichtsplatz südöstlich des Ortskerns, der über die Alte Köstendorfer Landesstraße zu erreichen ist, bevor diese weiter durch den Wald führt. Die Ludwigshöhe – benannt nach Ludwig Leimgruber, der sich für den Tourismus in Mattsee engagierte – wurde in Dollfußhöhe umbenannt und bereits am 30. September 1934 wurde unter reger Anteilnahme der Bevölkerung das Denkmal eingeweiht.[159] Zuvor fand, fünf Tage nach den tödlichen Schüssen, am 30. Juli in der Stiftskirche ein Trauergottesdienst statt. Die Ortsgruppe der Vaterländischen Front, deren Leiter Roland Laimgruber war, rief jährlich zu einer Gedenkmesse für den verstorbenen Bundeskanzler auf.

Mattsee musste den Kanzler förmlich angezogen haben. Die Tatsache, dass auch Seyß-Inquart Ferientage in Mattsee verbrachte und sich Geheimgespräche deshalb leichter arrangieren ließen, war einer der Gründe, um ein Wochenende in Mattsee zu verbringen. Die abgeschiedene Lage der Villa Hinterstoisser am Ufer des Obertrumer Sees war ideal, um dort möglichst unbeobachtet Schwimmunterricht nehmen zu können. Drittens spielte aber auch das politische Klima eine wesentliche Rolle und hat wohl den Ausschlag für die Wahl des Ortes gegeben. Umgeben von gleichgesinnten politischen und privaten Freunden, die so katholisch wie national waren und deren politisches Denken einen starken Rückhalt in einer politisch agierenden Kirche fand, noch dazu in einem Kirchenort mit 1 200-jähriger Tradition und im Hintergrund Leonhard Steinwender, ein politisch agierender Priester, der dem Stiftskapitel angehörte und Chefredakteur der »Salzburger Chronik«, dem publizistischen Organ der Christlichsozialen war, die die Vaterländische Front dominierten. Und über allem hielt der Salzburger

Zu den Höhepunkten der Feierlichkeiten zählten neben dem historischen Festzug die Gedenkfeier für Engelbert Dollfuß sowie die Rede von Landeshauptmann Franz Rehrl und die anschließende Ernennung Josef Holzingers zum neuen Bürgermeister.

Mattsee
Markterhebungs-Feier
20. und 21. Juli 1935
unter dem **Protektorate des Herrn Landeshauptmannes Dr. Franz Rehrl**

Samstag, den 20. Juli
19.30 Uhr **Gedenkfeier für Engelbert Dollfuß** auf der Dollfußhöhe / Begrüßungsabend / Zapfenstreich / Marktbeleuchtung / Konzert

Sonntag, den 21. Juli
9.30 Uhr **Festfeier / Festgottesdienst**, Überreichung der Urkunde, Ansprachen / **Eröffnung der historischen Ausstellung**

Nachmittags: 2.30 Uhr 1200 Jahre Mattsee, **großer historischer Festzug**
Mitwirkend: Die Regimentsmusik des Salzburger Infanterie-Regimentes Nr. 12
Anschließend: **Volksfest**
Volksbelustigungen, Veranstaltungen am See, das historische Fischerstechen, Stafettenlauf rund um den Wartstein.
Festkonzert der Regimentsmusik des Infanterie-Regimentes Nr. 12 (früher Nr. 59 [Rainer])

A b e n d s: **Der See im Zauber glänzender Beleuchtung**

Die Markterhebungsfeier findet bei jeder Witterung statt

Landeshauptmann Franz Rehrl, ein in Mattsee gerne und häufig gesehener Gast, die schützende Hand. Die Nachricht vom Tode des Kanzlers muss den Ort wie ein scharfer, vielzackiger Blitz getroffen haben und vielleicht lässt sich die besondere Härte der zumeist kirchenfernen Heimwehrmänner im Zuge der Verhaftung der illegalen Nationalsozialisten auf der Festung Hohensalzburg vor dem Hintergrund dieses Blitzes leichter einordnen.

Auf den Tag genau ein Jahr später fanden in Mattsee die Feierlichkeiten anlässlich der Markterhebung statt, die unter dem Ehrenschutz von Landeshauptmann Franz Rehrl standen. Neben dem großen historischen Festzug am Sonntagnachmittag waren die Gedenkfeier für Engelbert Dollfuß am Samstagabend und die Festfeier samt Festgottesdienst am Sonntagvormittag die maßgeblichen Ereignisse und Schauplätze der Markterhebung.

Das Kruckenkreuz stand in der Mitte des Stiftsplatzes und die große Rede im Auftrag der Vaterländischen Front beim Dollfußdenkmal auf der Ludwigshöhe hielt Stiftskanonikus Leonhard Steinwender. Auf der gegenüberliegenden Seite grüßte ein weiteres Kruckenkreuz vom Vorderwartsein. Der Ort Mattsee, die politische Gemeinde, wurde zum Markt erhoben und im Mittelpunkt standen Stift und Kirche als beredter Ausdruck dafür, in welchem Ausmaß die katholische Kirche den Ständestaat prägte.

In seiner Festansprache, die hier in vollem Umfang auf der Grundlage des Redemanuskripts wiedergegeben wird, stellte Landeshauptmann Franz Rehrl dann auch entsprechend die Gründung des Klosters und seine Bedeutung im Lauf der Jahrhunderte in den Mittelpunkt der Ausführungen:

> »Mattseer! Ein denkwürdiger Tag ist heute für Euch und für Eueren schönen Ort angebrochen – in formalrechtlicher Beziehung vielleicht der wichtigste im Laufe seiner fast zweitausendjährigen Geschichte. Aus einem Dorfe, wie es viele Tausende gibt, wird er heute ein Markt, steht als künftig zwischen Stadt und Dorf.

Unser Land hat nicht viele solcher Stätten, die auf ein so hohes geschichtliches Alter und eine solche Bedeutung zurückblicken können.

Wir schauen heute im Geiste die ersten Ansiedler, die wohl als Pfahlbauer ihre Hütten in den See gebaut haben, wir sehen die Römer, deren Spuren vor einem halben Jahrhundert in Obernberg und Schalkham ans Licht gebracht wurden, wir verfolgen die Tätigkeit der christlichen Mönche, die von den Baiernherzogen aus dem Haus der Agilolfingen hieher berufen wurden, um nicht nur den christlichen Glauben, sondern auch Kultur, geistige und wirtschaftliche, hier zu verbreiten. Das Kloster Mattsee wird im Jahre 817 zwar nicht unter jenen grossen Klöstern des Reiches genannt, die jährlich dem Könige gerüstete Krieger zu stellen hatten, aber auch nicht zu den kleinen, die nur durch Gebet helfen mussten, sondern zur mittleren Gruppe wie Fulda, Kempten u.a., die Geschenke zu reichen hatten.

In Österreich ist Mattsee neben den Klöstern von St. Peter, Nonnberg, Mondsee und Kremsmünster zu den ältesten Gründungen zu stellen.

Es war Mattsee's grosse Zeit. Bis an die Grenzen des alten Pannonien erstreckte sich Mattsee's Besitz und Wirksamkeit, und die älteste Originalurkunde in Salzburgs Archiven besitzt das Mattseer Stiftsarchiv, die Urkunde König Ludwigs des Deutschen vom 8. Mai 860, die von Besitzungen bei Steinamanger bei der Mark der Ungarn handelt.

Aber die Zeiten waren hart, auch damals schon, und das Benediktinerstift Mattsee konnte seine Selbständigkeit auf die Dauer nicht behaupten.

Das Vordingen der Magyaren, das die ersten Blüten der Kultur in der Ostmark vernichtete, ist auch unserem Kloster verderblich geworden. Im Jahr 877 wurde die bisher königliche Abtei Altötting gegeben und bald darauf kamen beide an den Bischof von Passau.

So kommt es, dass Salzburgs Wege und die Geschichte des nahen Mattsee nicht dieselbe sind und dass es vier Jahrhunderte brauchte, bis die Wege sich wieder begegneten.

Das Gebiet von Mattsee ist Salzburgs jüngste Erwerbung.

Das Land Salzburg ist nämlich keineswegs durch einen einzigen staatsrechtlichen Akt ins Leben gerufen worden. Wie das alte Oesterreich ein Konglomerat von verschiedenen Königreichen und Ländern war, von denen jedes seine besondere Geschichte und damit auch seine eigene Individualität hatte, so ist auch das Land Salzburg ein Aggregat verschiedener Landstriche, Gebiete und Täler, die erst nach und nach sich einander genähert und miteinander verschmolzen haben. Tiefere geographische und geopolitische Gründe waren die Triebfeder, dass die geistlichen Fürsten Salzburgs in zäher Politik die Erwerbung der einzelnen Teile zu ihrem auf die Gründung des hl. Rupert zurückgehenden Kern anstreben liessen. Jahrzehntelang haben sie oft in zielbewusstem Streben und mit grösster diplomatischer Klugheit eine solche Erwerbung verfolgt.

Auch die Erwerbung der Herrschaft Mattsee war ein Vorgang, der mehrere Jahrzehnte beanspruchte.

Zuerst – es war im Jahre 1357 – erhielt Salzburg die Burg Mattsee als Pfand, nachdem Erzbischof Ortolf dem Bischof von Passau 1000 Mark Silber geliehen hatte, 1379 wurde dieses Pfandverhältnis erneuert und 1398 wurden Veste und Schloss Mattsee überhaupt ganz an Salzburg verkauft. Mit dem Schloss kam auch das ganze Gebiet und Gericht zu unserem Land.

Dankbar müssen wir dieser Männer gedenken und wir können unseren Dank am besten dadurch abstatten, dass wir ihr Erbe ebenso zähe verteidigen und zu erhalten suchen, wie sie in zäher Politik einst dieses Land geschaffen haben.

Von den 1200 Jahren, die heute im Festzuge uns vor Augen geführt werden, gehören 550 zu Salzburg.

Den Mittelpunkt Mattsee's bildete stets das ehrwürdige Kollegiatstift. Immer ringt uns eine so alte Kulturstätte Bewunderung ab. Was hat sich nicht alles im Laufe der 1150 Jahre seines Bestandes geändert! Reiche und Dynastien sind zugrunde gegangen, Grenzen haben einen anderen Verlauf genommen, Weltanschauungen und politische Credos sind aufgetaucht und wieder versunken, die grössten Reichtümer sind in alle Welt zerstreut worden, aber hier ruft noch wie vor einem Jahrtausend die Chorglocke zum Gloria Patri der Kanoniker und trotz feindlicher Ueberfälle im Mittelalter und Krisen in den neueren Jahrhunderten hat sich das Stift, der Pflegevater von 13 Pfarreien, immer wieder erholt, wie eine zarte, aber knorrige Pflanze, die im alten Gemäuer oder Felsen mit wenig Erdreich ihr Dasein hat.

Wie würden sich am heutigen Tage jene berühmten Mattseer freuen, die entweder hier geboren oder, durch die schöne Lage des Ortes angezogen, hier sich angesiedelt haben!

Anton Diabelli, dessen Gedenktafel wir an seinem Geburtshaus vor Augen haben, würde eine Festmesse schreiben und August Radnitzky, der »Fink von Mattsee«, ein Mundartgedicht verfassen. Auch der Scheffeltürmer Anton Breitner würde sich mit einem Gedicht einstellen.

Wir gedenken zweier der besten Salzburger Landeskinder, des aus Mattsee stammenden Oberstabsarztes Dr. Heinrich Wallmann, des Gründers des Salzburger Studienunterstützungsvereins in Wien, und des Regierungsrates Dr. Josef Hinterstoisser, des Stifters eines Stipendiums für arme Studierende aus dem Land Salzburg, der sich Mattsee als seinen Sommersitz erkoren hat.

Unvergesslich ist auch Propst Anton Ziegler, der so lebhaft mit seinen Mattseern gefühlt und sich so viele Verdienste um den Aufschwung Mattsee's erworben hat.

Sie alle haben Anteil an der Entwicklung des Ortes, die durch die Erhebung Mattsee's zu einem Markt einen sichtbaren Ausdruck finden soll.

Der neue Markt erhält nun auch ein Wappen. Burgberg und Stift sind die Wahrzeichen Mattsee's. Daher erhält das Wappen eine Erinnerung an die einstigen Inhaber der Burg, der Herren von Mattsee, die dem bedeutenden Geschlechte der Haunsperger angehörten. Ihr Wappen sind die beiden Spiessträger. In der Mitte sehen wir das Flammenschwert des heiligen Michael, des Patrones des uralten Stiftes. Und als Farben leuchten uns Rot-Weiß-Rot, die Farben unseres lieben Oesterreich entgegen. So vereinigen sich Vergangenheit und Gegenwart, Kirchliches und Weltliches.

Heute vor einem Jahre war für Mattsee auch ein Festtag, wenn er als solcher auch nur von wenigen erkannt war. Bundeskanzler Dr. Engelbert Dollfuß weilte als freilich nur kurzer Sommergast in Euerer Mitte. Ihm hat Mattsee und das Gebiet der Trumer Seen so gut gefallen, dass er wieder zu kommen versprach. Ein unerbittliches Geschick hat es anders gefügt. Vier Tage später erschütterte die Nachricht von seinem Marter- und Opfertode die ganze Kulturwelt. Vielleicht stünde heute Bundeskanzler Dollfuß selbst hier.

Mattseer! Vergesst Engelbert Dollfuß nie! Möget Ihr Euch stets, wenn Ihr Euer Marktwappen anseht, daran erinnern, dass Dollfuß es war, der die Farben Rot-Weiss-Rot wieder zu Ehren und Ansehen gebracht und das Schwert der Autorität in unserem Vaterlande wieder aufgerichtet hat.

So sei denn Euch Euer neues Marktwappen zugleich ein Symbol, ein Bekenntnis zu Oesterreich!

Und so übergebe ich Ihnen Herr Magister Josef Holzinger, indem ich Sie hiemit zum Bürgermeister des neuerhobenen Marktes Mattsee ernenne, die Markterhebungsurkunde.

Gleichzeitig bestelle ich zu Mitgliedern des Gemeindetages des neuen Marktes und zwar infulierten Propst und Dechant Matthias Ebner als Vertreter der römisch-katholischen Kirche,

Herrn Oberlehrer Gustav Wollersberger als Vertreter des Schul- und Erziehungswesens,

die Herren Dauchnerbauer Georg Altenberger, Maisenthalerbauer Paul Költringer, Hieberbauer Stefan Handlechner, Ausserhofbauer Franz Maislinger, Knecht Josef Frauscher und Maier Josef Altenberger als Vertreter der Land- und Forstwirtschaft,

die Herren Schlossermeister Roland Laimgruber, Fleischhauer Andrä Wagenleitner und Zimmerergehilfe Julius Handlechner als Vertreter des Handels, wobei Sie Herr Bürgermeister als Vertreter der Freien Berufe dem Gemeindetage angehören.

Und so möge nun Gottes Segen die neue Entwicklung des Marktes Mattsee in alle Zukunft begleiten!«

Die Feier zur Markterhebung im Juli 1935 fand unter einem großen Kruckenkreuz auf dem Stiftsplatz statt. Ab 1933 sollte das Kruckenkreuz des Ständestaates analog zum Hakenkreuz der Nationalsozialisten ein omnipräsentes Symbol der Gesinnung sein. Wiederentdeckt wurde das Kruckenkreuz in Österreich durch den Architekten Philipp Häusler (1887–1966), der es 1923 auf Anregung von Bundeskanzler Ignaz Seipel in Entwürfen für staatliche Orden verwendete. An sich ist das Kruckenkreuz ein Symbol, das schon sehr früh mit christlich-germanischen Staatswesen in Verbindung zu bringen ist. Der sagenumwobene Dietrich von Bern soll es als erster auf Münzen seines Reiches abgebildet haben. In der zweiten Hälfte des 13. Jahrhunderts galt es als das Kreuzfahrerzeichen schlechthin, als Symbol für den Kampf um den christlichen Glauben gegen das Heidentum. Im Ständestaat verwies das Kreuz auf die enge Verknüpfung zwischen politischem Katholizismus mit der Politik des Staates.

»Heim ins Reich«
Anschluss und Zweiter Weltkrieg

Am 25. Juli wurde Kurt von Schuschnigg nach den tödlich verlaufenen Schüssen auf Bundeskanzler Dollfuß dessen Nachfolger im Amt.[160] Weil sich Bundespräsident Wilhelm Miklas weigerte, Vizekanzler und Heimwehrführer Rüdiger Fürst Starhemberg zum Kanzler zu ernennen und auch christlichsoziale Politiker große Vorbehalte gegen ihn äußerten, kam schließlich Schuschnigg zum Zug, der dem Kabinett Dollfuß bereits als Justiz- und Unterrichtsminister angehörte. Die Heimwehr spaltete sich 1930 in einen christlichsozialen Flügel unter der Führung von Emil Fey und in einen autoritären, auch als austrofaschistisch bezeichneten Flügel unter der Leitung Starhembergs auf. Während Fey noch von Dollfuß entmachtet wurde, konnte Starhemberg, selbst wenn er nicht Kanzler wurde, seine Position halten. Er blieb Vizekanzler, wurde außerdem zum Sicherheitsminister berufen und übernahm die Führung der Vaterländischen Front. «Niemals den geringsten Kompromiss mit dem Nationalsozialismus einzugehen, niemals Zugeständnisse zu machen, die unsere volle Unabhängigkeit und Freiheit, unsere Ehre und Würde beeinträchtigen könnten.«[161] Zwei Jahre später waren diese markigen Worte, die Starhemberg wenige Tage nach dem Juli-Putsch in einer Radioansprache äußerte, nur mehr von marginaler Bedeutung. Bei einem Treffen mit Arthur Seyß-Inquart in Győr wurden die Möglichkeiten erörtert, eine autoritäre deutschnationale Regierung unter Einbeziehung »gemäßigter« Nationalsozialisten zu bilden. Zu diesem Zeitpunkt war Starhemberg aber schon nicht mehr Vizekanzler. Schuschnigg hatte ihn am 14. Mai 1936 aus dem Amt entlassen, nachdem Starhemberg auch mit dem sogenannten Phönix-Skandal[162] in Verbindung gebracht wurde. Tatsächlich ging es Schuschnigg aber darum, den Rivalen im eigenen Kabinett loszuwerden, um den Schwenk in der außenpolitischen Doktrin leichter vollziehen zu können. Nach dem Überfall Italiens auf Abessinien, dem späteren Äthiopien, vollzog Österreich die Abkehr von Italien und setzte sich für eine Normalisierung des bilateralen Verhältnisses zu Deutschland ein. Franz von Papen, der deutsche Gesandte in Wien, der im Auftrag Hitlers für eine Normalisierung des Verhältnisses zu sorgen hatte, wurde seinerseits aktiv und legte am 11. Juli 1935 der österreichischen Regierung einen ersten Vertragsentwurf eines deutsch-österreichischen Abkommens vor. Österreich antwortete im Herbst mit einem eigenen Vertragsentwurf, der die österreichische Interessen stärker hervorhob, sich aber im Wesentlichen mit dem Papen-Entwurf identifizierte. Ehe der Vertrag am 11. Juli 1936 – auf den Tag genau ein Jahr nach der ersten Vorlage des Papen-Entwurfs – unterzeichnet wurde, kam es auf beiden Seiten auch aus innenpolitischen Gründen zu Verzögerungen. Vereinbart wurde, dass die deutsche Reichsregierung die volle Souveränität des Bundesstaates Österreich anerkennt und weder mittelbar noch unmittelbar auf

Bei der Volksabstimmung am 10. April 1938, mit der sich Hitler den Einmarsch in Österreich durch die Bevölkerung nachträglich absegnen ließ, stimmten 672 Mattseerinnen und Mattseer (rund 64 Prozent) dafür, zwölf waren dagegen. Österreichweit sollen 99,08 Prozent für den Anschluss gestimmt haben und die Wahlbeteiligung soll bei 99,71 Prozent gelegen haben. Im Zuge der Entnazifizierung nach 1945 wurden in Mattsee 98 eingetragene NSDAP-Mitglieder identifiziert.

die innenpolitische Gestaltung einwirken würde. Österreich bekannte sich als deutscher Staat und würde sich auch Deutschland gegenüber entsprechend verhalten. Die Römer Protokolle[163] und das Verhältnis Österreichs zu Italien und Ungarn blieben davon unberührt. Auch wurde vereinbart, dass Deutschland weder die Absicht noch den Willen hat, sich in die inneren österreichischen Verhältnisse einzumengen, Österreich etwa zu annektieren oder anzuschließen. Soweit die offiziell kundgemachten Vertragsbestimmungen.

Das Kernstück des Zusatzprotokolls beinhaltete jedoch weitgehende Zugeständnisse Österreichs an Deutschland. So erklärte sich Schuschnigg bereit, Vertreter der nationalen Opposition – und damit waren die Nationalsozialisten gemeint – zur Mitwirkung an der politischen Verantwortung und Willensbildung »heranzuziehen« sowie einen Plan zur inneren Befriedung des Landes vorzulegen. Außerdem wurde eine weitreichende Amnestie für nationalsozialistische Straftäter vereinbart. Die österreichische Außenpolitik – so ein weiterer Punkt – solle unter Bedachtnahme auf die friedlichen Bestrebungen der deutschen Reichsregierung Verhandlungen führen. In wirtschaftlicher Hinsicht war der stufenweise Abbau der 1 000-Mark-Sperre ein essentieller Aspekt und in kultureller Hinsicht ging es um einen Abbau bestehender Behinderungen im Austauschverkehr[164].

Dieser im geheimen Zusatzprotokoll vereinbarte Umgang mit der nationalen Opposition stand im deutlichen Kontrast zum vertraglich fixierten Bekenntnis, sich in die inneren österreichischen Verhältnisse nicht einzumengen. Zugespitzt formuliert, lassen sich diese Vereinbarungen auch als Handlungsanleitung für jene Mittelsmänner lesen, die, wie Arthur Seyß-Inquart, den Nationalsozialismus als Schmiermittel für ihren deutschnationalen Erlösungswahn ansahen und nutzten. So lag es förmlich auf der Hand, dass Seyß-Inquart zum Gewährsmann des deutschen Gesandten Franz von Papen wurde. Im Juli 1937 wurden die dem Nationalsozialismus nahestehenden Politiker Edmund Glaise-Horstenau als Minister ohne Portefeuille und Guido Schmidt als Staatssekretär für Äußeres in die Regierung aufgenommen und Arthur Seyß-Inquart in den Staatsrat[165]

Arthur Seyß-Inquart wurde am 11. März 1938 kurz vor Mitternacht nach massivem Druck aus Berlin von Bundespräsident Wilhelm Miklas zum Bundeskanzler ernannt. Nach der Resignation des Bundespräsidenten übernahm Seyß-Inquart auch dessen Funktion. Mit Inkrafttreten des Anschlussgesetzes löste sich die österreichische Bundesregierung auf. Adolf Hitler ernannte Arthur Seyß-Inquart am 15. März zum Reichsstatthalter.

berufen. Darüber hinaus versuchte er über das Volkspolitische Referat der Vaterländischen Front und dem Deutschen sozialen Volksbund den Aktionsradius der nach wie vor illegalen Nationalsozialisten zu erweitern und zu stabilisieren. Mit dem Juli-Abkommen wurden etwa 14 000 Nationalsozialisten amnestiert, die in der Folge zusehends das politische, schulische und gesellschaftliche Leben in Österreich unterwanderten, was gleichermaßen und in vielerlei Hinsicht zu Spannungen und zur Lähmung der wirtschaftlichen Entwicklung beitrug. So auch in der jungen Marktgemeinde Mattsee. »Dies (gemeint sind Feste und Feiern) stand im krassen Gegensatz zum politischen und wirtschaftlichen Stillstand, der sich an die Ereignisse des Jahres 1934 anschloss. Die politische Stagnation und kleinliche Auseinandersetzungen innerhalb der Gemeinde, wie etwa im Fall der geplanten Wasserleitung für den Markt, lähmten die Weiterentwicklung Mattsees.«[166]

Auf der nationalen und internationalen politischen Bühne isolierte sich Kanzler Kurt Schuschnigg gleich auf mehreren Ebenen und zog die Schlaufe, die die Nationalsozialisten bereits um seinen Hals gelegt hatten, langsam aber sicher zu. Innenpolitisch gelang es Schuschnigg nicht, die von Dollfuß initiierte Verfassung des Ständestaates weiter auszubauen und zu festigen. Anders als Dollfuß, der sprunghaft war, aber Entscheidungen ebenso radikal wie brutal umsetzen konnte und den Draht zu den Sozialdemokraten nie ganz abreißen ließ, stand Schuschnigg ihnen unversöhnlich gegenüber, liebäugelte dafür mit den Legitimisten[167] und stand in engem Kontakt mit Otto von Habsburg. Mit der Idee von einem »Heiligen Römischen Reich«, das alle Deutschen umfassen sollte, isolierte sich Schuschnigg auch im Kreis der westeuropäischen Regierungen, was ihn im Verhältnis zu Adolf Hitler zusätzlich unter Druck setzte. Dem Treffen zwischen Hitler und Schuschnigg im Februar in Berchtesgaden ging ein Machtkampf innerhalb der österreichischen Nationalsozialisten voraus, in dem es um Strategien der künftigen Machtausübung ging.

Doch der Mann der Stunde, der mehr und mehr Österreichs Geschick in den Händen hielt, war kein radikaler Nationalsozialist, sondern kam aus dem Kreis der katholisch-deutschnationalen Persönlichkeiten, die sich durch Vermittlung des deutschen Botschafters Franz von Papen sowohl mit der österreichischen wie mit der deutschen Regierung verständigten und dabei von Emissären aus dem Reich unterstützt wurden[168]. Es handelte sich dabei ein weiteres Mal um Arthur Seyß-Inquart, der maßgeblich in die Vorbereitungen des Treffens zwischen Hitler und Schuschnigg eingebunden war und dem der Kanzler immer noch vertraute. »Arthur Seyß-Inquart hatte in Österreich hinter den Kulissen intensiv den Anschluss an das Deutsche Reich vorbereitet.«[169]

Als Hitler im Verlauf des Gesprächs, in dem Schuschnigg von Anfang an in die Defensive gedrängt war, auf das Verbot der Nationalsozialisten zu sprechen kam und dem Kanzler vorwarf, dass es einfach unmöglich sei, dass in Österreich einer, bloß weil er ein Lied singt, das Ihnen nicht passt, oder ›Heil Hitler‹ sagt, ins Gefängnis kommt, und dass die Verfolgung der Nationalsozialisten ein Ende haben müsse, sonst werde ich ein Ende machen, macht er Schuschnigg zusätzlich deutlich, »dass ich die Lage in Österreich besser kenne als Sie. Kein Tag vergeht, an dem ich nicht beschworen werde, endlich einzugreifen.«

Ein entscheidender Punkt des sogenannten Berchtesgadener Abkommens, das eher ein Diktat, denn eine Vereinbarung war, bestand darin, dass Schuschnigg seinen geheimen Widersacher Seyß-Inquart als Innenminister in sein Kabinett aufnehmen musste. Außerdem forderte er den Rücktritt des österreichischen Bundeskanzlers Wilhelm Miklas. Dieser forderte seinerseits den Kanzler auf, vor das Mikrofon zu treten und die Weltöffentlichkeit über die Vorgänge zu informieren, wogegen sich Schuschnigg jedoch verwehrte.

Arthur Seyß-Inquart konnte ab 15. Februar als Innen- und Sicherheitsminister schalten und walten wie er wollte. Seinen Amtseid hatte er noch auf die Verfassung des Ständestaats abgelegt, was ihn bei der Überlegung, wie die Vereinigung Österreichs mit dem Deutschen Reich vollzogen werden könnte, durchaus in Zwiespalt brachte. Wohl auch deshalb tendierte er zur Zweistaaten-Lösung unter einer Führung.

Anstelle der von Miklas geforderten Radioansprache hielt Schuschnigg am 24. Februar im historischen Reichsratssitzungssaal vor der Bundesversammlung eine flammende Rede unter dem Motto: »Bis in den Tod! Rot-Weiß-Rot! Österreich!« Diese Rede, in der Schuschnigg den österreichischen Nationalsozialisten, also auch den Ministern Seyß-Inquart und Glaise-Horstenau, unverhohlen drohte, wurde über Lautsprecher auf alle großen Plätze Wiens übertragen und sogar Theater und Bildungseinrichtungen sagten die Abendveranstaltungen ab. Vor einem breit gespannten rot-weiß-roten Banner mit Doppeladler und Kruckenkreuz stellte Schuschnigg unmissverständlich fest, dass »die bisherige Illegale in Österreich in keiner Weise auf Deckung durch außerstaatliche Stellen oder auf Tolerierung durch die österreichische Bundesregierung rechnen kann, dass vielmehr jede gesetzwidrige Betätigung zwingend der in den Gesetzen vorgesehenen Ahndung verfallen wird.«[170] Von da an überschlugen sich die Ereignisse, insbesondere auch nach der Ankündigung Schuschniggs, für den 13. März 1938 eine Volksbefragung anzusetzen, obwohl ihm die Minister Seyß-Inquart und Glaise-Horstenau dringend davon abrieten. Am 9. März kündigte Schuschnigg in einer Rede vor der Massenversammlung der Vaterländischen Front in Innsbruck die Volksbefragung[171] an, worüber Seyß-Inquart unmittelbar Hitler informierte. Einen Tag darauf, am 10. März, wies dieser Seyß-Inquart an, ein Ultimatum zu stellen und die österreichischen Parteianhänger zu mobilisieren. Am 11. März mittags überreichten Seyß-Inquart und Glaise-Horstenau Schuschnigg das Ultimatum aus Berlin zur Verschiebung der Volksbefragung, zum Rücktritt und zur Bildung einer Regierung unter Arthur Seyß-Inquart. Schuschnigg war bereit, die Volksabstimmung abzusagen, weigerte sich aber, zurückzutreten. Um 15.30 Uhr ist Schuschnigg schließlich zum Rücktritt bereit, Bundespräsident Wilhelm Miklas akzeptiert, verweigert Seyß-Inquart jedoch die Ernennung zum Kanzler. In Berlin lag die Regie an diesem Tag in den Händen von Hermann Göring, und der, bestens von seinem Schwager Hueber über die österreichischen Besonderheiten informiert, ließ nicht locker. Als das vereinbarte Telegramm von Seyß-Inquart, wonach dieser um den Einmarsch der deutschen Truppen ersuchte, Berlin nicht erreichte, befahl Göring kurzerhand, es insofern zu fälschen, als das Eintreffen fälschlicherweise bestätigt wurde. Während Schuschnigg im Bundeskanzleramt just in nächster Nähe zu jener Stelle, an der im Juli 1934 Dollfuß erschossen wurde, seine Abschiedsrede hielt, feilte Seyß-Inquart einen Raum weiter an der Ministerliste für sein Kabinett, das Göring bereits um 19.30 Uhr auf dem Tisch haben wollte. In einem der vielen Telefonate dieses Abends diktierte Göring einige Namen, darunter auch den seines Schwagers Hueber und den von Hans Fischböck für die Kabinettsliste und kündigte eine ergänzende Liste für den nächsten Tag durch einen Boten an.

Weil Bundespräsident Miklas sich weigerte, den Nationalsozialisten Seyß-Inquart zum Bundeskanzler zu ernennen und er erfolglos versuchte, personelle Alternativen zu finden, verzögerte sich die Ernennung von Seyß-Inquart, auf die Göring in Berlin dringend wartete. Erst ein gefälschtes Telegramm mit dem Inhalt, deutsche Truppen hätten die österreichische Grenze überschritten, zwang Miklas in die Knie, sodass die Bestellung Seyß-Inquarts zum neuen österreichischen Bundeskanzler um 23.14 Uhr von der RAVAG verkündet werden konnte.

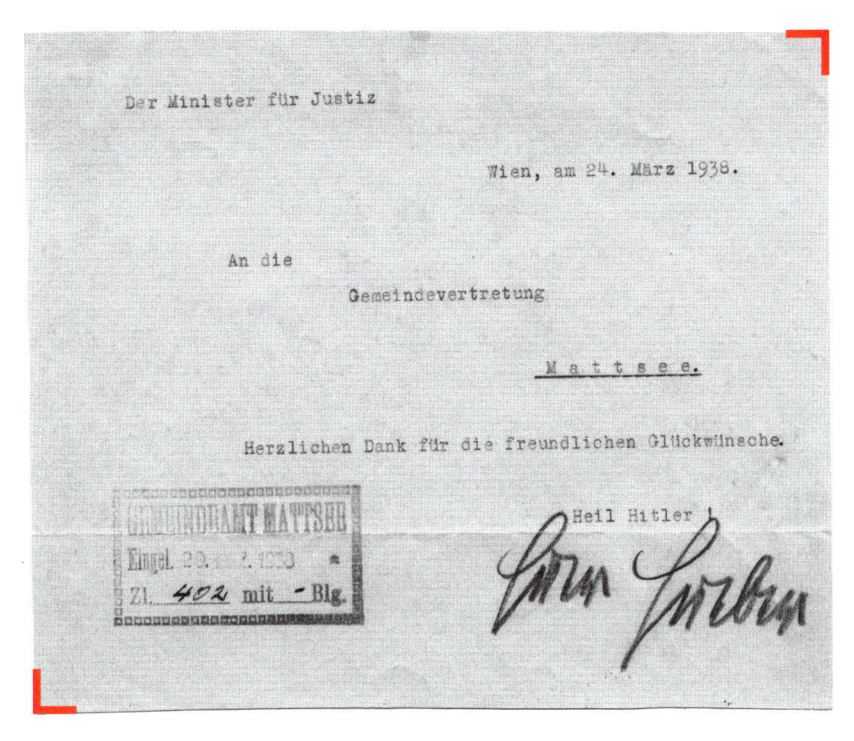

> Der Minister für Justiz
>
> Wien, am 24. März 1938.
>
> An die
> Gemeindevertretung
>
> M a t t s e e.
>
> Herzlichen Dank für die freundlichen Glückwünsche.
>
> Heil Hitler !

Franz Hueber wurde auf Druck seines Schwagers Hermann Göring auf die Ministerliste des von Arthur Seyß-Inquart geleiteten Anschlusskabinetts gesetzt. Er bekleidete das Amt des Justizministers vom 11. März bis 10. April 1938 und war anschließend Abgeordneter des großdeutschen Reichstags. Im Dezember 1942 wurde er zum Präsidenten des Bundesverwaltungsgerichts ernannt.

Die Kabinettsliste wurde von Hugo Jury – neuer Minister für soziale Verwaltung – vom Balkon des Bundeskanzleramts verlesen. Die meisten Mitglieder und Staatssekretäre waren bereits illegal in der NSDAP tätig und fünf von ihnen waren Mitglieder des Deutschen Klubs, unter ihnen Arthur Seyß-Inquart, Hans Fischböck, Oswald Menghin und Hugo Jury[172].

Am 13. März legte Seyß-Inquart dem Ministerrat ein Gesetz über die Wiedervereinigung Österreichs mit dem Deutschen Reich vor, was dieser genehmigte. Bundespräsident Miklas, dem das Gesetz zur Unterschrift vorgelegt werden musste, verweigerte die Unterschrift, weil er seinen Eid dem Volk für einen unabhängigen Staat Deutschösterreich geleistet habe und trat schließlich zurück. Das wiederum versetzte Seyß-Inquart laut Verfassung in die Lage, die Funktion des Bundespräsidenten zu übernehmen und das Gesetz selbst zu unterschreiben. Mit der Unterschrift des Bundespräsidenten erhielt das Gesetz Rechtskraft, womit alle Funktionen des Bundespräsidenten und der Bundesregierung erloschen, denn in Berlin wurde zeitgleich ein Gesetz erlassen, das die rechtliche Grundlage für den Anschluss Österreichs an das Deutsche Reich bildete. In Artikel II wurde festgelegt, dass das »derzeit in Österreich geltende Recht [...] bis auf weiteres in Kraft« bleibt. Die Einführung des Reichsrechts in Österreich erfolgt durch den Führer und Reichskanzler oder den von ihm hierzu ermächtigten Reichsminister. Artikel III legte fest, dass der Reichsinnenminister ermächtigt wird, die erforderlichen Rechts- und Verwaltungsvorschriften zu erlassen.[173]

Mit dem Inkrafttreten des Gesetzes zur Wiedervereinigung wurde aus der Bundesregierung eine österreichische Landesregierung. Als das deutsche Ostmarkgesetz am 1. Mai 1939 in Kraft trat, wurde die österreichische Landesregierung unter Leitung des Reichstatthalters Arthur Seyß-Inquart aufgelöst. Die Befugnisse gingen an den Reichskommissar über. Die Umsetzung dieses Gesetzes war am 31. März 1940 beendet.

Während die Anschluss-Nacht in Mattsee ruhig verlief, wurde der Stiftskanoniker Regierungsrat Leonhard Steinwender aus seiner Salzburger Wohnung, die an der Ecke Dreifaltigkeitsgasse/Mirabellplatz lag, gezerrt und unter Johlen und Schlägen abgeführt, nachdem sich schon Stunden vorher Nationalsozialisten vor dem Haus versammelten und schrien: »Steinwender komm heraus!« Leonhard Steinwender war als verantwortlicher Chefredakteur der »Salzburger Chronik«, wenn auch nicht immer im Impressum angeführt, und streitbarer christlichsozialer Publizist den Nazis ein besonderer Dorn im Auge. Er wurde ins Gefängnis in der Schanzlgasse gebracht und blieb dort einige Tage in Schutzhaft. In Mattsee übte sich in der Früh des 12. März 1938, es war ein Samstag, der Notar Franz Giger als Lautsprecher. Er fuhr mit seinem Auto durch den Ort und rief aus dem fahrenden Wagen: »Heil Hitler, wir haben gewonnen!«[174] Giger war wie sein Vorgänger im Notariat, Franz Hueber, überzeugter Nationalsozialist und stieg bald nach dem »Umbruch« zum stellvertretenden Präsidenten der Salzburger Notariatskammer auf.

Kaum vier Jahre nach der am 1. Mai 1934 erlassenen Verfassung des Ständestaates kam es erneut zur Umbildung der politischen Funktionsträger in der Gemeinde. Gemeinderat Michael Neuhofer übergab die Geschäfte an die Nationalsozialisten. Auf Landesebene wurde Landeshauptmann Franz Rehrl abgesetzt, in Mattsee war es Bürgermeister Josef Holzinger, der gemeinsam mit Roland Leimgruber, Leiter der Vaterländischen Front, für einige Tage inhaftiert wurde. Jakob Iglhauser, 1934 nach dem Putsch von Heimwehrmännern schwer misshandelt, wurde erster NS-Bürgermeister in Mattsee, bis er im Dezember 1939 von Johann Lögl, der zwischenzeitlich aus der »Österreichischen Legion« im Deutschen Reich nach Österreich zurückgekehrt war, abgelöst wurde. Wie es Hermann Stein sen. in dem bereits erwähnten Zeitzeugen-Gespräch[175] zum Ausdruck brachte, wurde auf Rache und Vergeltung verzichtet. Es wurde nicht auf die anderen hingespuckt.

Nachdem die bisherigen Ordnungs- und Verwaltungsstrukturen der Gemeinde aufgelöst und durch das NS-Gefüge ersetzt worden waren, wurden die entsprechenden Positionen besetzt. Paul Altmann wurde zum Ortsgruppenleiter und Peter Kreiseder zum örtlichen SA-Führer ernannt. Bei der Volksabstimmung

> Vielen herzlichen Dank für die freundlichen Wünsche anläßlich meiner Ernennung zum österreichischen Unterrichtsminister.
>
> Wien, im April 1938.

Oswald Menghin soll zum Unterrichtsminister bestellt worden sein, um Bundespräsident Wilhelm Miklas gütig zu stimmen. Am 28. April 1938 legte er sein Amt nieder und kehrte unter Beibehaltung des Ministergehalts an die Universität zurück.

am 10. April 1938, womit sich Hitler den Einmarsch in Österreich als Anschluss an das Großdeutsche Reich nachträglich durch das Votum der Bevölkerung »absegnen« ließ, stimmten in Mattsee 672 Personen für den Anschluss, zwölf waren dagegen.[176] Die Abstimmung wurde parallel zur Reichstagswahl durchgeführt und hatte folgende Fragestellung: »Bist du mit der am 13. März 1938 vollzogenen Wiedervereinigung Österreichs mit dem Deutschen Reich einverstanden und stimmst Du für die Liste unseres Führers Adolf Hitler?« Juden wurden von dieser Volksabstimmung bereits ausgeschlossen.

Arthur Seyß-Inquart hielt der Sommerfrische Mattsee auch als Reichsstatthalter und SS-Obergruppenführer die Treue und verbrachte mit seiner Familie Anfang August einige Ferientage am Mattsee, was zu einer mit »Pathos beladenen Propagandafeierlichkeit«[177] führte. Zwei Tage später, am 8. August, als das Seefest stattfand, kam auch Gauleiter Friedrich Rainer, der mit Seyß-Inquart eng zusammenarbeitete, nach Mattsee. Rainer (1903–1947) wurde am 22. Mai 1938 von Hitler persönlich, höchstwahrscheinlich auch auf Zutun von Seyß-Inquart, zum Gauleiter von Salzburg bestellt und löste damit Anton Wintersteiger ab. Noch wissen wir es nicht, aber es ist anzunehmen, dass es sich dabei um die letzten Sommerfrische-Tage von Arthur Seyß-Inquart in Mattsee handelte.

Ab 15. März 1938 war Seyß-Inquart als Reichsstatthalter gleichzeitig Leiter der österreichischen Landesregierung, die im Mai 1938 verkleinert wurde und unter Aufsicht des Reichskommissars für die Wiedervereinigung Österreichs

94

In touristischer Hinsicht hegte die Gemeinde mit der Verbauung des Uferstreifens am Obertrumer See zwischen der Seeleiten und dem Areal der Villa Hinterstoisser für ein KdF (Kraft durch Freude)-Bad große Pläne.

SEESTRANDBAD UND MOORBAD

DEUTSCHES REICH

Sommerfrische

MATTSEE

SALZBURG - DEUTSCHÖSTERREICH

IN DER NÄHE DER FESTSPIELSTADT SALZBURG

mit dem Deutschen Reich die Liquidation der österreichischen Zentralstellen durchzuführen hatte. Josef Bürckel, der die Funktion des Reichskommissars innehatte, galt als erklärter Gegenspieler von Seyß-Inquart, der in der Zeit zwischen 15. März 1938 und 30. April 1939 sehr effizient war, wenn es darum ging, jüdisches Eigentum zu beschlagnahmen und politische Gegner zu verfolgen, zu misshandeln und zu töten, wie es ihm während des Prozesses in Nürnberg vorgehalten wurde.[178] Um es an einem Beispiel zu verdeutlichen: Unmittelbar nach dem Anschluss wurden unter seiner politischen Verantwortung knapp 70 Prozent der Mitglieder aus der Liste der Anwälte gestrichen und damit aus der Kammer ausgeschlossen. Seyß-Inquart selbst trat dem antisemitisch und völkisch ausgerichteten Verband deutsch-arischer Rechtsanwälte bei, der im Sommer 1933 aus Protest gegen die Wahl des jüdischen Anwalts Siegfried Kantor zum Präsidenten der Wiener Rechtsanwaltskammer gegründet wurde.

Nachdem das Ostmarkgesetz am 1. Mai 1939 in Kraft trat, wurde die Landesregierung aufgelöst und Arthur Seyß-Inquart zum Reichsminister ohne Geschäftsbereich ernannt. Nach Ausbruch des Zweiten Weltkrieges wurde er zum Stellvertreter des Generalgouverneurs Hans Frank im deutsch besetzten Generalgouvernement bestellt und am 18. Mai 1940 ernannte ihn Hitler zum Reichskommissar für die Niederlande.

Arthur Seyß-Inquart wurde von Hitler in seinem Testament zum Außenminister bestimmt. Nachdem ihm die Flucht zur Regierung Dönitz misslang, wurde er Anfang Mai 1945 in Den Haag von Soldaten der kanadischen Streitkräfte festgenommen.

Im Nürnberger Prozess gegen die Hauptkriegsverbrecher wurde er in drei von vier Anklagepunkten für schuldig erklärt und zum Tod durch den Strang verurteilt. Die Hinrichtung fand am 16. Oktober 1946 in Nürnberg statt. Im ersten der vier Anklagepunkte »Verschwörung« wurde er mit Hilfe seines Verteidigers Gustav Steinbauer freigesprochen.

Auch Franz Hueber ließ sich vom Wiener Rechtsanwalt Gustav Steinbauer vertreten, als er Ende der 1940er-Jahre um seine Begnadigung kämpfte. Hueber wurde nach der Reichstagswahl vom 10. April 1938 Abgeordneter des großdeutschen Reichstags und stieg in der SA zum Brigadeführer auf. Vom April 1939 bis Anfang 1940 war er als Unterstaatssekretär im Reichsministerium der Justiz tätig. Nach einem zweijährigen Kriegsdienst bei einer Flak-Abteilung wurde er im Dezember 1942 zum Präsidenten des Bundesverwaltungsgerichts bestellt. Franz Hueber wurde 1948 wegen Hochverrats zu 18 Jahren Kerker verurteilt.

Oswald Menghin fühlte sich offensichtlich von denjenigen, deren Interessen, wie er glaubte, mit seinen und denen Österreichs übereinstimmten, beiseitegeschoben und teilte Reichsstatthalter Arthur Seyß-Inquart in einem Brief mit, dass er vom Amt des Unterrichtsministers zurücktritt. Er forderte die Wiederaufnahme an die Universität und die Beibehaltung des Ministergehalts. Beides wurde ihm gewährt.[179]

Menghins Erwerb eines Hauses am Fuße des Hinterwartsteins stand im engen zeitlichen Verhältnis zu den politischen Ereignissen um die Machtergreifung

> HIER RUHT IN GOTT
> DER HOCHWÜRDIGE HERR REGIERUNGSRAT
> **LEONHARD STEINWENDER**
> KAPITULAR – KANONIKUS
> DES INSIGNEN KOLLEGIATSTIFTES MATTSEE,
> LANGJÄHRIGER REDAKTEUR
> DER „SALZBURGER CHRONIK" U. DES „RUPERTIBOTEN"
> GEB.19.9.1889 IN TAMSWEG IM LUNGAU
> PRIESTER 27.3.1912 KAPITULAR KANONIKUS 8.12.1927
> GEST. 22.8.1961 IN MATTSEE.
> VON 16.NOV.1938 – 16.NOV.1940
> IN BUCHENWALD. ZEUGE FÜR CHRISTUS IM KZ.
> SEIN REICHES APOSTOLISCHES LEBEN GEHÖRTE
> DER KIRCHE UND SEINEM ÖSTERREICHISCHEN VOLKE.

Kapitular-Kanonikus Regierungsrat Leonhard Steinwender war gleichermaßen Priester und homo politicus und als solcher einer der wichtigsten Repräsentanten des politischen Katholizismus in Salzburg. Über viele Jahre war der politische Weggefährte und persönliche Freund von Landeshauptmann Franz Rehrl Chefredakteur der »Salzburger Chronik«, dem Parteiorgan der Christlichsozialen, und auch in der Vaterländischen Front engagiert. Steinwender musste für sein politisches Engagement bitter bezahlen. Noch in der Nacht des 11. März wurde er unter Gejohle aus seiner Wohnung am Salzburger Mirabellplatz gezerrt und in Schutzhaft genommen. Vom November 1938 bis November 1940 war Steinwender im KZ Buchenwald interniert und wurde nach seiner Freilassung mit Gauverbot belegt.

Hitlers in Österreich. Am 16. Mai 1938 wurde auf Grund des Kaufvertrages vom 21. März 1938 das Eigentumsrecht für die Immobilie am Hinterwartstein für Margarethe Menghin eingetragen.

Ob der Rückzug des »Naziprofessors«, der es sich offensichtlich mit keiner Seite verscherzen wollte und dadurch zwischen den Stühlen zu sitzen kam, vom Amt des Unterrichtsministers ein vorher bereits abgesprochener Schritt war oder tatsächlich aus Enttäuschung erfolgte, lässt sich aus dem bereits angeführten Brief Menghins an den Reichsstatthalter Arthur Seyß-Inquart nicht eindeutig ableiten.

Kurz nach Ende des Zweiten Weltkrieges wurde Menghin wegen seines Ministeramts im Anschlusskabinett Seyß-Inquart in seinem Sommerhaus in Mattsee von US-amerikanischen Soldaten festgenommen. Anschließend war er bis Februar 1947 in verschiedenen Lagern interniert. Auch die österreichischen Behörden ermittelten wegen Hochverrats am österreichischen Volk gegen ihn. Vor diesem Hintergrund entschloss sich Menghin zur Flucht nach Südamerika und nutzte dafür wie viele »Gleichgeschaltete« die Drehscheibe Tirol, um von dort aus in den Süden und über das Mittelmeer weiter nach Lateinamerika zu kommen, wo er in Buenos Aires seine wissenschaftliche Tätigkeit wieder aufnahm. Kurze Zeit später publizierte er auch schon wieder in einschlägigen europäischen wissenschaftlichen Magazinen. Als 1956 das Strafverfahren gegen ihn wegen § 8 des Kriegsverbrechergesetzes und dem Tatbestand des Hochverrats am österreichischen Volk in Abwesenheit eingestellt worden war, wurde er drei Jahre später korrespondierendes Mitglied der Österreichischen Akademie der Wissenschaften. Am 29. November 1973 verstarb Oswald Menghin in Buenos Aires. Sein Grab befindet sich in Chivilcoy, wo das örtliche Museum für Archäologie bis 2006 nach ihm benannt war.[180]

Kanonikus Leopold Steinwender kam nach kurzer Schutzhaft wieder frei, wurde jedoch am 19. April erneut inhaftiert und am 10. November 1938 im Auftrag der Gestapo Berlin in das Konzentrationslager Buchenwald eingeliefert. Wer sich an höchster Stelle für Steinwender einsetzte, ist nicht bekannt, jedenfalls wurde er am 16. November aus dem Konzentrationslager entlassen. Wegen seiner politischen Tätigkeit wurde er als Staatsfeind der Klasse A mit Gauverbot belegt. Kanonikus Leonhard Steinwender ließ sich in Petting in der Nähe des Waginger Sees nieder. Kanonikus Steinwender verstarb am 22. August 1961 in Mattsee, wo er in der Kapitelgruft beigesetzt wurde.

Kooperator Heinrich Summereder (1897–1943) wurde am 29. Oktober 1938 in Mattsee festgenommen und ins landesgerichtliche Gefangenenhaus nach Salzburg gebracht. Über die Hintergründe der Festnahme kann nur spekuliert werden, zumindest konnten bislang keine Anschuldigungen ausgemacht werden. Vom Gefangenenhaus wurde er ins KZ Buchenwald und überstellt. Ende 1940 kam er im Zuge der Zusammenlegung aller in Konzentrationslagern einsitzenden Geistlichen in das KZ Dachau, wo er am 21. Februar 1943 verstarb.

Im Zuge der Entnazifizierung nach dem Zweiten Weltkrieg wurde festgestellt, dass es in Mattsee während der NS-Zeit 98 eingetragene Mitglieder der NSDAP gab.

Stephanskrone auf der Flucht
Der ungarische Kronschatz in Mattsee

Es war am 4. April 1945, kurz nach Ostern, als Ferenc Szálasi (1897–1946) mit seinem Stab und in Begleitung seiner langjährigen Gefährtin Gizella Lucz in Mattsee eintraf und im Gasthof »Zum See«, dem heutigen Hotel Seewirt, sowie im ersten Stock eines Kapitelhauses, dem heutigen Pfarrheim St. Michael, Quartier nahm. Sein Stellvertreter Jenö Szöllösi kam einige Tage später an. Ferenc Szálasi war zu dieser Zeit zumindest nominell noch amtierender ungarischer Ministerpräsident.

Fast gleichzeitig mit dem Tross Szálasis kam auch ein Kleintransporter, ein »Opel Blitz«, in Mattsee an, der vor dem Gebäude am See, in dem sich das Café »Seerose« befand, abgestellt wurde. Mit diesem geschlossenen Kleinlaster wurden der ungarische Kronschatz und die Männer der Kronwache nach Mattsee transportiert.

Ferenc Szálasi war Führer der ungarischen Nationalsozialisten, auch Hungaristen oder nach ihrem Parteiemblem »Pfeilkreuzler«[181] genannt, und wurde auf Druck Hitlers im Oktober 1944 von Reichsverweser Miklós Horthy, bevor er gestürzt wurde, zum Ministerpräsidenten ernannt. Miklós Horthy, ehemaliger Adjutant von Kaiser Franz Joseph I. und Oberbefehlshaber des Nationalen Heeres wurde am 20. März 1920 vom Ungarischen Parlament zum Reichsverweser ernannt, der Ungarn als Königreich ohne König bis zum 16. Oktober 1944 autoritär und nach feudalem Muster regierte. Kaiser Karl I. hatte als ungarischer König Karl IV. zwar auf Schloss Eckartsau, das zum habsburgischen Privatbesitz gehörte, auf Drängen der Ungarn auf die Ausübung der Staatsgeschäfte verzichtet, ist jedoch formell nicht zurückgetreten, weil Kaiserin Zita eine Abdankung auf Grund des Gottesgnadentums ablehnte. Anders als in Österreich wurde die Monarchie in Ungarn formal aber nicht aufgelöst und bestand de jure bis zur Ausrufung der Republik am 2. Februar 1946.

Eine Besonderheit des historischen ungarischen Königreichs bestand darin, dass die Krönungsinsignien, insbesondere die Stephanskrone, den Status einer juristischen Person innehatten. Vereinfacht ausgedrückt: Wer im Besitz der Krone war, konnte sich zum König von Ungarn krönen lassen. Wegen ihres hohen religiösen Symbolgehalts wird oft auch von der heiligen Krone, der Szent Korona[182] gesprochen. Der österreichische Kaiser Karl I. war als Nachfolger des am 21. November 1916 verstorbenen Kaisers Franz Joseph I. der letzte Herrscher, der mit der Stephanskrone gekrönt wurde. Die Krönung des Kaiserpaares Karl und Zita fand am 30. Dezember 1916 in der Budapester Matthiaskirche auf dem Burgberg statt.

Der außergewöhnliche Status der Stephanskrone – sie wurde als eigene Rechtspersönlichkeit gesehen – erforderte dementsprechend auch einen besonderen Schutz. Wie aus den Militärschematismen, dabei handelt es sich um Auflistungen aller Offiziere, Beamten, Militärärzte und -seelsorger, gegliedert nach Regimentern, Spitälern und Kadettenschulen, aus der zweiten Hälfte des 19. Jahrhunderts hervorgeht, zählte die seit dem 14. Jahrhundert bestehende ungarische Kronwache zu den Gardeformationen des habsburgischen Hofstaates, die seit dem 16. Jahrhundert für den Schutz des Herrschers und seiner Familie sowie für die Überwachung der Residenzen zuständig waren. Die ungarische Kronwache war dabei unter den Leibgarden aufgeführt. 1784 unter Kaiser Josef II. aufgehoben, wurde sie 1790 wieder etabliert. Ein weiteres Mal wurde sie 1849 geschlossen, 1861 aber neuerlich ins Leben gerufen. Seit 1872 war die Kronwache schließlich Teil der ungarischen Landwehr und hatte bis 1945 Bestand[183]. Nach dem Fall des Eisernen Vorhangs und der Auflösung des kommunistischen Systems beschloss der »Kronenwächter«[184] Josef Vitéz, »der 1944 an der Rettung der Heiligen Krone beteiligt war«[185], die Institution mit den noch lebenden Kronwächtern neu zu beleben, wofür die juristische Form eines Verbandes gewählt wurde. Heute verfolgt dieser Verband neben der Ehrenwache das Ziel, »wissenschaftliche Forschungen bezüglich der Heiligen Krone und ihrer Bewachung durchzuführen«[186]. Außerdem nimmt der Verband an militärischen Vereidigungen teil sowie an Gedenkfeiern in Budapest und an anderen Orten des Landes. In Mattsee erinnert der Verband im Rhythmus von fünf Jahren – so auch 2015 – an die Ereignisse im Zusammenhang mit der Aufbewahrung der Stephanskrone zum Kriegsende 1945. Neben den Mitgliedern des Verbands der Ehrenwache nehmen an diesen Gedenkfeiern auch verschiedene Vereine, Orden und Bruderschaften teil, die sich dem Gedenken an das historische Königreich Ungarn verpflichtet wissen, so auch Nachfolgeorganisationen des »Heldenordens« (Vitézi Rend).[187]

Weil Reichsverweser Horthy und die Ungarn unter allen Umständen eine Revision des Trianon-Vertrages erreichen wollten, der den Ungarn zwei Drittel ihres Staatsgebietes nahm, wodurch die Bevölkerung um 60 Prozent reduziert wurde, diente sich Ungarn dem Deutschen Reich an und dem Duce in Italien. Mit dem ersten und zweiten Wiener Schiedsspruch[188] bekam Ungarn aus Hitlers Hand Teile der Slowakei und weite Teile Siebenbürgens zurück. Im Vertrauen darauf, dass Hitler den Krieg gewinnen und Ungarn die Gebiete behalten dürfe, erklärte Horty als Verbündeter des Deutschen Reichs im Juni 1941 Russland den Krieg, wofür das Land einen enorm hohen Preis zu zahlen hatte. Bis 1944 wurden etwa 300 000 ungarische Soldaten eingezogen und allein in der Schlacht am Don mussten 150 000 ihr Leben lassen.

Weil Hitler mit der Lösung der Judenfrage in Ungarn ganz und gar nicht einverstanden war – Horthy erschien ihm, obwohl dieser sich sellbst als Antisemit bezeichnete, im Umgang mit den Juden viel zu nachlässig – kam es im Rahmen der »Salzburger Saison«, wie die bilateralen Gespräche zwischen der Reichsführung und den verbündeten Staaten auch genannt wurden, am 17. April 1943 zu einem denkwürdigen Gespräch zwischen Hitler, Horthy und Reichsaußenminister Joachim von Ribbentrop. Horthy gab zu bedenken, dass er den Juden

Die ungarischen Reichsinsignien – Stephanskrone, Szepter und Reichsapfel sowie Schwert (hier nicht sichtbar) – wurden in der sogenannten Kronlade, einer mit Eisen beschlagenen Holztruhe verwahrt, die durch drei Schlösser gesichert war.

bereits alle Lebensmöglichkeiten entzogen habe, schließlich könne er sie doch nicht erschlagen. Ribbentrop ließ darauf für einen Augenblick die Maske fallen und erklärte, dass die Juden entweder vernichtet oder in Konzentrationslager gebracht werden müssten. Hitler stimmte zu und führte aus, Juden seien eben reine Parasiten und wären wie Tuberkelbazillen zu behandeln, an denen sich ein gesunder Körper anstecken könne[189]. Ein Jahr später, nach der Tragödie von Stalingrad machte Hitler ernst, zitierte Horthy nach Kleßheim und ließ in der Zwischenzeit die Wehrmacht in Ungarn einmarschieren. Als Horthy im Oktober 1944 Geheimverhandlungen mit der sowjetischen Armee aufnahm, reagierte Hitler unverzüglich, ließ Horthys Sohn festnehmen und zwang den Reichsverweser anschließend, zuerst Ferenc Szálasi zum Ministerpräsidenten zu ernennen und anschließend zurückzutreten. Er wurde außer Landes gebracht und in Bayern im Schloss Hirschberg oberhalb des Haarsees bei Weilheim festgesetzt.

Bereits am 10. Oktober – die Machtübernahme durch Szálasi und die Pfeilkreuzler standen unmittelbar bevor – »öffneten der Ministerpräsident und zwei Kronenwächter die Kronlade und verbargen die Heilige Krone und die Insignien in einen Kohlenkeller, der sich an der Unterkunft der Kronenwächter befand«[190]. Szálasi, der auf Druck Hitlers zum Ministerpräsidenten ernannt wurde, bestand jedoch darauf, seinen Amtseid am 4. November vor der Stephanskrone abzulegen. So musste sie wieder ausgegraben und ins Parlament gebracht werden. Ab diesem Zeitpunkt – Szálasi ließ sich am 4. November zum provisorischen Staatsoberhaupt mit dem von ihm ersonnenen Titel »Nationsleiter« (nemzetvezető) bestimmen – stand der Aufenthaltsort der Krönungsinsignien in der Verfügungsgewalt Szálasis, bzw. in der von Hitler und Göring, denn der Führer der Pfeilkreuzler hatte praktisch kaum einen eigenen politischen Spielraum. Als Marionette von Hitler und Göring führte er in den wenigen Monaten bis Ende März das aus, was ihm von Berlin aus aufgetragen wurde. Dazu gehörte fraglos auch das »Schicksal« der Stephanskrone, das Hitler gesichert wissen wollte und das Göring am liebsten selbst in die Hand genommen hätte. Jedenfalls verkündete Szálasi in der Diktion der deutschen Propaganda die totale Mobilmachung gegen die Rote Armee.

Dazu gehörte auch, dass die Insignien nicht in die Hände der Roten Armee fielen, die Budapest am 13. Februar eingenommen hatte und unaufhaltsam weiter in den Westen vordrang. Die am 22. Dezember 1944 von der provisorischen Nationalversammlung gewählte provisorische Regierung in Debrecen schloss indes mit Moskau einen Waffenstillstand und erklärte Deutschland den Krieg. Szálasi ließ den Kronschatz nach der Vereidigungszeremonie im Parlament nach Güns (Kőszeg), nahe an der österreichischen Grenze, bringen und mehrere Wochen später in das sechs Kilometer entfernte Velem, wo er vom 29. Dezember bis 19. März

Die ungarische Kronwache zählte zu den Gardeformationen des habsburgischen Hofstaates, die für den Schutz des Herrschers und seiner Familie sowie für die Überwachung der Residenzen zuständig waren. Ab 1872 war die Kronwache Teil der ungarischen Landwehr und hatte bis 1945 Bestand. Joszef Bunda als Mitglied der Kronwache in historischer Uniform.

Ferenc Szálasi, Führer der ungarischen Pfeilkreuzler, vor dem Amtssitz des ungarischen Ministerpräsidenten in Budapest, wurde im Oktober 1944 von Hitler an die Macht geputscht.

aufbewahrt wurde. Mit Blick auf den kontinuierlichen Vormarsch der Roten Armee in Richtung Westen soll Hitler persönlich verfügt haben, dass die Kronlade mit den historisch wie ideell wertvollen Reichsinsignien in den Panzerschrank des ehemaligen habsburgischen Jagdhauses Mürzsteg – in der Zweiten Republik Sommerresidenz des österreichischen Bundespräsidenten – gebracht wurde. Als am 29. März Soldaten der Roten Armee im Burgenland die Grenze zwischen Ungarn und Österreich überschritten haben, war die wertvolle Fracht bereits in einen Opel Blitz verladen und auf dem Weg nach Mattsee mit Zwischenstationen in Mariazell und Attersee.

Szálazi kam mit seinem Tross am 4. April, aus Ödenburg, in Mattsee an, sein Stellvertreter Jenö Szöllösi und der Opel Blitz mit Kronlade und Kronwache drei oder vier Tage später. Angesichts der historischen, ideellen und strategischen Bedeutung des Kronschatzes kann davon ausgegangen werden, dass Mattsee als Zielort bewusst ausgesucht wurde. Die Gründe dafür sind vielschichtig. Zum einen liegt der Ort nicht weit von Berchtesgaden entfernt und damit zumindest am Rande jenes Gebietes, das mit »Alpenfestung« so pauschal wie inhaltsleer, aber propagandistisch entsprechend aufgeblasen beschrieben war. Sich mit der Kronlade nach Mattsee zurückzuziehen, könnte auch ganz im Sinne Hermann Görings gewesen sein, der über die abseitige und geschützte Lage des Ortes gut informiert war und wie angeführt, für sich als eine Option nach Ende des Krieges die Rolle als König von Ungarn vorsah. Ebenso ist in Betracht zu ziehen, dass die Wahl wegen des Stifts auf Mattsee fiel, hinter dessen schützenden Mauern der Kronschatz gut zu verwahren gewesen wäre. Was dann ja auch zum Teil genutzt wurde. Dass die Wahl auf Mattsee nicht zufällig fiel, darf jedenfalls als gegeben angenommen werden. Zum einen wegen der großen Bedeutung des Kronschatzes, zum anderen wegen der Tatsache, dass Anfang Mai auf dem zum Stift gehörenden Zellhof[191] auch der bevollmächtigte General der deutschen Wehrmacht in Ungarn, Ritterkreuzträger General Hans von Greiffenberg, mit seinem Stab um Unterschlupf bat. General Greiffenberg (1893–1951) wurde im Oktober 1943 zum Militärattaché bei der deutschen Botschaft in Budapest berufen und wurde nach der Besetzung Ungarns am 1. April 1944 zum General der Infanterie befördert und zum bevollmächtigten General der deutschen Wehrmacht in Ungarn ernannt.

Die Reichsinsignien wurden unter großer Geheimhaltung in der Kronlade, einer Eisentruhe, die mit drei Schlössern versehen war, auf der Ladefläche des Kleinlasters unter Verschluss gehalten. Der LKW stand im Hof des Gebäudes mit dem Café Seerose und wurde von sechs Männern der Kronwache rund um die Uhr bewacht. Der eigentliche Kronschatz bestand aus Krone, Reichsapfel und Szepter sowie Krönungsmantel und Schwert. Neben der der hl. Rechten, einer Reliquie des hl. Stephan, wurden auch noch Kisten mit Geschirr und Tafelsilber sowie eine Ledermappe mit Dokumenten nach Mattsee transportiert. Die Gravur des Silbers mit dem Monogramm »FJ I« verriet, dass es sich dabei um jenes Tafelsilber handelte, das auch aufgelegt war, als Kaiser Franz Joseph I. und Kaiserin Elisabeth 1867 in Budapest zum Apostolischen König und zur Apostolischen Königin von Ungarn gekrönt wurden.

In den drei Wochen bis zum 28. April, an dem sich Szálasi und sein Stellvertreter Szöllösi mit ihren jeweiligen Gefährtinnen in der Stiftskirche von Pfarrer Anton Strasser trauen ließen, wurde Österreich im Osten von der Roten Armee eingenommen. Der 28. April wurde offensichtlich deshalb als Trauungstermin angesetzt, weil just an diesem Tag die US-Amerikaner die Grenze nach Tirol überschritten haben und einen Tag zuvor, am 27. April, in Wien bereits die Zweite Republik ausgerufen wurde. Die Fronten klärten sich im wahrsten Sinne des Wortes, und es war sowohl für Szálasi als auch für Oberst Ernö Pajtás, den Kommandanten der Kronwache, nur noch eine Frage der Zeit, wann die amerikanischen Streitkräfte die Gegend um Mattsee erreichen würden.

Dass Ferenc Szálasi durch und durch Hitlers ungarischer Paladin war, der in den Augen des Reichsverwesers Horthy eine große Bedrohung für Ungarn darstellte, bewies dieser mit der vorweggenommenen Beispielsfolgerung allerdings unter erheblich anderen Umständen. Hier wurde in der Stiftskirche geheiratet und anschließend beim Kapitelwirt getafelt, der das Hochzeitsmahl im Salettl an der Stelle des heutigen Parkplatzes ausrichtete und die Tafel mit ehemaligem kaiserlichen Silber eindeckte, das Ungarn gemeinsam mit dem Kronschatz verließ und von dem einige Besteckteile in Mattsee geblieben sind. Dort, in Berlin, im

Führerbunker heiratete Hitler einen Tag später »seine« Eva Braun, um sich kurz danach durch Schüsse zu töten.

So wie sich Szálasi mit dem Ende seiner Herrschaft zu arrangieren versuchte, so war Oberst Pajtás daran gelegen, seinem Eid gemäß so lange über das Schicksal des Kronschatzes zu bestimmen, wie dies möglich war. Nach einem vertraulichen Gespräch mit Stiftspfarrer Strasser wurden der Krönungsmantel, die Handreliquie und die Ledermappe in den privaten Wohnräumen von Pfarrer Strasser deponiert. Dabei wurde der Krönungsmantel so drapiert, dass er nicht einmal von der Haushälterin entdeckt wurde. Gegen die Aufbewahrung der Kronlade im Pfarrhof verwahrte er sich jedoch, riet Pajtás aber, es im Zellhof zu versuchen. Pater Superior Josef Riedlmaier hielt in seinem Erlebnisbericht[192] fest, dass er am 2. Juni in den Pfarrhof gebeten wurde, wo ihm Oberst Pajtás im Beisein von Pfarrer Strasser sein Anliegen vorbrachte. »Aufgrund meines Diensteides bin ich der ungarischen Nation für dieses ehrwürdige Kleinod (gemeint ist die Stephanskrone samt Reichsapfel und Szepter) verantwortlich. Ich sehe es daher als meine Pflicht an, vor aller Welt die Tatsache zu betonen, dass die augenblickliche Regierung und das ungarische Volk nicht identisch sind. Das jetzige Regime, dessen Vertreter, wie Sie ja wissen, z. Zt. hier in Mattsee sind, wird in Kürze der Vergangenheit angehören. Die ungarische Nation und die hl. Krone aber gehören für alle Zeiten zusammen. Wenn es schon sein muß, dann will ich die hl. Krone den Alliierten nicht als Beauftragter dieser Regierung, sondern als Treuhänder des ungarischen Volkes in Obhut geben.«

Als Pajtás wenige Stunden später mit dem Transporter auf dem Zellhof eintraf, wusste außer ihm niemand, dass sich in der Kronlade nur ein Schwert befand, nicht aber die Reichsinsignien Krone, Reichsapfel und Szepter. Diese hatte Pajtás in der Nacht vom 27. auf den 28. April in einem Fass am Unerseehügel vergraben. »Als vor einem großen gedeckten Lastwagen zwölf ungarische Unteroffiziere standen, durchwegs Zugsführer und Feldwebel mit den altösterreichischen Distinktionen und Tapferkeitsmedaillen aus dem Ersten Weltkrieg, alle(s) biedere, gesetzte Männer«[193] ergab sich die skurrile Situation, dass sich mit dem kurz zuvor eingetroffenen Stab des für Ungarn bevollmächtigten Generals Greiffenberg die deutsche Wehrmacht und die ungarische Kronwache gegenüberstanden, während in Seeham die Amerikaner schon dabei waren, sich einen Überblick zu verschaffen.

Nach der Gefangennahme von Szálasi und seinen Mitstreitern wurden die Männer der Kronwache samt Oberst Ernö Pajtás von der US-Armee auf dem Zellhof aufgestöbert und samt Kronlade abtransportiert und nach Augsburg gebracht. Als am 17. Juni US-amerikanische Soldaten die Holzkiste mit dem Tafelsilber aufstöberten, führte Pfarrer Strasser sie in den Pfarrhof und zeigte ihnen Krönungsmantel und die Reliquie der hl. Rechten. Er weigerte sich jedoch, die Schätze den Amerikanern zu übergeben, denn in seinen Augen war einzig Otto von Habsburg, Sohn von Kaiser Karl, legitimiert, sie in Empfang zu nehmen. Staatsrechtlich gesehen war Ungarn auch 1945 noch immer Königreich und Otto damit der legitime Nachfolger seines Vaters. Erst auf Vermittlung

Pfarrer Anton Strasser im Kreis von US-Soldaten und Mitgliedern des CIC, dem Counter Intelligence Corps. In der Holzkiste im Vordergrund befindet sich die Handreliquie des hl. Stephan, die im August 1945 rechtzeitig zum Nationalfeiertag nach Budapest zurückgebracht wurde.

durch den damaligen Salzburger Erzbischof Andreas Rohracher war Strasser bereit, Mantel und Handreliquie zu übergeben. Während die Reliquie bereits am 19. August 1945 rechtzeitig zum Nationalfeiertag nach Budapest zurückgebracht wurde, blieb der Krönungsmantel vorerst noch im Kloster St. Peter aufbewahrt, wo auch der Erzbischof zu Kriegsende untergebracht war.

Als die Kronlade schließlich in Augsburg geöffnet wurde und die zuständigen Beamten des CIC – Counter Intelligence Corps entspricht einem Nachrichtendienst der Armee – feststellen mussten, dass Krone, Szepter und Reichsapfel fehlten, wurde der in einem Lager bei Augsburg internierte Pajtás gezwungen, das Versteck preiszugeben. Er wollte jedoch zuvor noch mit Horthy sprechen, der im bayerischen Schloss Hirschberg am Haarsee von den Deutschen

Der »Opel Blitz« mit der Kronlade war im Hof des Cafés »Seerose« untergebracht, die Männer der Kronwache waren im Café selbst einquartiert. Das Kaffeehaus war ab 1925 ein beliebter Treffpunkt im Sommer und blieb es bis 1981.

interniert worden war. Am 24. Juli wurde der Kronschatz ausgegraben und, wie das Protokoll ausweist, am 25. Juli 1945 um 12.45 Uhr in Augsburg der 7. US-Armee übergeben. Die nunmehr wieder komplette Kronlade wurde anschließend nach Wiesbaden gebracht, wo alle die von den Nationalsozialisten geraubten Kunstgegenstände gesammelt wurden. Jahre später – der Kalte Krieg war längst ausgebrochen – wurde das ungarische Nationalsymbol heimlich in die USA verfrachtet und im United States Bullion Depository, Fort Knox, Kentucky, gelagert. Über viele Jahre wusste die Welt und vor allem Ungarn nicht, wo sich der Kronschatz befand. Erst 1977 empfahl der US-Kongress die Rückgabe. Am 5. Jänner 1978 begleitete US-Außenminister Cyrus Vance im Auftrag von Jimmy Carter die Kronlade auf ihrer Rückkehr nach Budapest.

Nachdem die Darstellung der Stephanskrone 1990 wieder in das Wappen der ungarischen Republik aufgenommen wurde, wird der Kronschatz heute im Kuppelsaal des Parlaments in Budapest aufbewahrt. Mit 1. Juli 2012 ist ein Gesetz in Kraft getreten, das die Verunglimpfung nationaler Symbole, insbesondere auch die Beleidigung der hl. Krone, unter Strafe stellt.

Burghard Breitner
So verkannt wie umstritten

Als Hitler im März 1938 in Österreich einmarschierte, war Burghard Breitner seit sechs Jahren Ordinarius für Chirurgie an der Innsbrucker Universitätsklinik. Seiner Berufung war nicht das übliche universitäre Prozedere vorausgegangen. Breitner wurde Lehrstuhlinhaber durch einen Handschlag von Heeresminister Carl Vaugoin, den dieser mit den Worten unterstrich: »Ich beglückwünsche Sie zur Übernahme der Lehrkanzel in Innsbruck«[194].

Burghard Breitner wurde am 10. Juni 1884 als zweiter Sohn von Anton Breitner und seiner Frau Paulina, geb. Forsthuber, in Mattsee geboren, wo er mit seinem um zwei Jahre älteren Bruder Roland in der elterlichen Villa am Vorderwartstein aufwuchs und von 1890 bis 1894 die Volksschule besuchte. Im Herbst 1894 trat er in das Collegium Mariano-Rupertinum in der Stadt Salzburg ein, wie auch sein Bruder zwei Jahre zuvor. Er war ein Musterschüler. »Ich wurde es, trotzdem mir das Wissen gleichsam von selber zufiel und meine Gründlichkeit daher nicht tief genug ging.«[195] Noch bevor Burghard Breitner im Frühsommer 1902 mit ausgezeichnetem Erfolg maturierte, hatte er unter dem Pseudonym Bruno Sturm sein erstes Bühnenstück veröffentlicht, dem er den Titel gab »Will's tagen«. Dabei handelte es sich um eine sozialkritische Studie im Stile des Naturalismus.

Breitner schwankte lange, welcher Berufung er nachgehen solle, der des Arztes oder des Schriftstellers. Er entschied sich schließlich für das Studium der Medizin, blieb aber nichtsdestotrotz sein Leben lang ein Mann des Wortes und im besten Sinne auch ein »homme de lettres«, was die große Zahl an Fachpublikationen belegt, aber auch die Fülle der literarischen Texte, ob gedruckt oder nicht, betrifft. Breitner studierte an den Universitäten Graz und Wien und für ein Semester auch an der Universität Kiel, was für den begeisterten Segler neben der Medizin vor allem auch der »Kieler Woche« geschuldet war, jener berühmten Segelregatta, die 1882 gegründet wurde. Nach Abschluss des ersten Rigorosums im Wintersemester 1904/05 mit bester Note, absolvierte er die erste Hälfte seines einjährigen Militärdienstes beim 2. Regiment der Tiroler Kaiserjäger in Trient. Zur Fortsetzung des Studiums ging er nach Wien, wo er am 1. Juni 1908 summa cum laude promovierte. Weil Breitner alle Prüfungen am Gymnasium und an den Universitäten jeweils mit bester Note ablegte, stand ihm eine Promotion »sub auspiciis imperatoris« zu. »Eine solche wäre Ende Juli oder im Herbst möglich gewesen. Das überstieg meine Geduld. Ich hatte bei der Norwegischen Dampfschiffsgesellschaft eine Stelle als Schiffsarzt für eine Spitzbergenfahrt angestrebt, die Anfang Juli startete.«[196] Im Herbst 1908, am 1. Oktober, trat Burghard Breitner seinen Dienst als Assistenzarzt-Stellvertreter im Garnisonspital Nr. 9 in Triest an und absolvierte damit das zweite Halbjahr des Militärdienstes.

Burghard Breitner war 30 Jahre alt, als er am 2. August 1914 einrückte und es kaum erwarten konnte, an die Front zu kommen. Bereits fünf Wochen später geriet er in russische Kriegsgefangenschaft, aus der er im November 1920 zurückkehrte.

Nach Ableistung des Militärdienstes im Garnisonsspital und einer Schiffsreise mit der »Austro-Americana« nach Nordamerika – wiederum als Schiffsarzt – trat Breitner ein mehrmonatiges Praktikum am Pathologischen Institut von Professor Paltauf im Wiener Rudolfspital[197] , das Professor Eiselsberg zur Bedingung gemacht hatte, um überhaupt eine Stelle als »Operationszögling« antreten zu können. Den Weg in die Erste Chirurgische Universitätsklinik des weit über die Grenzen Österreichs hinaus bekannten Chirurgen Anton v. Eiselsberg, einem Schüler Theodor Billroths, half Josef Hinterstoisser zu ebnen, der anerkannte Gerichtspsychiater am Wiener Landesgericht und gesetzlicher Vormund von Anton Breitner, Burghards Vater.

1912 nahm Burghard Breitner auf eigenen Wunsch an einer Delegation von Chirurgen teil, die im Rahmen des Roten Kreuzes und auf Bitten des bulgarischen Königshauses im Lazarett des bulgarischen Hauptquartiers in Philippopel, dem heutigen Plowdiw im Einsatz war, worüber er überschwänglich in seinem »Kriegstagebuch«[198] berichtete. Die Einberufung nach der österreichischen Kriegserklärung an Serbien erhielt Breitner am 29. Juli 1914, während er zu Hause in Mattsee auf Sommerfrische war. Am 2. August rückte er im Garnisonsspital II in Wien ein, wie es im Mobilisierungsbefehl für die »Divisions-Sanitätsanstalt der III. Kavallerie-Truppendivision«[199] lautete. Doch diese Zuteilung wurde aufgehoben, da Breitner von Eiselsberg zur Leitung einer Chirurgengruppe im Hinterland bestimmt wurde, die in drei bis vier Wochen in den Kampfraum geschickt werden würde. Breitners Begeisterung, in den Krieg zu ziehen, war wie die von hunderttausenden anderer junger Männer so groß, dass er gegen alle Befehle entschied, sich sofort und auf eigene Faust dem ursprünglich zugeteilten Truppentransport anzuschließen. Das hatte zur Folge, dass er die völlig unkoordinierte und in einer Katastrophe endende Offensive des österreichisch-ungarischen Generalstabschefs Conrad von Hötzendorf mitmachte und bereits am 6. September 1914 bei Frampol in Galizien in russische Kriegsgefangenschaft geriet. Vom 12. November 1914 bis 9. September 1920 war Burghard Breitner maßgeblich am Aufbau und der Leitung des Kriegsgefangenenlazaretts von Nikolsk-Ussurijski in Ostsibirien, nahe Wladiwostock beteiligt. Als er im November 1920 nach Wien zurückkehrte, war er einer der bekanntesten Persönlichkeiten in der an Jahren noch sehr jungen Ersten Republik. Wie beliebt Breitner unter den ehemaligen Kriegsgefangenen war und wie sehr er von der Bevölkerung geschätzt wurde, schildert eine Passage in den Lebenserinnerungen seines Lehrers Anton von Eiselsberg: »Wie sehr Breitner durch seine Tätigkeit in Sibirien bekannt geworden war, haben mir viele Briefe bestätigt, in denen mir ganz unbekannte Personen ihren Dank aussprachen und mich dazu beglückwünschten, einen so prächtigen Menschen zum Chirurgen ausgebildet zu haben, dessen Behandlung sie ihr Leben verdankten. Auch Blumen bekam ich mehrfach zugeschickt mit der einfachen Widmung: ›Dem Lehrer unseres lieben Breitner‹«[200].

»Es war eine veränderte Welt, die mich wieder aufgenommen hatte«[201], schrieb Breitner im Rückblick der späten Jahre auf den Neuanfang nach Krieg und Gefangenschaft, dessen äußeres Merkmal nicht nur das schlohweiße Haar war. Als Breitner in den Krieg zog, war er 30 Jahre alt, als er sich bei Eiselsberg mit einer Arbeit über Zwerchfellhernien habilitierte, war er 38. Zehn Jahre später, er war zwischendurch Primararzt an der Rudolfstiftung geworden, gratulierte ihm Bundeskanzler Vaugoin zur Übernahme der Lehrkanzel in Innsbruck.

Die Gründe, warum Breitner bei der Besetzung von Lehrstühlen mehrmals übergangen wurde, sind vielfältig, vorausgesetzt, man ist zu Spekulationen bereit, die er selbst gerne nährte. So sehr er die Studenten im Vortrag begeistern konnte, so kritisch waren die wissenschaftlichen Koriphäen, weil er sich zu burschikos gab, wohl auch zu wenig ehrfürchtig im starr autoritären Universitätsbetrieb. »Meine Fehler«, so schrieb er, »hielten meinen ›vorzüglichen Qualitäten‹ die Waage.«[202] Auch privat und gesellschaftlich entsprach der unverheiratete Charmeur, Verehrer schöner Frauen und Liebhaber attraktiver Männer keineswegs dem für Professoren enger geführten Normenkatalog. Außerdem hatte er es sich noch vor dem Ersten Weltkrieg mit dem konservativ-klerikalen und adeligen Lager verscherzt, als er sehr deutlich auf die Probleme hinwies, die der Einsatz schlecht oder gar nicht ausgebildeter Hilfsschwestern mit sich brachte, die des Namens wegen oder der gesellschaftlichen Reputation entsprechend Dienst in den Lazaretten machten. Und überhaupt, was ist das für ein Student, der freiwillig einer Schiffsreise wegen auf eine ihm zustehende Promotion »sub auspiciis imperatoris« verzichtete? Auch das wird mitgeschwungen haben.

Burghard Breitner wird gerne als ein »Nationalsozialist der ersten Stunde« apostrophiert. So auch in einem Artikel in der »Tiroler Tageszeitung« vom 14. Mai 2017[203]. Er war zweifelsfrei durchdrungen von deutschnationaler Gesinnung, die er bereits im Elternhaus aufsog. Inwieweit Burghard Breitner von seinem Sportlehrer und späteren Vertrauten, dem Komponisten August Brunetti-Pisano, der als Nachfolger des tödlich verunglückten Alpinisten Ludwig Purtscheller den Sportunterricht gab, nationalsozialistisch »infiziert« worden sein könnte, ist sehr differenziert zu betrachten. Brunetti-Pisano, der als Salzburger Komponist von seiner Fangemeinde innerhalb der Literatur- und Kunstgesellschaft »Pan« in der Genie-Nachfolge Mozarts gesehen wurde, war zweifellos eine komplizierte Persönlichkeit, was mit dem Grad der Anerkennung seiner künstlerischen Fähigkeiten in einem korrespondierenden Verhältnis stand. Brunetti-Pisano handelte

Für das Studienjahr 1952/53 wurde Burghard Breitner zum Rektor der Universität Innsbruck gewählt. Sein Rektorat fiel in eine turbulente Zeit innerer und äußerer Spannungen. Die Studentenstreiks wegen der Erhöhung von Studiengebühren führten auch zu heftigen Spannungen innerhalb der Professorenschaft.

sich wegen deutschnationaler und antisemitischer Äußerungen eine öffentliche Rüge des Schuldirektors ein und verließ die Schule, nachdem er aufgefordert worden war, ein Zeugnis über seinen Geisteszustand vorzulegen[204]. Brunetti-Pisano bekam für den schwärmerischen Burghard »die Aureole eines schöpferischen Künstlers. Es war unerläßlich, noch weiter und noch höher zu springen. Er würde mich auffangen.«[205] Das Höher- und Weiterspringen ist hier nicht nur im körperlich-sportlichen Sinne zu verstehen, sondern schließt auch eine emotional gedankliche Eruption mit ein. Im konkreten Fall hieß das, ein Gedicht zu verfassen und es unter dem Pseudonym Bruno Sturm zu veröffentlichen[206]. »Als Decknamen für den Autor hatte ich Bruno Sturm gewählt. Bruno, um die Verbindung mit Brunetti herzustellen; Sturm, um der ›Sturm-und-Drang‹-Periode der deutschen Dichtung die Reverenz zu erweisen. Es war Zeit gewonnen, einen ›nom de guerre‹ zu finden.« Man schrieb das Jahr 1898. 14 Jahre später, Breitner war bereits seit mehreren Jahren als Operationszögling an der Klinik Eiselsberg tätig, verfasste er einen Kampfruf für Brunetti-Pisano[207], der nichts mehr war als hochemotionaler Ausdruck unverbrüchlicher Freundschaft wider besseren Wissens. Zum deutschnationalen Elternhaus und zur schwärmerischen Verehrung des Nationalen frönenden Künstlervorbilds passt auch die Selbstverständlichkeit, mit der Burghard Breitner zu Beginn seines Studiums in Graz den Eintritt in die Burschenschaft »Vandalia«, einer schlagenden Verbindung, vollzog, dies vor allem auch deshalb, weil der um zwei Jahre ältere Bruder diesen Schritt auch getan hatte. Die Entscheidung, Corpsbruder zu werden, wurde zusätzlich durch den Umstand bestärkt, da das Corps um diese Zeit suspendiert war, weil einige Mitglieder nach einem Trunkenheitsexzeß einen Wachmann misshandelt hatten. »Die Diffamierung der Verbindung wegen dieser in meinen Augen ›studentischen Heldentat‹ hatte meinen Eintritt in das Corps zur Folge«[208]. Breitners Äußeres war bis in die Zeit, als er das erste Halbjahr des Militärdienstes ableistete, von einer auffallenden Haarmähne geprägt, was in der Verbindung durchaus als ein Stein des Anstoßes Thema war. Der durch und durch individualistisch geprägte Breitner, dem ein Hang zur Anarchie, was Konventionen betraf, keinesfalls fremd war, wäre jedoch nicht bereit gewesen, die Haarpracht zu Gunsten der Verbindungs-Regularien zu opfern. Hier mag auch schon zum Ausdruck gekommen sein, was Berufungskommissionen letztlich immer wieder daran hinderte, ihm den vorgeschlagenen Lehrstuhl doch zu überlassen.

Als es nach dem Einmarsch Hitlers in Österreich und dem Anschluss an das Deutsche Reich rasch zur Nazifizierung der Hochschulen und zur rassistischen Verfolgung jüdischer Akademiker kam, geriet auch Breitner ins Visier der neuen Machthaber. Da er den »großen Ariernachweis« nicht erbringen konnte, verlor er das Recht, an einer Universität des Deutschen Reiches zu lehren. Das brachte Breitner in ein ziemliches Dilemma. Selbst wenn er es tatsächlich nicht wusste, dass seine Großmutter, Rosalia Breitner, jüdischer Abstammung war, erfuhr er spätestens bei der Vorlage der Geburtsurkunde seines Vaters, dass dieser »Halbjude« war und folgerichtig er selbst »Vierteljude« sei[209]. Das hätte ihn für die Fortführung seiner Lehrtätigkeit disqualifiziert. Er wollte weder die Universität verlassen noch sich eingestehen müssen, dass er jüdischer Abstammung ist und seine Haltung dem Deutschen Reich, Hitler und der NSDAP gegenüber revidieren müsste, um sich selbst und die Abstammung seiner Ahnen nicht zu verleugnen. Seine ursprüngliche jüdische Abstammung – das Konvertieren seiner Großmutter zum katholischen Glauben war für die nationalsozialistische Rassenlehre irrelevant[210] – durfte nicht evident werden.

In dieser für Breitner äußerst angespannten persönlichen Situation kamen ihm die Lebensumstände seiner Großmutter und vor allem die Verschleierung wichtiger biographischer Daten sehr zu Hilfe. Die Tatsache, dass Rosalia Breitner in der Geburtsmatrik der Israelitischen Kultusgemeinde als ihren Wohn- und/oder Geburtsort Altofen[211] eintragen hatte lassen, wurde, in welcher Intention auch immer, eine falsche Fährte gelegt. Jedenfalls konnte Breitner dem Rektor der Universität Innsbruck, Harold Steinacker, der vom Ministerium darüber informiert wurde, dass Breitner in den Ruhestand zu versetzen sei, glaubhaft vermitteln, dass er sich außerstande sieht, die entsprechenden Unterlagen beizubringen. Der Historiker Harold Steinacker wurde am 13. März 1938 anstelle des Anglisten Karl Brunner zum Rektor ernannt und dürfte auch an der Liste mit den Einschätzungen der einzelnen Professoren in ihrem Verhältnis zum Nationalsozialismus mitgearbeitet haben. Zu Burghard Breitner findet sich der Eintrag: »positiv; illegale Bewegung unterstützend.«[212]

Unter dem Datum vom 25. Mai 1939 notierte Rektor Steinacker zum anhängigen »Arisierungs-Verfahren« Breitner: »Aus dem mir vorgelegten Material habe ich ersehen, daß bei Lage des Falles es schwierig und langwierig sein wird, die arische Abstammung des einen unter vier Großelternteilen zu beweisen oder zu widerlegen. Prof. Breitner hat nun, unterstützt von Minister Pg. Hueber, (es handelt sich dabei um den Mattseer Notar und Göring-Schwager Franz Hueber, der im Anschlusskabinett Seyß-Inquart und der anschließenden österreichischen Landesregierung als Justizminister tätig war) eine Eingabe an das Amt für Sippenforschung gerichtet, mit der Bitte um Überprüfung und womögliche Anerkennung der arischen Abstammung und – im Fall etwaiger Schwierigkeiten – um Weiterleitung des Gesuches an den Stellvertreter des Führers. Dieses Gesuch haben Dekanat und Rektorat befürwortet.«[213]

Als Breitner von Amts wegen vom Dienst an der Universität suspendiert wurde und nur durch die Unterstützung Steinackers mit Hilfe immer wieder verlängerter Übergangsregelungen der Arbeit in der Klinik nachgehen konnte, kam ihm seine pronocierte deutschnationale Einstellung sehr zugute, die seine Antrittsrede mit den Worten enden ließ: »Es gibt etwas, vor dem Sie bestehen müssen, mag Ihr Leben welchen Lauf immer nehmen, mag Erfüllung oder Verzicht Ihr Schicksal sein. Ihr Volk […] das große, unbesiegte herrliche deutsche Volk, dem wir dienen wollen mit allem, was wir haben […] bis ans Ende!«[214].

Die Familie Breitner stand in freundschaftlichem Verhältnis zur Familie Hueber. Paula Hueber, die Schwester Hermann Görings und Ehefrau des Mattseer Notars, Heimwehrführers und späteren Justizministers Franz Hueber, war für einige Mattseer, die mit dem NS-Regime in Konflikt geraten und deshalb in Bedrängnis waren, eine erste Anlaufstelle. Diesen Draht nutzte auch Burghard Breitner, der darüber hinaus von Ferdinand Sauerbruch unterstützt wurde, indem er bei Emmy Göring intervenierte. Das Ergebnis dieser Bemühungen war ein Schreiben aus der »Kanzlei des Führers«, das Breitner zu zivilem und militärischem Dienst zuließ, aber seine Parteiunwürdigkeit aussprach[215]. So sehr Breitner die Versuche der Nationalsozialisten, ihn aus der Klinik zu entlassen, als Unrecht wahrgenommen haben mag, die Amtsenthebung seiner jüdischen Professorenkollegen – es waren immerhin acht – ließ er völlig unerwähnt. Die personellen Veränderungen kommentierte er mit einem einzigen Satz: »Eine Veränderung unter den Ärzten der Klinik hatte sich gut ausgewirkt«[216]. Als weiteres Ergebnis der Befassung mit seinem Fall in Berlin erhielt Breitner die Einberufung zum Militärdienst »mit der Bestimmung zur chirurgischen Leitung des zu schaffenden Reservelazarettes« in Innsbruck[217]. In weiterer Folge wurde Breitner zum beratenden Chirurgen des XVIII. Armeekorps bestellt und kam auf

»Götter in Weiß«: Univ.-Prof. Dr. Anton von Eiselsberg (1. Reihe, Mitte), Leiter der 1. Chirurgischen Universitätsklinik Wien von 1901 bis 1931 im Kreise seiner Schüler und Assistenten. Burghard Breitner: 1. Reihe, Zweiter von links.

Inspektionsfahrten in direkten Kontakt mit Gräueltaten des NS-Regimes wie in Wolfsberg in Kärnten, wo er sich einem Lager von Tausenden »im Wahnsinn des Hungers tobenden russischen Soldaten« gegenübersah. Ebenso grauenerregend war der Rettungsschrei eines jungen Tiroler Arztes, der als Assistent »zu den Einfrierungsversuchen in Dachau beordert worden war«[218].

Burghard Breitner hatte stets betont, nie einer Partei angehört zu haben, auch nicht der NSDAP, der Nationalsozialistischen Deutschen Arbeiterpartei. Eintragungen im Personalakt der Universität lassen allerdings auf ein anderes Ergebnis schließen. Und die Mitgliederkarte mit der Nummer 7 292 580[219] weist Burghard Breitner als Mitglied der NSDAP aus. Ausgestellt wurde sie am 20. Dezember 1939, und als Aufnahmedatum ist der 1. Dezember 1939 vermerkt. Trotzdem ist den Beteuerungen Breitners, nicht Parteimitglied gewesen zu sein, Glauben zu schenken. Wie in verschiedenen Publikationen mehrfach detailliert ausgeführt wurde, sind im Personalakt handschriftliche Änderungen vorgenommen worden, die bislang jedoch nicht restlos aufgeklärt werden konnten[220]. Auch was die Parteimitgliedschaft betrifft, ist nicht zweifelsfrei nachzuweisen,

Im Zweiten Weltkrieg wurde Burghard Breitner zum Militärdienst einberufen mit der Bestimmung zur chirurgischen Leitung des zu schaffenden Reservelazarettes in Innsbruck sowie zum beratenden Chirurgen des XVIII. Armeekorps. Rechts im Bild: Burghard Breitner.

dass Breitner tatsächlich darüber informiert war. Es ist davon auszugehen, dass die Aufnahme in die Partei im Zuge der Befassung mit seinem Akt von der Reichskanzlei oder dem Büro von Göring angeordnet wurde[221]. Burghard Breitner distanzierte sich nicht vom Regime der Nationalsozialisten, aber baute eine innere Haltung gegen das verbrecherische System auf. »Im Zusammenhang mit dem nächtlichen Judenmassaker in Innsbruck erhielt damals die völlige Verdammung eines verbrecherischen Systems für immer die Oberhand.«[222]

Als Burghard Breitner am 1. April 1946 dem Rat der Polizeidirektion Innsbruck Folge leistete und dem Meldeblatt zur Registrierung der Nationalsozialisten seine Situation in einem Begleitschreiben darstellte, wusste er offensichtlich noch nicht, dass das zuständige Ministerkomitee am 14. April 1946 einen Enthebungsbeschluss fasste, wonach Breitner aus dem Universitätsdienst entlassen werden sollte. Darin wurde u. a. ausgeführt: »Das nationalsozialistische Regime hat mich in seinen führenden Vertretern keineswegs als Gesinnungsgenossen gewertet. Ich war geduldet, von Vielem ausgeschlossen, in nichts gefördert. Meine

Haltung gegenüber der Familie des Generals Hecht-Eleda genügte dem Kreisleiter, um mir die Alternative zu stellen, Verzicht auf den Verkehr mit der Familie oder neuerliche Enthebung vom Lehramt. Selbstverständlich verzichtete ich nicht auf den Verkehr mit Frau Dr. Hecht, die Volljüdin ist.«[223] Margot Hecht (1896–1949) war Ärztin und Tochter des 1913 in den Adelsstand erhobenen jüdischstämmigen Offiziers Wilhelm Hecht von Eleda. Es gibt Hinweise darauf, dass Frau Hecht-Eleda unter dem persönlichen Schutz von Hermann Göring gestanden haben könnte.

In einem Schreiben der Generaldirektion für die Öffentliche Sicherheit an das Ministerkomitee zur Säuberung der höchsten Staats- und Wirtschaftsstellen von Nazielementen im Bundeskanzleramte vom 31. Mai 1946[224] wird ersucht, das Enthebungsverfahren bis zur rechtskräftigen Entschädigung der Frage der Parteizugehörigkeit auszusetzen. In diesem Schreiben werden auch Sachverhalte angeführt, die eine Zugehörigkeit zur NSDAP ausschließen: Bescheid des Reichskommissars für die Wiedervereinigung Österreichs mit dem Deutschen Reich vom 8. November 1939, der Breitner mit Ende des Monats in dauernden Ruhestand versetzt. Auch das Gutachten des SD-Führers des SS-Oberabschnittes Donau vom August 1938 lautet dahin, dass Breitner in politischer Hinsicht einwandfrei ist, obwohl er nicht Mitglied der NSDAP war. Ergänzend wird im Bescheid der Landeshauptmannschaft für Tirol vom 3. Oktober 1946, Zahl: Reg. 2876/1/46 ausgeführt, dass die Glaubwürdigkeit der Eintragung im Personalbogen der Universität Innsbruck, wonach Breitner seit November 1931 unter der Nr. 7 292 580. Mitglied der NSDAP gewesen sein soll und die mehrmals manipuliert wurde, nicht gegeben sei. »Nach den bekannten Verfahrensregeln bei der Überführung der ehemaligen Parteimitglieder in die NSDAP nach dem 13. März 1938 steht der Beitritt Nov. 1932 mit Prof. Breitner zuerkannten Mitglieds-Nr. 7 292 580 im Widerspruch, da sämtliche Mitglieder vor dem 1. Juli 1933 bei der offiziellen Überführung nach dem 13.3.1938 mit damaligem Eintrittsdatum auch die ursprüngliche Mitgl. Nr. beibehielten, die nachgewiesen unter 2 000 000 stand«[225]. Seinen Abschluss fand der Vorgang in der Nachricht der Generaldirektion für Öffentliche Sicherheit an das Bundeskanzleramt vom 8. Dezember 1946 mit der Zl. 164.862–2/46, »dass nach Mitteilung des Stadtmagistrates Innsbruck als Registrierungsbehörde Professor Dr. Burckhardt (!) Breitner nach Ablauf der 14-tägigen Beschwerdefrist aufgrund der Entscheidung des Amtes der Landesregierung für Tirol vom 3. Oktober 1956(!), Zl. Reg. 2876/1/46 aus der Liste der Nationalsozialisten gestrichen wurde.«[226]

Burghard Breitner wurde 1950 im zweiten Anlauf zum Präsidenten des Österreichischen Roten Kreuzes gewählt und ließ sich 1951, obwohl er wusste, dass bei ihm Prostatakrebs mit Metastasen an der Wirbelsäule entdeckt wurden, zu einer Kandidatur für die erste Volkswahl zum Bundespräsidenten überreden. Er trat als unabhängiger Kompromisskandidat des VdU, des »Verbands der Unabhängigen«, an. Seine Laufbahn an der Universität Innsbruck schloss er mit dem Rektorat im Studienjahr 1952/53 ab. In der Nacht auf den 28. März 1956 verstarb Burghard Breitner an akutem Herzversagen.

Endnoten

1 Alexander Gottlieb Baumgarten (1714–1762) brachte 1750 mit der Veröffentlichung seiner »Aesthetic« die Ästhetik als Wissenschaft von der sinnlichen Erkenntnis in das philosophische Denken der damaligen Zeit. Immanuel Kant setzte sich in seinem dritten Hauptwerk »Kritik der Urteilskraft«, 1790 erschienen, mit der Ästhetik auseinander. Georg Friedrich Wilhelm Hegel hat als erster Philosoph eine systematische Ästhetik verfasst, die 1837 erschienen ist. Friedrich Schiller setzte sich in seinem Werk »Über die ästhetische Erziehung des Menschen in einer Reihe von Briefen« mit Kants ästhetischen Ansichten auseinander.
2 Zitiert nach Rupert Felber: »Kennst du das Land, wo drei Seen dich begrüßen? – Bilder und Texte aus mehr als zwei Jahrhunderten«, in: Chronik Mattsee, 2005, S. 254.
3 Ebenda, S. 227.
4 Beschreibung des Erzstiftes und Reichsfürstenthums Salzburg in Hinsicht auf Topographie und Statistik. Erster Band. Das Salzburgische flache Land. Von L. Hübner, Salzburg 1796, S. 272.
5 Ebenda S. 268.
6 Ebenda S. 274.
7 Oberösterreich und das Salzkammergut. Historisch, topographisch, malerisch von Mathias Koch. Wien, Druck und Verlag von J. P. Sollinger's Witwe, Vorrede.
8 Ebenda, S. 18.
9 Ebenda, Vorrede.
10 Mattsee und seine Umgebung von Heinrich Wallmann. Wien 1871, Selbstverlag des Verfassers.
11 Die Heilquellen und Torfbäder des Herzogthumes Salzburg von Heinrich Wallmann, Wien 1862, Wilhelm Braumüller.
12 Ebenda, S. 211.
13 Mattsee und seine Umgebung, a.a.O., S. 15.
14 »Der Tourist« war die erste alpine Zeitschrift des deutschen Sprachraums. Sie wurde von Gustav Jäger unter verschiedenen Titel herausgegeben, so ab 1875 als »Jäger's Tourist. Organ für Touristik und Alpenkunde«.
15 Salzburger Volksblatt vom 28. Jänner 1908.
16 Die Gründung des Saison-Vereines Mattsee wurde am 28. März 1882 vom k. u. k. Statthalter bestätigt.
17 Zitiert nach Guido Müller, »Heinrich Wallmann (1827–1898), in Mattsee Chronik, a.a.O., S. 270.
18 Roman Sandgruber, Die Entstehung der österreichischen Tourismusregionen, in: Andrea Leonardi, Hans Heiss (Hrsg.): Tourismus und Entwicklung im Alpenraum. Innsbruck 2003 (S. 201–223), S. 208.
19 Gerald Lamprecht, Einleitung zum Symposium »Die Entstehung des Antisemitismus in der Habsburgermonarchie« am Centrum für jüdische Studien, Graz, 19. März 2013.
20 Zitiert nach Hannes Maringer, »Fremdenverkehr in Mattsee – Von der Badegesellschaft zum Tourismusverband, in: Chronik Mattsee, a.a.O., S. 335.
21 Balduin Groller, In schlechter Form und andere Novellen. Leipzig, Philip Reclam jun., ca. 1910. Aktuell ist der Text nur auf dem Online-Portal »Projekt Gutenberg« unter www.gutenberg.spiegel.de verfügbar.
22 Gästejournal, Mattsee Archiv.
23 Trauungsbuch der Stiftspfarre Mattsee.
24 Gästebuch der Villa Hinterstoisser, Archiv der Erzdiözese Salzburg.
25 Gästebuch der Villa Hinterstoisser, a.a.O.
26 Altofen oder Alt-Buda waren deutsche Namen für Óbuda, den 3. Bezirk von Budapest, der bis 1849 eine selbstständige Stadtgemeinde war und danach in die Stadt Buda eingegliedert wurde, womit Altofen am 1. Jänner 1873 auch Teil der neuen ungarischen Hauptstadt Budapest wurde.
27 Salzburger Volksblatt vom 2. November 1927.
28 Vgl. Anna L. Staudacher, »... meldet den Austritt aus dem mosaischen Glauben«, 18 000 Austritte aus dem Judentum in Wien, 1868–1914: Namen-Quellen-Daten, Frankfurt am Main, Verlag Peter Lang, 2009, S. 9.
29 Vgl. Kap. Burghard Breiter, S. 107f.
30 Privatbesitz
31 Schreiben des k.k. Statthalters Nr. 15022 vom 16. Mai 1879, Privatbesitz
32 Der Autor im Gespräch mit Frau Rosa Steiner, Mattsee 2010.
33 Brief von Burghard Breitner an Wolfgang Widter, undatiert, jedoch lässt sich aus dem Inhalt erschließen, dass der Brief am 9. April 1938 verfasst wurde. Teilnachlass Burghard Breitner, Privatbesitz.
34 Diemut, eine Skizze mit scharf umrissenem historischen Hintergrund von Anton Breitner, München, J. Schweitzer's Verlag, 1894, S. 5.
35 In verschiedenen mit Frau Paula Beutner, geb. Breitner (1918–2013), geführten Gesprächen, wurde dieser Umstand mehrmals angesprochen. Frau Paula Beutner war die Tochter von Roland Breitner und damit das einzige Enkelkind von Anton Breitner.
36 Gertraud Steiner, a.a.O., S. 272 f.
37 www.architektenlexikon.at
38 Österreichische Kunst-Chronik vom 1. August 1895.

39 Breitner, Vindobonas Rose, München, J. Schweitzer, 1888.
40 Anton Breitner, Literarisches Scherbengericht, Nürnberg 1895–1897
41 Renate Ebeling-Winkler, Das Kunstwerk des Monats, Carolino Augusteum, Salzburger Museum für Kunst und Kulturgeschichte, 1997, in Form einer antiken Vase, die 48 Scherben, aus Karton ausgeschnitten, beinhaltet.
42 Ebenda.
43 Anton Breitner, Cäsarenwahn, Typoskript, 355 Seiten, datiert mit 17. 4. 1922, Teilnachlass Burghard Breitner, Stadtarchiv Salzburg.
44 Anton Breitner war maßgeblich an Ausgrabungen römischer Siedlungen in Obernberg, Schalkham und Mölkham im heutigen Gemeindegebiet von Mattsee beteiligt, die um 1885 durchgeführt wurden. In seiner Publikation »Iuvaviae rudera, 1898 erschienen, hat er darüber berichtet.
45 Vgl. Handbuch des Antisemitismus. Judenfeindschaft in Geschichte und Gegenwart. Herausgegeben von Wolfgang Benz. Band 5: Organisationen, Institutionen, Bewegungen. Berlin/Boston, Walter de Gruyter, 2012, S. 187 f.
46 Gästebuch der Villa Breitner, Privatbesitz.
47 Hans Widmann, Geschichte Salzburgs, Bd. I–III, Gotha, F. A. Perthes, 1907–1914.
48 Heinz Dopsch/Hans Spatzenegger (Hg.): Geschichte Salzburgs – Stadt und Land in acht Bänden, Salzburg, Verlag Anton Pustet, 1981–1991.
49 Renate Ebeling-Winkler, »Entweder Bettler oder König!« August Brunetti-Pisano (1870-1943) Ein Salzburger Komponist. Mit Beiträgen von Horst Ebeling, Gerhard Walterskirchen, Matthias Kontarsky, Josef Gassner, Herausgegeben von Gerhard Plasser und Peter Laub, Schriftenreihe des Salzburg Museums, Band 23, Salzburg 2010.
50 Die Autobiografie, „Hand an zwei Pflügen" ist post mortem im Innsbrucker Inn Verlag, o. J. erschienen.
51 Bruno Sturm, August Brunetti-Pisano. Ein Kampfruf. Wien, Verlagsbuchhandlung Carl Konegen, 1912.
52 Renate Ebeling Winkler/Horst Winkler: August Brunetti-Pisano, Ein einsamer Dornenwanderer in der Salzburger Kulturszene? Die Persönlichkeit des Monats, Salzburg Museum, Mai 2010.
53 Brief von August Brunetti an Burghard Breitner, Teilnachlass Burghard Breitner, Stadtarchiv Salzburg.
54 Plakat Stadt-Theater in Salzburg, Druck R. Kiesel, Privatbesitz.
55 Burghard Breitner, Madonna im Glück, Uraufführung Salzburg, 24. 11. 1920.
56 Bruno Sturm. Treibeis. Schauspiel. Leipzig, Haupt und Hammon, 1909.
57 Burghard Breitner, In einer Sommernacht, Gedicht, Handschriftensammlung, ONB.
58 Oskar Pausch, Der Besuch Alfred Rollers bei Adolf Hitler. Ein verschollenes Dokument, 5153_OEZG_2_2012_S237-244_Pausch.pdf)
59 Gertraud Steiner, in a.a.O., S. 272 f.
60 Milenka Roller, Der romantische Heilige am Mattsee in: Neues Wiener Journal vom 18. März 1928.
61 Roman Sandgruber, Die Entstehung der österreichischen Tourismusregionen, in: Andrea Leonardi. Hans Heiss (Hg.), Tourismus und Entwicklung im Alpenraum, Band 1. Innsbruck, Studienverlag, 2003, S. 206.
62 Fremdenprotokoll, Mattsee Archiv
63 Vgl. Mattsee Chronik S. 334 f.
64 Der eher religiös motivierte und propagandistisch instrumentalisierte Antisemitismus Luegers unterschied sich von dem Schönerers, der einen mehr als tendenziell völkisch-rassistischen Antisemitismus prägte und vertrat.
65 Vgl. Michael Wladika, Hitlers Vätergeneration: Die Ursprünge des Nationalsozialismus in der k.u.k. Monarchie. Wien, Böhlau, 2005, S. 231 f.
66 Vgl. dazu auch Albert Lichtblau, Antisemitismus – Rahmenbedingungen und Wirkungen auf das Zusammenleben von Juden und Nichtjuden, in : Emmerich Talós/Herbert Dachs/Ernst Hanisch/Anton Staudinger, Handbuch des politischen Systems Österreich. Erste Republik 1918–1933, Wien 1995, S. 461.
67 Der Begriff leitet sich vom jüdischen »Schtetl« ab, der Bezeichnung für Siedlungen mit hohem jüdischem Bevölkerungsanteil in Ländern Osteuropas vor dem Zweiten Weltkrieg.
68 Vgl. Manfred Rauchensteiner, Josef Broukal, Der Erste Weltkrieg und das Ende der Habsburgermonarchie 1914–1918. Wien, Böhlau, 2015, S. 276.
69 Roman Sandgruber, Ökonomie und Politik. Österreichische Wirtschaftsgeschichte vom Mittelalter bis zur Gegenwart. (Herwig Wolfram (Hg.), Österreichische Geschichte, zehnbändige Reihe) Wien 2005, S. 375.
70 NU Jüdisches Magazin für Politik und Kultur, Heft 14 (2003), S. 18.
71 Ebenda.
72 Vgl. Michael John, Albert Lichtblau, Schmelztiegel Wien – einst und jetzt. Zur Geschichte und Gegenwart von Zuwanderung und Minderheiten. Böhlau, Wien, 1993.
73 Vgl. Christian Strasser, Antisemitismus am Wallersee, in: Robert Kriechbaumer (Hg.): Der Geschmack der Vergänglichkeit: Jüdische Sommerfrische in Salzburg. Böhlau, Wien, Köln, Weimar, 2002.

74 Zitiert in Günter Fellner: Antisemitismus in Salzburg 1918–1938. Veröffentlichungen des Historischen Instituts der Universität Salzburg. Wien, Salzburg 1979, S. 129.
75 Handbuch des Antisemitismus, a.a.O., S. 33 f.
76 »Erinnerung an Mattsee« von Arnold Mannlicher, Mattsee Archiv.
77 Harald Waitzbauer, Arnold Schönberg ist in Mattsee unerwünscht, in: Robert Kriechbaumer (Hg.): Der Geschmack der Vergänglichkeit: Jüdische Sommerfrische in Salzburg. Böhlau, Wien, Köln, Weimar, 2002, S.169.
78 Ebenda.
79 Reichspost, Wien, 4. August 1920.
80 Harald Waitzbauer, a.a.O., S. 160.
81 Harald Waitzbauer, a.a.o., S. 161.
82 Ebenda.
83 Neue Freie Presse, 30. Juni 1921, »Der Taufschein des Komponisten«. Der Verfasser der Zeilen hätte wissen müssen, dass die Gesetze nicht umgangen, im allerhöchsten Fall aber ausgereizt wurden. Obrigkeit wurde ausgespielt, ohne die Gesetze zu bemühen.
84 Salzburger Chronik, 5. Juli 1921.
85 Ebenda.
86 Brief Schönbergs an Alban Berg vom 16. Juli 121, Österreichische Nationalbibliothek Musiksammlung.
87 Faksimile veröffentlicht in: E. Randol Schoenberg, »The Most Famous Thing He Never Said« in: Christian Meyer (Hrsg.): Arnold Schoenberg und sein Gott. Bericht zum Symposium, 26–29. Juni 2002, Wien 2003.
88 Matthias Henke, Antisemitische Erfahrung und kompositorische Reflexion. Arnold Schönberg, Mattsee und A Survivor from Warsaw in: Jüdische Musik. Fremdbilder – Eigenbilder. Herausgegeben von Eckhard John und Heidi Zimmermann. Köln, Böhlau, 2004, S. 119–148.
89 Vgl. Der Priesterpolitiker Ignaz Seipel und der Heilige Stuhl. Ein Konflikt der Loyalitäten. Dissertation von Jürgen Steinmayr an der Universität Wien, 2012.
90 Rupert Klieber, Repräsentanten, Impulsgeber, Störenfriede. Die Nuntien der Ära Papst Pius XI. in Wien, in: Hubert Wolf (Hrsg.): Eugenio Pacelli als Nuntius in Deutschland. Forschungsperspektiven und Ansätze zu einem internationalen Vergleich. Veröffentlichungen der Kommission für Zeitgeschichte 121. Paderborn 2012, S. 129–144.
91 Notiz in Salzburger Chronik vom 26. September 1929. In der Zeitschrift »Die Wahrheit«, Nr. 39/1929, wird detaillierter ausgeführt, dass die Rechtsauffassung der Juristen dahin tendiere, dass von einer Überschreitung des Wirkungskreises ausgegangen werden könnte, was aber keinesfalls der Fall sein muss.
92 Archiv der Republik, Bundeskanzleramt Geschäftszahl 139.475-9/1929. Die Wahrheit Nr. 31/1930, 5.
93 Salzburger Volksblatt, 8. Juni 1933.
94 Anton Breitner, Privatnachlass.
95 Der Friedensvertrag von Versailles beendete den Ersten Weltkrieg völkerrechtlich und diktierte dem Deutschen Reich die Bedingungen. Im Vertrag von Trianon wurden die Bedingungen für Ungarn, das zwei Drittel des Territoriums des historischen Königreichs an Nachbar- und Nachfolgestaaten abzutreten hatte.
96 Vgl. Martina Aicher: Deutsche Gemeinschaft (Österreich). In: Wolfgang Benz (Hrsg.), Handbuch des Antisemitismus. Judenfeindschaft in Geschichte und Gegenwart, Band 5: Organisationen, Institutionen, Bewegungen. Berlin/Boston, de Gruyter Saur, 2012, S. 151.
97 Vgl. https://archive.org./stream/0367SeyßInquartArthurIchglaubeAnDeutschlandHistorischesArchiv
98 Austro-Nazis in der Hofburg, in: Zeitgeschichte, 44. Jahrgang (2017), Heft 2, S. 78– 97.
99 Vgl. Gudula Walterskirchen, Blaues Blut für Österreich – Adelige im Widerstand gegen den Nationalsozialismus, Wien, Amalthea, 2000.
100 Archiv des Instituts für Zeitgeschichte der Universität Wien, NL 96, Mappe 2.
101 Österreichische Mediathek 99-38007_003_b02:K02.
102 Dass es ein ehrgeiziger österreichischer Jurist war, der letztendlich alles dafür unternommen hatte, dass dieser Anschluss zustande kam, stand im deutlichen Kontrast zur Doktrin der Zweiten Republik, dass Österreich das erste Opfer der Aggressionspolitik Adolf Hitlers war. So darf vermutet werden, dass darin auch der Grund zu finden ist, warum es bis heute keine umfassende und detaillierte Aufarbeitung der politischen Tätigkeit Seyß-Inquarts am Ende der Ersten Republik und im Ständestaat gibt.
103 Beleg für Rede in Deutscher Gemeinschaft
104 Gespräch des Autors mit Dorothea Seyß-Inquart in Mattsee, 2015.
105 Geburtsmatriken, Pfarre Grünburg, 1894, Oberösterreich
106 Geburtsmatriken, Wolkersdorf, 1878, Niederösterreich
107 Eduard Pichl (1872–1955) war ein überzeugter Antisemit und setzte 1921 in der Sektion Austria und in der Folge auch im gesamten Deutschen und Österreichischen Alpenverein den Arierparagraphen durch.

108 Die Heimwehr entstand nach dem Zerfall der Donaumonarchie. Handelte es sich zu Beginn um bürgerlich geprägte »Selbstschutzverbände« in den einzelnen Bundesländern zur Verhinderung der Bildung von kommunistischen Räterepubliken und zum Schutz der Grenzen, stellten sich die Heimwehrverbände in späterer Folge gegen die Sozialdemokratie, um eine Diktatur des Proletariats abzuwenden. In den Jahren 1926/27 kam es zum Zusammenschluss der Heimwehrverbände in Vorarlberg, Tirol, Salzburg, Kärnten, Steiermark und Oberösterreich zum »Bund alpenländischer Selbstschutzverbände«, die sich ihrerseits wiederum mit den Verbänden in Niederösterreich, Wien und Burgenland zusammenschlossen.

109 Hermann Göring wurde im August 1932 zum Reichstagspräsidenten gewählt und am 31. Jänner 1933 von Adolf Hitler zum Minister ohne Geschäftsbereich sowie zum Reichskommissar für Luftfahrt und zum Reichskommissar für das preußische Innenministerium ernannt. Außerdem wurde er am 11. April 1933 preußischer Ministerpräsident.

110 Vgl. Ernst Hanisch, Die Erste Republik. In: Heinz Dopsch, Hans Spatzenegger (Hrsg.): Geschichte Salzburgs. Stadt und Land. Band II. Neuzeit und Zeitgeschichte. 2. Teil. Salzburg 1988, S. 1089f.

111 Vgl. Richard Voithofer, Darum schließt Euch frisch an Deutschland an. Die Großdeutsche Volkspartei in Salzburg 1920–1936. Wien, Böhlau, 2000.

112 Geplant war, dass das Komitee der Nationalen Aktion unter dem Namen »Nationalsozialistischer Volksbund Österreichs« Teil der Vaterländischen Front werden sollte, was deren Führer Ernst Rüdiger Starhemberg jedoch zu verhindern wusste. Reinthaller wurde unter Strafandrohung aufgefordert, seine Bestrebungen einzustellen. Franz Hueber legte Landeshauptmann Franz Rehrl eine Denkschrift zur nationalen Befriedung vor, die dieser an Bundeskanzler Schuschnigg zur Kenntnisnahme weiterleitete und worin auch eine eigene Organisation gefordert wurde. SLA.

113 Die Leo-Gesellschaft verstand sich als ein katholischer Verein zur Förderung von Wissenschaft, Forschung und Publizistik sowie zur Wahrung christlicher Grundsätze in allen Wissensgebieten und war nach Papst Leo XIII. benannt.

114 Mitchell G. Ash/Josef Ehmer (Hrsg.): Universität – Politik – Gesellschaft, Göttingen, Vandenhoeck & Ruprecht, 2015, S. 301.

115 Oswald Menghin, Zerrissene Fahnen, Innsbruck, Verlagsanstalt Tyrolia, 1924.

116 Die Vaterländische Front wurde von Dollfuß als »Einheitspartei« nach Vorbild der NSDAP 1933 gegründet. Nach der Ermordung von Dollfuß bis zum Sommer 1936 war Rüdiger Starhemberg der oberster Leiter, danach übernahm Schuschnigg selbst die Führung. Ihr Symbol war das »christliche Kruckenkreuz« im Kontrast zum »heidnischen Hakenkreuz«.

117 Gabriele Volsansky, Pakt auf Zeit. Das Deutsch-Österreichische Juli-Abkommen. Wien, Böhlau, 2001, S. 90.

118 Heinrich Rischanek (1891–1971) war in Juristenkreisen vor allem wegen seiner Rechtskurse bekannt. 1938 wurde die Schule aufgelassen und das Vermögen des Cartellverband-Mitglieds eingezogen. 1945 wurde sie jedoch eröffnet. Dollfuß und Rischanek waren beide Mitglieder der Deutschen Gemeinschaft.

119 Gian Galeazzo Ciano, Graf von Cortellazo und Buccari (1903–1944), war italienischer Diplomat sowie Propaganda- und von 1936–1943 Außenminister, seit 1930 mit Mussolinis Tochter Edda verheiratet

120 Vgl. Gudula Walterskirchen, Engelbert Dollfuß. Arbeitermörder oder Heldenkanzler. Wien, Molden Verlag, 2004.

121 Ebenda, S. 123.

122 Salzburger Chronik vom 27. Juli 1934.

123 Mattsee Chronik, a.a.O., S. 117.

124 Der Namenswechsel zu »Österreichische Bundesbahnen – ÖBB fand erst 1938 statt.

125 1919 als Deutsche Bauernpartei gegründet, handelte es sich beim Landbund um die Partei der protestantischen Bauern aus der Steiermark, aus Kärnten und Oberösterreich sowie aus dem Burgenland. Der Landbund trat für den Anschluss an Deutschland ein und bekannte sich zur Idee des Ständestaats, während sie die Heimwehr ablehnte.

126 Abgestimmt wurde über drei Anträge im Zusammenhang mit dem großen Eisenbahnerstreik, der vom Zaun gebrochen wurde, weil die Eisenbahner gegen die Auszahlung des März-Gehalts in drei Raten protestierten.

127 Die Vaterländische Front (VF) wurde am 20. Mai 1933 als »überparteiliche« Organisation des autoritär geführten Ständestaats gegründet. Nach Auflösung der Heimwehr wurden die Wehrverbände als Frontmiliz der VF einverleibt. Bundesführer der VF waren Bundeskanzler Engelbert Dollfuß, Vizekanzler Ernst Rüdiger Starhemberg und Bundeskanzler Kurt Schuschnigg.

128 Mit dem Inkrafttreten der ständestaatlichen Verfassung am 1. Mai 1934 ging das Recht nicht mehr vom Volk aus, sondern von Gott. Durch das Ausschalten des Parlaments agierte der Bundeskanzler als oberstes Organ der Gesetzgebung

gleichsam und in Anlehnung an die absolutistische Monarchie als ein Kanzler von Gottes Gnaden.
129 Das Kruckenkreuz ist ein altes Symbol, das in der Kirche ab der Romanik als Altar- und Vortragekreuz Verwendung fand. In Österreich wurde das Kruckenkreuz von Bundeskanzler Ignaz Seipel 1925 eingeführt. Das Große Ehrenzeichen in der Ersten Republik hatte die Form des Kruckenkreuzes und auf den Zwei- und Fünfgroschenmünzen war es ebenfalls abgebildet. Im Ständestaat wurde das Kruckenkreuz zum staatlichen Hoheitssymbol.
130 Landesgesetzblatt des Landes Salzburg 47/1934.
131 Landeshauptmann Franz Rehrl galt als sehr konsensbereit und wurde wohl auch deshalb im Amt belassen.
132 Alois Wagenbichler (1895–1957) war Arzt und Politiker und musste nach dem Einmarsch Hitlers in Österreich Salzburg verlassen und war anschließend in Baden bei Wien als Leiter des Kurhauses tätig.
133 Vgl. Mattsee Chronik, a.a.O., S. 113.
134 Friedrich (Fritz) Stockinger (1894–1968), während des Ständestaats Bundesminister für Handel und Verkehr und ein persönlicher Freund von Dollfuß.
135 Alois Hudal (1885–1963) war ein dem Nationalsozialismus nahe stehender Theologe, Bischof und Rektor des Priesterkollegs Santa Maria dell'Anima in Rom.
136 Vgl. H. J. Neumann, a.a.O., S. 45.
137 Vgl. ebenda, S. 115.
138 Johannes Knoll, Arthur Seyß-Inquart und die deutsche Besatzungspolitik in den Niederlanden (1940–1945). Wien, Böhlau, 2015.
139 Mattsee Chronik, a.a.O., S. 115 f.
140 Ebenda S. 114.
141 Ebenda, S. 117 f.
142 Johann Lögl, geboren am 23.2.1887 in Friedwang war laut Registrierungsblatt zur Verzeichnung der Nationalsozialisten gem. § 4 des Verbotsgesetzes 1947 Mitglied der NSDAP von 1938 bis 1945 und wurde am 18.12.1947 vom Volksgericht Linz rechtskräftig verurteilt. Mattsee Archiv.
143 Hermann Steiner sen. im Gespräch mit dem Autor am 22. Oktober 2015.
144 Vgl. Mattsee Chronik, a.a.O., S. 117.
145 Hermann Steiner sen. im Gespräch mit dem Autor am 22. Oktober 2015.
146 Karl Mayreder (1856–1935) war ein dem Historismus verpflichteter Architekt und Schüler von Heinrich von Ferstel.
147 Testament Hinterstoisser, SLA.
148 Gästebuch Villa Hinterstoisser, Archiv der Erzdiözese Salzburg.
149 Ministerratsprotokoll Nr. 808, S. 244 zit. nach Emmerich Tàlos, Wolfgang Neugebauer (Hrsg.): AustrofaschismuS. Beiträge über Politik, Ökonomie und Kultur 1934–1938, 2. Aufl. Wien, Verlag für Gesellschaftskritik, 1984, S 39.
150 Der 2017 durch den Begriff »Nacherbschaft« ersetzte juristische Fachbegriff bedeutet, dass mit dem/den Erben gleichzeitig ein Nacherbe bestimmt wird. Der Vorerbe kann die Verlassenschaft zwar nutzen, in ihrer Substanz muss sje jedoch erhalten bleiben.
151 https://de.wikipedia.org/wiki/Steinach_am_Brenner; Mag. Rudolf Köberl, 2002 (www.pinkafeld-online.at)
152 Die Wahl zur Bundesführung der Heimwehr fiel 1930 auf den Oberösterreicher Ernst Rüdiger Starhemberg, zeitweilig Bundesrat, Innenminister und Abgeordneter zum Nationalrat. Von 1931 bis 1934 Stellvertretender Vorsitzender der Christlich-Sozialen Partei und während der Zeit des autoritären Ständestaats war er von 1934 bis 1936 Bundesführer der Vaterländischen Front und Vizekanzler. Die Vaterländische Front wurde 1933 nach der mutwillig herbeigeführten Aufhebung des Parlaments von Engelbert Dollfuß als Nachfolgeorganisation der Christlich-sozialen Partei gegründet. Dollfuß wies ihr die Aufgabe zu, »alle Österreicher zu vertreten und das politische System der Parteien zu ersetzen«. Zeitgleich ließ Dollfuß den Republikanischen Schutzbund, das paramilitärische Pendant der Sozialdemokratie, verbieten. Die Heimwehr ihrerseits war bereits der Vaterländischen Front beigetreten. Neben der Kommunistischen Partei Österreichs und der österreichischen NSDAP wurde auch die Bewegung der Freidenker verboten.
153 Vgl. Regierungsrat Kanonikus Leonhard Steinwender. Ein Kämpfer für Christus, Kirche, Volk und Vaterland. 1889 –1961 (http://www.pfarre.zell.at/downloads/regierungsrat-kanonikus-leonhard-steinwender.pdf)
154 Lucile Dreidemy, Der Dollfuß-Mythos. Eine Biographie des Posthumen. Wien, Böhlau, 2014.
155 Neue Freie Presse, 27. Juli 1934.
156 Hildegard Burjan (1883–1933) war eine bedeutende Frauen-und Sozialrechtlerin in der Zeit der Ersten Republik und gründete mit der Caritas Socialis eine engagierte Schwesterngemeinschaft.
157 Vgl. Kommissionsbericht an den Amtsführenden Stadtrat für Kultur und Wissenschaft »Grabwidmungen der Wiener Stadtverwaltung 1934–1938« in: www.wien.gv.at/kultur/abteilung/pdf/ehrengraeber.bericht2012.pdf.

158 Hansi Rischanek, Ehefrau von Heinrich Rischanek.
159 Mattsee Chronik, a.a.O., S. 117.
160 Das Adelsgesetz aus 1919, wonach es in Österreich verboten ist, Adelsprädikate zu führen, wurde im Ständestaat außer Kraft gesetzt.
161 Ernst Rüdiger Fürst von Starhemberg in einer Radioansprache vom 27. Juli 1934, zit. nach Neue Freie Presse vom 28. Juli 1934.
162 Durch den Tod von Wilhelm Berliner (1881–1936), Generaldirektor der „Phönix"-Lebensversicherungsgesellschaft am 17. Februar 1936 flog deren Zahlungsunfähigkeit auf. Das Defizit betrug etwa 250 Millionen Schilling, was etwa fünf Prozent des österreichischen Volkseinkommens von 1936 entsprach. Von der Pleite betroffen waren 330.000 Versicherungskunden und 1.300 Beschäftigte, die auf einen Schlag arbeitslos wurden. Trotz der Gründung einer Auffanggesellschaft mussten die Kunden drastische Leistungskürzungen hinnehmen. Wie tief die damalige österreichische Bundesregierung in den Fall verstrickt war, belegen der Freitod des für die Versicherungsaufsichtsbehörde zuständigen Sektionschefs Heinrich Ochsner und des plötzlichen Todes von Bundeskanzler Karl Buresch. Dem regierenden Bundeskanzler Kurt Schuschnigg diente die Affäre in der politischen Auseinandersetzung mit seinem Vizekanzler Ernst Rüdiger Starhemberg, der aus allen Ämtern ausscheiden musste.
163 Laut „Lexikon des Dritten Reichs" steht die Bezeichnung „Römer oder Römische Protokolle" für die vertragsartigen Schlusserklärungen zweier Konferenzrunden in Rom: In den 1. Römischen Protokollen vom 17. März 1934 verkündeten die Regierungschefs von Ungarn (Gömbös), Österreich (Dollfuß) und Italien (Mussolini) zum einen den Abschluss eines Konsultativpakts zur Koordinierung des politischen Vorgehens, zum anderen gegenseitige Handelserleichterungen. Italien wollte mit diesen Römischen Protokollen seinen Einfluss im Donauraum sichern und Österreich in seinem Bemühen um Abwehr der deutschen Anschlusspläne unterstützen. Dem dienten auch die 2. Römischen Protokolle vom 7. Jänner 1935 (auch Rompakt genannt), in denen Frankreich und Italien eine Konvention anregten zur Sicherung des Status quo in Zentraleuropa, insbesondere Österreich betreffend. Es blieb bei der Absichtserklärung, da der italienische Krieg gegen Abessinien die weitere Zusammenarbeit zerstörte.
164 Vgl. Volsansky, Gabriele: Pacht auf Zeit: das deutsch-österreichische Juli-Abkommen 1936. Wien, Böhlau, 2001.
165 In der Zeit des autoritären »Ständestaates« (1934–1938) bildeten auf Grundlage der Maiverfassung von 1934 40 bis 50 vom Bundespräsidenten ernannte Personen den Staatsrat, dessen Aufgabe die formale Vorbereitung von Gesetzen war.
166 Mattsee Chronik, a.a.O., S. 119.
167 In Österreich werden Legitimisten historisch als jene Kreise bezeichnet, die in der Ersten Republik die Abdankung Kaiser Karls I. nicht anerkannten, da er nur auf die Regierungsbeteiligung, nicht jedoch auf die Krone verzichtet hatte.
168 Vgl. Austrofaschismus, a.a.O. und Hellmut Butterweck, Nationalsozialisten vor dem Volksgericht Wien. Österreichs Ringen um Gerechtigkeit 1945–1955 in der zeitgenössischen öffentlichen Wahrnehmung. Innsbruck, Studienverlag, 2016.
169 Johannes Knoll, Arthur Seyß-Inquart und die Deutsche Besatzungspolitik in den Niederlanden (1940–45, Wien, Böhlau, 2015, S. 29.
170 Diese unverhohlene Drohung den österreichischen Nationalsozialisten gegenüber führte in Berlin dazu, dass der Druck auf Schuschnigg weiter erhöht wurde.
171 Es war Schuschnigg nicht einmal gelungen, die engsten Mitarbeiter auf die Geheimhaltung seiner Entscheidung, eine Volksbefragung zur Unabhängigkeit Österreichs abhalten zu lassen, bevor er sie nicht selbst in Innsbruck verkündete.
172 Das sogenannte Anschlusskabinett musste einer Forderung Hermann Görings entsprechend eindeutig nationalsozialistisch sein und von Seyß-Inquart geführt werden, der der Vorgängerregierung bereits als Sicherheitsminister angehörte. Neben Seyß-Inquart, der auch mit den Agenden der Landesverteidigung betraut wurde, bestand dieses Kabinett aus Vizekanzler Edmund Glaise-Horstenau (1882–1946), ab 1934 Staatsrat in der Regierung des Ständestaats und ab Juli 1936 Bundesminister ohne Portefeuille und Verbindungsmann der österreichischen Regierung zu den Nationalsozialisten; Außenminister Wilhelm Wolf (1897–1939); Justizminister Franz Hueber (1894–1981), Notar und Heimwehrführer, Nationalsozialist ab 1933, kurzfristig Justizminister von September bis Dezember 1930; Unterrichtsminister Oswald Menghin (1888–1973), Prähistoriker und Universitätsprofessor; Sozialminister Hugo Jury (1887–1945), Arzt, stellvertretender Landesleiter der illegalen NSDAP in Österreich, ab Februar 1937 Staatsrat in der Regierung Schuschnigg; Finanzminister Rudolf Neumayer (1887–1977), Beamter, Finanzminister in der Regierung Schuschnigg; Land- und Forstwirtschaftsminister Anton Reinthaller (1895–1958), Gutsbesitzer, NSDAP-Mitglied

ab 1930; und Handelsminister Hans Fischböck (1895–1967), Jurist. Weiters wurde Michael Skubl (1877–1964) Polizeipräsident ab 1934 und ab 1937 Staatssekretär im Bundeskanzleramt für Angelegenheiten der Sicherheit zum Staatssekretär für Sicherheitswesen berufen. Ernst Kaltenbrunner (1903–1946), Jurist, NSDAP-Mitglied seit 1930 und Heinrich Himmlers Verbindungsmann in Österreich, wurde dem Bundeskanzler für Angelegenheiten der öffentlichen Sicherheit beigegeben; Hubert Klausner (1892–1939), NSDAP-Mitglied seit 1931, wurde dem Bundeskanzler für Angelegenheiten der politischen Willensbildung beigegeben.

173 RGBl I 1938, S. 237 f.
174 Mattsee Chronik, a.a.O., S. 119.
175 Zeitzeugen-Gespräch am 22. Oktober 2015.
176 Mattsee Chronik, a.a.O., S. 120.
177 Ebenda, S. 120.
178 Das Urteil von Nürnberg. Dtv-Dokumente Nr. 8, Deutscher Taschenbuch Verlag, München, 1961, S. 246.
179 Brief vom 28.April 1938, SLA.
180 Vgl. Robert Obermair, www.geschichte.univie.ac.at
181 Das Pfeilkreuz, parallel auch als Strahlspitzenkreuz, Triangelkreuz oder Dreisternkreuz bezeichnet, gilt als eine gemeine Figur in der Heraldik. Zur Abbildung kommt ein gleichschenkeliges Kreuz, dessen Arme gleich lang sind und die in einer Pfeilspitze enden. Das Kreuz-Symbol hat die Heraldik wesentlich beeinflusst, und die vielfältigsten Formen davon finden sich in Wappen wieder. Oft, aber nicht generell drückt das Kreuz-Symbol Religiosität oder Ordens- bzw. Kirchenzugehörigkeit des Wappenträgers aus.
182 Die Stephanskrone erinnert an den ersten christlichen König Ungarns, den Hl. Stephan (Szent István), der der Legende nach im Jahr 1000 n. Chr. mit einer von Papst Sylvester II. übersandten Krone gekrönt wurde. Teile der heute als Stephanskrone verehrten Krone stammen aus dem 11. bis 13. Jahrhundert.
183 Österreichisches Staatsarchiv, AT-OeStA/KA LG.
184 Kronwächter bis 1945 und Mitbegründer des 1991 geschaffenen »Verbands der ungarischen Kronenwächter«.
185 Tímea Andor, Die Geschichte der ungarischen Kronenwache. Herausgegeben vom Verband der Ungarischen Kronenwächter. Budapest 2008, S. 15.
186 Tímea Andor, a.a.O., S. 16.
187 So auch Nachfolgeorganisationen des »Heldenordens« (Vitézi Rend), der 1920 von Horthy als erblicher Orden gegründet wurde und bis zu seiner Auflösung im Februar 1945 durch die sowjetische Besatzungsmacht als erblicher Orden verliehen wurde.
188 Mit den beiden Wiener Schiedssprüchen, jeweils auch »Wiener Diktat« genannt, hatte Hitler bestimmt, dass Ungarn Teile der durch den Trianon-Vertrag verlorengegangenen Gebiete zurückerhält. Im ersten Wiener Schiedsspruch vom 2. November 1938 im Schloss Belvedere wurden Gebiete mit überwiegend ungarischer Bevölkerung in der Südslowakei sowie im Nordosten der Slowakei abgetrennt und den Ungarn zugesprochen. Der Zweite Wiener Schiedsspruch vom 30. August 1940 besagte, dass Rumänien gezwungen wurde, einen Teil Siebenbürgens und Regionen im Nordosten zur Ukraine hin an Ungarn abzugeben.
189 Vgl. Andreas Hillgruber (Hrsg.): Staatsmänner und Diplomaten bei Hitler. 2. Teil Vertrauliche Aufzeichnungen und Unterredungen mit Vertretern des Auslandes 1942–1944. Frankfurt /Main, Bernard und Graefe Verlag, 1970.
190 Tímea Andor, a.a.O., S. 13.
191 Der seit 1789 zum Stift Mattsee gehörende Zellhof war ab Mariä Lichtmess 1938 an die Herz-Jesu-Missionare in Salzburg verpachtet. Nachdem deren Gymnasium von den Nationalsozialisten geschlossen und ein Großteil des Areals in ein Flüchtlingslager umgestaltet wurde, zogen sich die meisten Ordensangehörigen auf den Zellhof zurück.
192 Die heilige Stephanskrone auf dem Zellhof (2.– bis 6. Mai 1945). Ein Erlebnisbericht von P. Dr. Josef Riedlmaier MSC, SLA.
193 Ebenda, S. 2.
194 Burghard Breitner, Hand an zwei Pflügen, Innsbruck, Inn Verlag, o. J., S. 180. Carl Vaugoin litt tatsächlich an einer chronischen Herzschwäche. Auf Grund dieses Herzleidens wurde er 1939 aus einem Internierungslager entlassen, durfte sich aber nicht mehr in Wien ansiedeln.
195 Ebenda, S. 31.
196 Ebenda, S. 96.
197 Die Bezeichnung Rudolfspital entspricht heute dem städtischen Krankenhaus »Rudolfstiftung«im dritten Wiener Gemeindebezirk, das 1858 von Kaiser Franz Joseph I. anlässlich der Geburt seines Sohnes Rudolf gestiftet wurde.
198 Kriegstagebuch.
199 Hand an zwei Pflügen a.a.O., S. 143.
200 Anton Freiherr v. Eiselsberg, Lebensweg eines Chirurgen. Innsbruck, Deutscher Alpenverlag, 1940, S. 354.
201 Hand an zwei Pflügen, a.a.O., S. 155.
202 Ebenda, S. 158.

203 In ihrem Beitrag mit der Überschrift »Leben des Innsbrucker Ex-Chirurgiechefs Breitner neu beleuchtet« informierte Brigitte Warenski, freie Mitarbeiterin, in einem unzureichend recherchierten Beitrag über die Forschungsarbeit am Institut für Zeitgeschichte an der Universität Innsbruck zur Frage der Sterilisation Erbkranker an der Innsbrucker Universitätsklinik ab 1940. In Bezug auf Burghard Breitner als Leiter der Chirurgie stellt sich die zentrale Frage, inwieweit war er über die Abläufe informiert und hat er selbst diesbezügliche Operationen durchgeführt. Prof. Dr. Dirk Rupnow, Leiter des Instituts für Zeitgeschichte geht davon aus, dass Ergebnisse 2019, rechtzeitig zum 350-Jahr-Jubiläum vorliegen sollen.
204 Ernst Hanisch/Ulrike Fleischer, Im Schatten berühmter Zeiten. Salzburg in den Jahren Georg Trakls 1887–1914. Otto Müller, Salzburg, 1998, S. 142.
205 Hand an zwei Pflügen, a.a.O., S. 38.
206 »Jungbrunnen«, Zeitschrift der Grazer Studentenschaft.
207 Bruno Sturm, August Brunetti-Pisano. Ein Kampfruf. Wien, Konegen, 1912.
208 Hand an zwei Pflügen, a.a.O., S. 183.
209 Laut Eintrag im Matrikenbuch der Israelitischen Kultusgemeinde Wien wurde Anton Carl Maria Breitner am 18. März 1858 als Sohn der Rosalia Breitner mit Wohnsitz Wien, Wieden, geboren. Die Beschneidung fand eine Woche später, am 25. März 1858 statt. Wie aus dem Eintrag im Taufbuch der Pfarre Margarethen unter dem Datum vom 13. November 1858 hervorgeht, wurde Anton Carl Maria Breitner an diesem Tag römisch-katholisch getauft. Die biografischen Daten zur Mutter entsprechen den Angaben des Geburtsscheins, zumindest lässt der Vermerk »laut Geburtsschein« darauf schließen. Demnach wurde Rosalia Breitner als ledige Tochter des jüdischen Kaufmanns Carl Breitner, und der Theresia, geb. Lochner, ebenfalls jüdischen Glaubens, am 12. September 1837 geboren. Ein später zusätzlich angeführter Vermerk weist darauf, dass »die Mutter dieses Kindes laut beigebrachten Taufscheins in der Pfarre »Zu den Schotten« in Wien zur katholischen Religion übergetreten ist«. Datiert ist dieser Eintrag mit 14. Juni 1876. Im Taufbuch der Schotten-Pfarre lässt sich allerdings kein entsprechender Eintrag finden.
210 Die faktische Zuordnung zum Judentum erfolgte aufgrund der Religionszugehörigkeit der Großeltern. Eine Konvertierung zu einer anderen Religion vermochte am Status der Betroffenen nichts zu ändern. So der Tenor der Nürnberger Gesetze vom 15. September 1935 und der nachfolgenden Durchführungsverordnungen. Deutschblütig ist jeder, der vier deutschblütige Großeltern nachweisen kann. Mischlinge, die unter ihren vier Großeltern einen Juden oder eine Jüdin haben, galten als Vierteljuden und wurden Mischlinge zweiten Grades genannt.
211 Altofen oder Alt-Buda waren deutsche Name für Óbuda, den 3. Bezirk von Budapest, der bis Dezember 1849 eine selbstständige Stadtgemeinde war und danach in die Stadt Buda eingegliedert wurde. Damit wurde Altofen am 1. Jänner 1873 auch Teil der neuen ungarischen Hauptstadt Budapest.
212 Peter Goller/Georg Tidl, »Jubel ohne Ende …!« Die Universität Innsbruck im März 1938. Zur Nazifizierung der Tiroler Landesuniversität. Wien, Erhard Löcker GesmbH, 2012, Anhang
213 Ebenda, S. 132 f.
214 Breitners Antrittsvorlesung in der Großen Aula der Innsbrucker Universität am 27. Oktober 1932 zum Thema »Chirurgie als Forschung und Unterricht« hatte ein breites Echo in den Tageszeitungen gefunden, u. a. Tiroler Anzeiger und Tiroler Nachrichten, jeweils vom 28. Oktober 1932. Das mediale Echo war auch deshalb besonders groß, weil Rektor Prof. Dr. Bernhard Mayrhofer in seiner Einführungsrede Breitners Antrittsvorlesung zum Anlass genommen hatte, um auf die drohende Schließung bzw. Verkleinerung der Universität hinzuweisen.
215 Vgl. Hand an zwei Pflügen, a.a.O., S. 193.
216 Ebenda.
217 Ebenda.
218 Ebenda, S. 194.
219 BA (ehem. BDC) NSDAP-Zentralkartei.
220 Margret Handler; Der Teilnachlaß von Univ.-Prof. Dr. med. Burghard Breitner (1884–1956): Ordnung, Inventarisierung, Erschließung, Verzeichnung. Hausarbeit im Rahmen der Grundausbildung für die Verwendungsgruppe A – Bibliotheks-, Dokumentations- und Informationsdienst. Wien, Mai 1999, Goller
221 Vgl. Handler, a.a.O., S. 216.
222 Hand an zwei Pflügen, a.a.O., S. 194.
223 Begleitschreiben Burghard Breitners zum Meldeblatt zur Registrierung der Nationalsozialisten vom 1. April 1946. Österreichisches Staatsarchiv.
224 Schreiben der Generaldirektion für Öffentliche Sicherheit an das Ministerkomitee zur Säuberung der höchsten Staats- und Wirtschaftsstellen von Nazielementen vom 31. Mai 1946, Zl. 95.853 – 2/46, Österreichisches Staatsarchiv
225 Österreichisches Staatsarchiv.
226 Österreichisches Staatsarchiv.

Das Geheimnis der Erlösung heißt Erinnerung.
Jüdisches Sprichwort

Therese Muxeneder

»Ein nettes Erlebnis im Salzkammergut«
Arnold Schönberg, Mattsee und die Folgen

Das sogenannte »Mattsee-Ereignis« vom Sommer 1921 gilt gemeinhin als zentrale antisemitische Erfahrung des Komponisten Arnold Schönberg (1874–1951) und wurde in der Forschung als Initiale für dessen Fokussierung auf seine jüdische Herkunft gedeutet.[1] Die »Austreibung«, der sich Schönberg als »vielleicht einer der ersten Juden in Mitteleuropa« ausgesetzt sah – er fasste diese später unter den euphemistischen Titel »ein nettes Erlebnis im Salzkammergut«[2] – bildet zweifellos eine Peripetie in Biographie und jüdischem Selbstverständnis des Wieners, der 1898 in seiner Geburtsstadt zum Protestantismus konvertiert war und wie zahlreiche Juden seiner Generation an die Assimilation als eine greifbare Vision geglaubt hatte. Konfrontationen mit Judenfeindlichkeit in Schönbergs Vita, darin dem »Mattsee-Ereignis« eine zentrale, wenn auch nicht singuläre Rolle zukommt, lassen Rückschlüsse über Kontinuitäten und Brüche einer an Antisemitismus gekoppelten »verletzten«[3] Identität des österreichischen Künstlers zu. Der vorliegende Beitrag befasst sich mit den Folgen der Mattsee-Verletzung auf Arnold Schönberg im Hinblick auf dessen politische Haltung sowie auf spezifische Folgemerkmale in seinen essayistischen, literarischen und musikalischen Werken.

In dem 75-jährigen Zeitfenster der Wiener Familiengeschichte des Komponisten, die zwischen der Ankunft seines Großvaters Abraham Schönberg aus Ungarn Ende der 1850er Jahre und Arnold Schönbergs letztem Wiener Aufenthalt im Jahr 1933 aufgespannt werden kann, »stoßen antijüdische Traditionen, Emanzipation, Integration und Akkulturation in unterschiedlichen Generationen aufeinander«[4]. Wien wird für die Großeltern- und Elterngeneration urbaner Migrationsort, für Schönberg, dessen Geschwister und Cousins, die als Erwachsene mehrheitlich zum Protestantismus konvertieren werden, in der Folgegeneration Assimilations- und Akkulturationsort[5].

Schönberg war als Jugendlicher in Wien einem modernen und politisch bzw. ideologisch überhöhten Antisemitismus ausgesetzt, der in einer jahrhundertealten Judenfeindlichkeit wurzelte. Konfrontationen mit Antisemitismus lassen sich über einen Zeitraum von etwa sechs Jahrzehnten innerhalb seines Lebens nachzeichnen, an Individual- bzw. Kollektivereignissen festmachen und schließlich als Auslöser theoretischer und ästhetischer Reflexion in den Schriften zum Judentum sowie den Bekenntniswerken *Moses und Aron* (szenisches Oratorium, 1923/28–37), *Der biblische Weg* (zionistisches Sprechdrama, 1922–23 bzw. 1926–27) sowie *A Survivor from Warsaw* (Kantate, 1947) ablesen.[6] Das Kaleidoskop antijüdisch grundierter Erfahrungen Arnold Schönbergs durchmisst

SOMMERFRISCHE MATTSEE BEI SALZBURG.

Abb. 1: Villa Nora, Mattsee, heute Burghard-Breitner-Weg 1

die Bezirke von Ressentiments und Respektlosigkeiten, Hassattacken und Verleumdung (Wiener Presse, ab 1900), Gewaltandrohung (durch einen Nachbarn in Wien, 1911) und schließlich direkter bzw. indirekter Vertreibung (Mattsee, 1921; Berlin, 1933). Bereits der gegen den »Jung-Wiener« Künstlerkreis um Schönberg gerichteten Presserhetorik in Wien, die in der zweiten Hälfte der 1890er-Jahre einsetzte, ist ein breites antisemitisches Register abzulesen. Die spezifisch seiner Person gewidmeten judenfeindlichen Äußerungen fanden in den Verfemungen des durch die Nazis indoktrinierten Musikschrifttums in den 1920er- und 1930er-Jahren schließlich einen Höhepunkt.

Wie viele seiner komponierenden, malenden und schreibenden Zeitgenossen nutzte auch Arnold Schönberg die Sommermonate zu kreativer Betätigung – bevorzugt an einem See. Zu seinen Sommerdestinationen zählten Payerbach und Steinakirchen in Niederösterreich, Gmunden und Traunkirchen in Oberösterreich sowie Tegernsee in Bayern. Schönberg reiste gewöhnlich mit seiner ersten Frau Mathilde (geb. Zemlinsky) und seinen beiden Kindern Georg und Gertrude. Im erweiterten Kreis an Mitreisenden und Gästen fanden sich Schüler und Freunde, die dem Komponisten in wechselnder Anzahl und Besetzung Gesellschaft leisteten. Auf Anregung seines Bruders Heinrich, der seit 1917 mit der Tochter von Max Ott, Bürgermeister der Landeshauptstadt Salzburg, verheiratet war und die Sommermonate in dessen Villa Nora in Mattsee (Abbildung 1) verbrachte, fiel Schönbergs Wahl nun erstmals auf diesen Ort. Am 2. Juni 1921 kam die Familie aus Mödling bei Wien an und bezog ihr Quartier im Haus Vorderwartstein 65. Dass Schönberg in Mattsee eine bereits seit längerem als judenfeindlich bekannte Sommerfrische aufsuchen würde, konnte ihm nicht bewusst gewesen sein. Kaum hätte er einen Ort als temporäres Refugium gewählt, der sich noch im Vorjahr gerühmt hatte, »in dieser Sommersaison fast judenrein« zu sein und dessen Bevölkerung durch Wahrung einer »judenfreie[n] Sommerfrische«, die »liebliche Heimat«[7] rein zu erhalten anstrebte. Der ursprünglich bis Oktober geplante Aufenthalt währte nur sechs Wochen. Die Begleitumstände der Judenverfolgung, der Schönberg in diesen Wochen ausgesetzt war, sind von Siegfried Hetz in diesem Band detailliert dargestellt.

Was blieb aus diesen Wochen und dem »netten Erlebnis im Salzkammergut«[8]? Die in der Presse hochgespielte Causa hinterließen bei dem Vertriebenen neben einem hohen materiellen Schaden (Quartiergeld und Klaviermiete waren für den gesamten Zeitraum bis Oktober abzuführen) zunächst naturgemäß Erschrockenheit und Ärger. Schönberg versuchte die Erinnerung an das unliebsame Erlebnis aus dem unmittelbaren Alltag zu tilgen. Ein Dokument dieser Zeit hat sich in seinem Nachlass jedoch erhalten: ein mit 5. Juli 1921 datiertes und in Mattsee abgestempeltes Schreiben hatte er bis zu seinem Lebensende bewahrt. Auf der mit »ein arischer Sommerfrischler« anonym unterzeichneten Korrespondenzkarte wird der Adressat vom Erscheinen eines einschlägigen Berichtes in der Salzburger Chronik[9] zu dem Fall hingewiesen. Adressiert ist die Karte an den »berühmte[n] Komponist[en]« – »z[ur] Z[eit] leider in Mattsee« (Abbildung 2)[10]. Die Aufrechterhaltung des Ziels, Mattsee »judenrein« zuhalten, blieb auch in den nachfolgenden Saisonen erklärtes Ziel der Gemeinde. So berichtet die Salzburger Chronik im August 1922, dass es »auch heuer wieder gelungen« sei, den »schönen Kurort judenrein zu erhalten«[11]. Und im Juli 1924 ist zu lesen:

> Es ist dem rührigen Fremdenverkehrsverein dank der Mithilfe der Bevölkerung und dank der umsichtigen Leitung des Herrn Kassiers Direktor Wildner auch heuer wieder gelungen, Mattsee judenrein zu erhalten. Wie sehr dieser Standpunkt vom Fremden-Publikum gewürdigt und Mattsee zum Vorteil gereicht, beweist die fortwährende Zahl der Sommerfrischler[,] die eben Mattsee deshalb bevorzugen, weil nur Deutscharier hier aufgenommen werden.[12]

Dieser Sachverhalt setzt sich noch einige Jahre fort. Im Falle Schönberg bewog erst die Publizität der Angelegenheit den Leidtragenden zur Abreise.

Die Auswirkungen der antisemitischen Umtriebe waren zunächst arbeitstechnischer Natur. Schönberg hatte geplant, ab Anfang Juni 1921 in Mattsee die dritte Auflage seiner *Harmonielehre* zu beenden, deren Erscheinen von der Universal-Edition in Wien für den Herbst jenes Jahres angekündigt war. In den kreativen Nebenstunden dieser editorischen Vorbereitungen war während eines mehrmonatig angedachten Aufenthalts ferner die Komposition neuer Klavierstücke und die Voranbringung, u. a. des Oratoriums *Die Jakobsleiter* vorgesehen. Auch *Die Lehre vom Zusammenhang* stand als Nachfolgebuchprojekt zur *Harmonielehre* auf der Mattsee-Agenda. Bedingt durch die erzwungene Abreise am 14. Juli 1921 konnte unmittelbar lediglich der von einer Zeitschrift erbetene Beitrag zum 50. Geburtstag seines Schwagers Alexander Zemlinsky vollendet werden[13], der Mattsee Ende Juli besuchen wollte. Schönberg war durch die unerfreulichen Begleitumstände und die Organisation der Übersiedlung an eine andere Destination verständlicherweise in seiner Konzentration erheblich beeinträchtigt: »Mattsee war eine große Störung. Viel kostbare Arbeitszeit hat mir das geraubt und ganz aus dem Schwung gebracht hats mich.«[14]

Eine Konstante in der Biographie des Komponisten ist seine ostentative Distanzhaltung gegenüber öffentlichen Äußerungen, die den Juden Schönberg als Opfer darstellten. Zwei Briefstellen aus der Zeit des »Mattsee-Ereignisses« geben hiervon einen Eindruck:

> Ich dürfte Mattsee in der nächsten Zeit verlassen. Die Gründe dafür werden Sie ja schon durch die ekelhafte Pressenotiz erfahren haben. Ich bitte Sie – – – obwohl ich überzeugt bin, dass Sie mich gut genug kennen, um meinen Standpunkt: meine Privatangelegenheiten gehen die Oeffentlichkeit […] nichts an, erraten [zu] haben, ohne dass ich es Ihnen sagen muss sich darüber nicht weiter zu äußern. Wahrscheinlich hat irgend ein Sommerfrischling das auf dem Gewissen, dass ich jetzt unschuldig durch alle Zeitungen des In- und Auslandes geschleift werde, wo ich es so gut verstehe derlei hinzunehmen ohne einen Ton laut werden zu lassen.[15]
> Unangenehm ist mir besonders, dass diese Sache durch die Zeitungen des In- und Auslandes geht.[16]

Die »ekelhafte Pressenotiz« bezieht sich entweder auf die Auslassung in der *Salzburger Chronik* oder auf eine Meldung in der ideologisch rechts positionierten Zeitung *Reichspost. Unabhängiges Tagblatt für das christliche Volk*, worin in hämischem Ton von Schönbergs misslicher Lage im Salzkammergut berichtet wurde.[17] Gegenüber Schülern versuchte dieser das Thema herunter zu spielen bzw. aus der Kommunikation weitgehend auszusparen. Matthias Henke spricht in diesem Zusammenhang von »Diskretions-Gebot«[18]. Der verfolgte Jude hatte auf seinen »Glaube[n] an Schutz durch Leistungen«[19] vertraut und wollte sich nur als Künstler der Öffentlichkeit stellen.

Etwa eine Woche nach der Übersiedlung nach Traunkirchen, wo er den restlichen Sommer und Frühherbst verbringen sollte, ereignete sich am 24. Juli 1921 ein bedeutsamer Moment in der Musikgeschichte: erstmals erprobte Schönberg an dem Präludium der *Suite für Klavier* op. 25 neuartige kompositorische

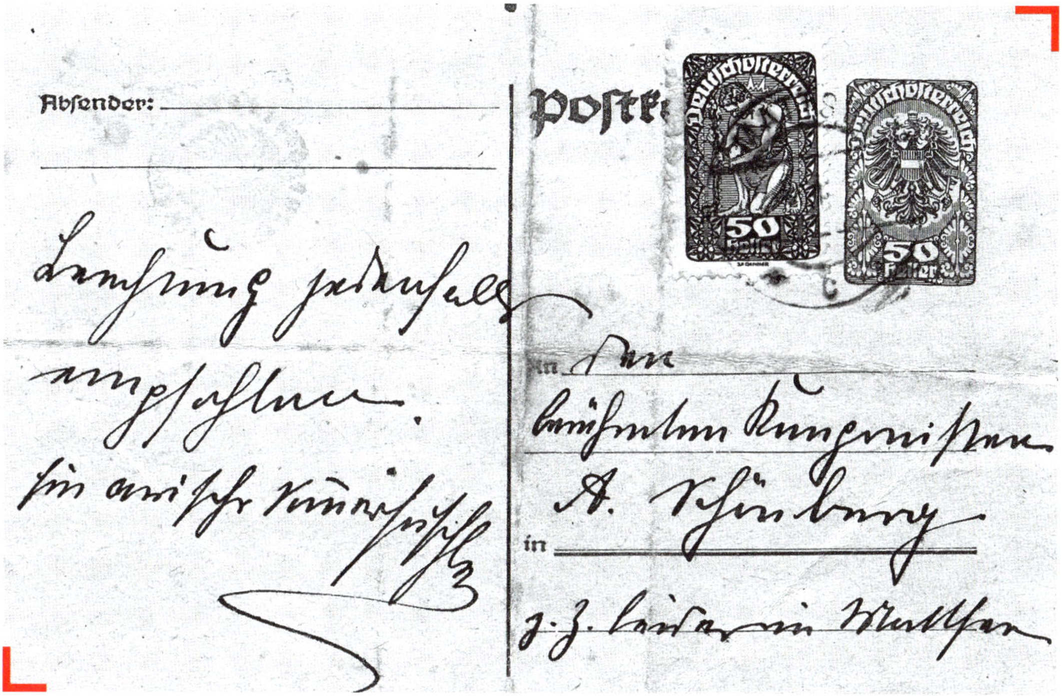

Abb. 2: Anonymer Brief an Arnold Schönberg in Mattsee, 5. Juli 1921

Organisationsprinzipien. Mit der später als »Methode der Komposition mit zwölf nur aufeinander bezogenen Tönen« (Zwölftonmethode oder Dodekaphonie) bekannt gewordenen Technik ebnete sich ihr Vordenker einen geschichtsträchtigen Platz in der deutschen Musiktradition, der er sich im Künstlerischen evolutionär verpflichtet fühlte. Dieser Voraussetzung bewusst, verfasste er ein an Alma Mahler gerichtetes Bekenntnisschreiben (Abbildung 3), in dem er zum einen die neue Methode ideologisch überhöhte, zum anderen seine schöpferische Leistung in Relation zur Vertreibung aus Mattsee setzte:

> Liebe hochverehrte Freundin, nur um rasch ein Lebenszeichen zu geben und dir für deinen so lieben Brief zu danken. Rasch: denn, nach dem ich meinen Mattseer Mitmenschen – Ewig=Zeitgeisteskranken – einen Tribut an Geld (an sehr viel Geld) und was noch mehr ist: an Arbeitszeit (3 Wochen) gezahlt habe, habe ich wieder zu arbeiten begonnen. Was ganz Neues! Die Deutscharier, die mich in Mattsee verfolgt haben, werden es diesem Neuen (speciell diesem) zu verdanken haben, dass man sogar sie noch 100 Jahre lang im Ausland achtet, weil sie dem Staat angehören, der sich neuerdings die Hegemonie auf dem Gebiet der Musik gesichert hat! [20]

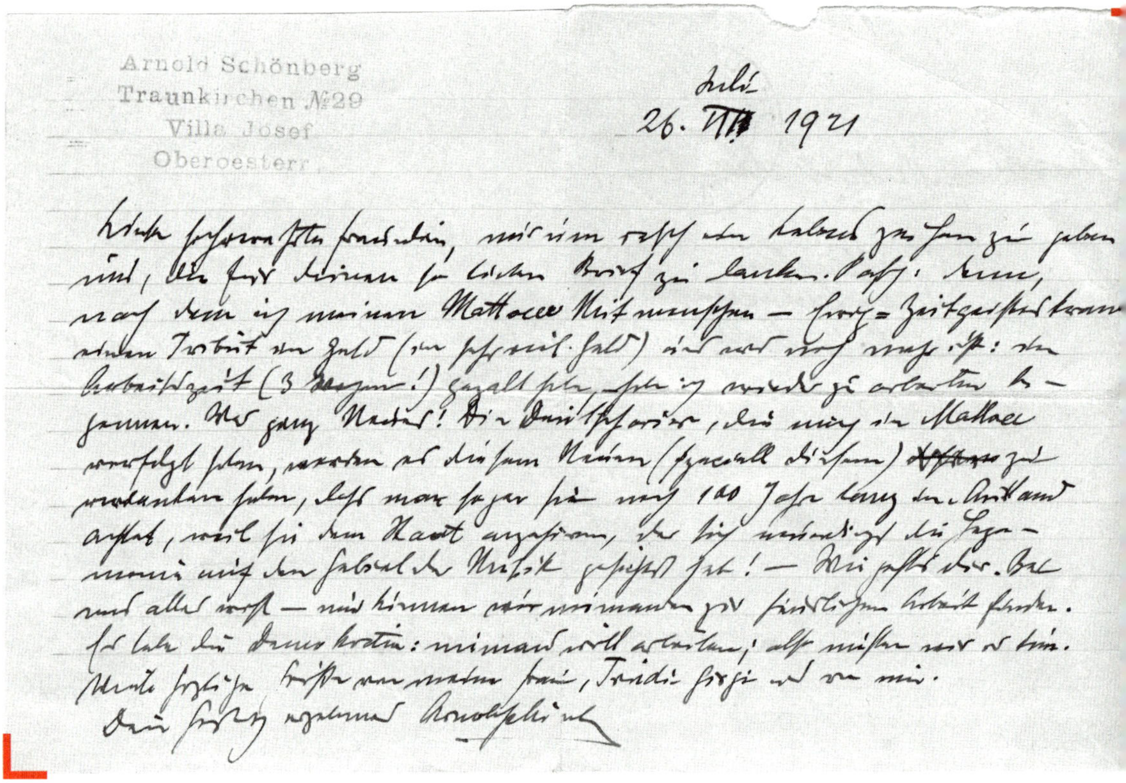

Abb. 3: Arnold Schönberg an Alma Mahler, 26. Juli 1921

Schönberg versuchte die kompositionstechnische Bedeutung fortan kulturpolitisch zu legitimieren. Die Vertreibung aus Mattsee veranlasste ihn, sich selbst als Apologet einer konservativen Kulturrevolution auszurufen, in dem er verkündete, er habe »etwas gefunden, das der deutschen Musik die Vorherrschaft für die nächsten hundert Jahre sichere.« Diese, von seinem Schüler Josef Rufer[21] überlieferte, Aussage wurde in der Forschung oftmals als demagogisch interpretiert. Schönberg empfand sich jedoch als tief in der deutschen Kultur verwurzelt, seine kompositionstechnischen Errungenschaften seien dazu angetan, der – in seinen Augen – schwindenden Vorherrschaft der deutschen Musik durch angelsächsische und französische Einflüsse[22] entgegen zu wirken. Für seine Kunsttheorie erweist sich die deutsche Musik als ein Mythos zur Mobilisierung des eigenen schöpferischen Potentials. Die in der Sommerfrische ausgelöste Reflexion nationaler, religiöser, jüdischer Fragestellungen zeigt eine deutliche Parallelentwicklung in der Legitimation der neuen Kompositionsmethode.

Für den Juden Schönberg musste sich die Frage der Nation auf ambivalente Weise stellen und der Zwiespalt von Verwurzelung in der deutschen Kultur gegenüber seiner Identitätsfindung einen existentiellen Konflikt auslösen.[23] Er sah sich in den frühen 1920er Jahren mit der Diskrepanz konfrontiert, dass der von ihm bereits seit langem apostrophierte Begriff der Deutschen Musik, des Deutschen überhaupt, von den Nationalsozialisten instrumentalisiert wurde, wodurch er gezwungen war, sich selbst mehr oder weniger radikal innerhalb dieses Traditionsstranges zu positionieren. Man kann in diesem Zusammenhang von Ambivalenzen des Begriffs »deutsch« sprechen, und zwar in seiner musikalischen bzw. musikpolitischen Dimension auf der einen und im rassischen Sinne auf der anderen Seite.[24]

Sämtliche Aussagen Schönbergs zur Hegemonie der deutschen Musik zeigen, dass Religiöses, Nationales und Künstlerisches unter dem Primat der Kunst spezifisch verschränkt sind. Unter den möglichen Dominanzen von Religion, Nation oder Kunst verbleibt jene der Kunstautonomie. In der Auffassung des Zusammenhangs zwischen Nationalidee und Kunstreligion stand Schönberg ganz in der Tradition Richard Wagners. Potentiell war ein solcher Zusammenhang angelegt durch die stärker künstlerisch-kulturelle als staatlich-rechtliche Bestimmung des deutschen Nationenbegriffs.

> Jedes Volk kann die Hegemonie in der Kunst erwerben. Das scheint nicht einmal von der wirtschaftlichen oder militärischen Uebermacht ab zu hängen. […] Nur eine Macht scheint hier bei der internationalen Durchsetzung ausschlaggebend zu sein: die Macht des Genies, die Macht des Gedankens, die Kunst der Darstellung. […] es ist also merkwürdig, dass noch niemand beachtet hat, dass in meiner Musik, die vom Ausland unbeeinflusst auf deutschem Boden entstanden ist, eine Kunst vorliegt, die, wie sie den Hegemoniebestrebungen der Romanen und Slawen aufs Wirksamste entgegentritt, durchaus den Traditionen der deutschen Musik entsprungen ist. […] Ich maße mir das Verdienst an, eine wahrhaft neue Musik geschrieben zu haben, welche, wie sie auf der Tradition beruht, zur Tradition zu werden bestimmt ist.[25]

Schönberg unterschied klar zwischen Deutschland als mehr und mehr faschistisch indoktriniertem Land und der Kulturnation per se: In einer brieflichen Mitteilung vom Juli 1922 informiert er seinen Schüler Erwin Stein, dass er in Deutschland keine Engagements annehme, »solange es Hakenkreuze gibt«[26] und noch 1924 lässt er die deutsche Sängerin und Schauspielerin Albertine Zehme wissen, er könne sich nicht vorstellen »in das Deutschland der Hakenkreuzler anders, als zur Durchreise zu kommen.«[27]

Arnold Schönberg (Abbildung 4) zählt zu jenen politisch engagierten Intellektuellen, welche die Vernichtungspläne des Deutschen Nationalsozialismus und dessen dogmatische Grundlagen bereits in seinen Anfängen um 1920 erkannten und kommentierten – lange bevor der Holocaust erstmals Gegenstand publizistischen Interesses und geschichtsphilosophischen Diskurses[28] wurde. Seine ästhetische Reflexion der Zeitgeschichte geht in seinen soziopolitischen, religiös-ethischen und feuilletonistischen Schriften bereits auf die frühen 1920er-Jahre zurück. Die seismographische Beobachtung der fortschreitenden Radikalisierung durch den erstarkenden Nationalsozialismus und dessen innerer Dynamik sowie die Thematisierung eigener jüdischer Identität lässt sich zunächst durch die konzeptionellen Vorstudien zum zionistischen Sprechdrama *Der biblische Weg* (1922–23)[29], sowie die Korrespondenz mit dem seit über einem Jahrzehnt befreundeten Maler Wassily Kandinsky aus dieser Zeit nachvollziehen, der sich als Bauhaus-Mitglied angeblich antisemitisch und negativ über die Bestellung Schönbergs als Kompositionsprofessor nach Weimar geäußert hatte:

> Weil ich noch nicht gesagt habe, dass ich zum Beispiel, wenn ich auf der Gasse gehe und von jedem Menschen angeschaut werde, ob ich ein Jud oder ein Christ bin, weil ich da nicht jedem sagen kann, dass ich derjenige bin, den der Kandinsky und einige andere ausnehmen, während allerdings der Hittler dieser Meinung nicht ist. […] Hat ein Kandinsky nicht zu ahnen, was wirklich passiert ist, dass ich meinen ersten Arbeitssommer nach 5 Jahren unterbrechen musste, den Ort verlassen, an dem ich Ruhe zur Arbeit gesucht hatte, und die Ruhe dazu nicht mehr zu finden imstande sein konnte? Weil die Deutschen keinen Juden dulden! […] Wozu aber soll der Antisemitismus führen, wenn nicht zu Gewalttaten? Ist es so schwer, sich das vorzustellen? Ihnen genügt es vielleicht, die Juden zu entrechten. Dann werden Einstein, Mahler, ich und viele andere allerdings abgeschafft sein.[30]

Unter »Abschaffung« mag auch physische Vernichtung gemeint sein. In den 1920er-Jahren eskalierte der dezidiert gegen die Person Schönbergs gerichtete Antisemitismus auf mehreren Ebenen. Es ist nicht nur das Jahrzehnt des »Mattsee-Ereignisses«, sondern auch das Jahrzehnt der Instrumentalisierung Schönbergs für die propagandistischen Ziele deutschtümelnder Musikschriftsteller, es ist das Jahrzehnt, in dem sich der Jude Schönberg bereits früh mit dem Nationalsozialismus und der Figur Adolf Hitlers auseinandersetzt, es ist das Jahrzehnt der literarischen Verarbeitung nationaler, politischer und religiöser Themen und schließlich ein Jahrzehnt, in dem die in den 1910er-Jahren gewonnene Erkenntnis der Assimilationsutopie um die Antizipation von gegen Juden gerichteter Gewalt vermehrt wird. Am 26. April 1923 verfasste Schönberg in Mödling einen Text, der sich mit einer von Adolf Hitler in München proklamierten antisemitischen Hetze befasste. Der Komponist analysierte darin den Mythos von der »jüdischen Protektionswirtschaft, die den Juden fördert« und stellte ausgehend von der Feststellung, dass er einen künstlerischen Rang erworben hatte, welcher wohl kaum allein auf sein Judentum zurückgeführt werden könnte, die polemische Frage: »Sollte Einstein die Relativitätstheorie unentdeckt lassen, weil sonst die Gefahr einer jüdischen Weltherrschaft entsteht?«[31]

Vom 18. bis 31. August 1925 fand in Wien der XIV. Zionistenkongress statt, der zu antisemitischen Demonstrationen Anlass gab, bei denen unter anderem der »jüdische Weltversklavungsplan«[32] und der »der Triumph der Juden über die

Abb. 4: Arnold Schönberg in Traunkirchen, 1922

Unterjochung der Völker, besonders aber des deutschen Volkes«[33] zur Sprache kam und man in Wien von antisemitischer Seite in nationalsozialistischen Versammlungen offen die »Entfernung sämtlicher Juden aus Aemtern und Behörden«[34] forderte. Es ist die Zeit, in der sich Schönberg eingehend mit dem Zionismus auseinandersetzt, aber auch mit seiner Rolle als Jude innerhalb der deutschen Kunstmusik. In einem Brief an Albert Einstein liest man:

> Während ich aber nun im Ausland mindestens als der führende Musiker gelte, ist man unbegreiflicherweise in Deutschland gerne bereit auf die Vorherrschaft in der Musik zu verzichten, wenn man nur damit verhindert, dass sie an meinen Namen anknüpft. Darin, in dem Hass gegen mich, sind Juden und die zuständigen Hakenkreuzler eines Sinnes.[35]

Schönberg bezieht sich in seiner Bemerkung über die Gesinnungsgleichschaltung zwischen Juden und Hakenkreuzlern vermutlich auf einen Beitrag des jüdischen Kritikers Martin Friedland, der Schönberg vorwarf, er gestalte »den Konzertsaal zum psychiatrischen Hörsaal« um, und empfahl, er möge ihn isolieren, um »die Ausbreitung des Krankheitsstoffes«[36] zu verhindern. Es ist das Jahr seiner Berufung als Vorsteher einer Meisterklasse für Komposition an die Preussische Akademie der Künste in Berlin. Die Vertragsunterzeichnung fand am 28. August 1925 in Wien statt. In den Wiener Hakenkreuztenor, der sich um den zeitgleich stattfindenden Zionistenkongress rankte, fallen gleich gestimmte Worte ein, die sich mit der Berufung des Juden Schönberg nach Berlin befassen. Alfred Heuß, Herausgeber der Zeitschrift für Musik, der sich ab Anfang der 1920er-Jahre mit dem Fall Schönberg befasst hatte, prangerte an, dass es »einem künstlerischen Vergehen schwerster Art gleichkomme, diesen Mann an einer sichtbarsten Stelle zu einem offiziellen Erzieher in der deutschen Musik zu machen«[37]. Der Autor spricht dem designierten Kompositionsprofessor das Recht ab, sich in den Kanon deutscher Musikkultur einzureihen; die von Schönberg verbreiteten »Irrlehren« stünden in direktem Verhältnis zu dessen »spezifisch jüdische[m] Wesen«, »der Jude als fanatischer Führer« ebne »nichts anderes als den

Abb. 5: Brigitte, Bertel und Heinrich Schönberg, Mattsee 1930

Weg zum Untergang«[38]. Heuß zählte in dieser Zeit »zu den prominentesten und einflussreichsten Musikkritikern der Weimarer Republik«[39].

Anfang 1926 übersiedelte Schönberg mit seiner zweiten Frau Gertrud Kolisch an seinen neuen Dienstort Berlin. Dort entstanden neben der Fragment gebliebenen Oper *Moses und Aron* schriftstellerische Arbeiten, Chorstücke und Kammermusik und auch eine Reihe von Orchesterwerken unterschiedlicher Genres. Das Schauspiel *Der biblische Weg* ist eine der umfangreichsten literarischen Arbeiten Schönbergs aus dieser Zeit und als reines Sprechdrama ohne musikalischen Hintergrund ein Sonderfall in seinem Œuvre. Die Entstehung des dreiaktigen Dramas erstreckt sich zwischen 1926 und Juli 1927, die Konzeption geht jedoch bereits auf 1922/23 zurück. Abgesehen von den frühen Schriften zu jüdischen Fragen ist der Dramentext die erste umfassende Auseinandersetzung mit jüdischer Politik, jüdischem Glauben und der Volkwerdung des Judentums. *Der biblische Weg* spiegelt zum einen die Erfahrung selbsterlebten Antisemitismus wider, zum anderen die Auseinandersetzung mit der eigenen Herkunft. Das Schauspiel verweist – direkt oder indirekt – immer wieder auf seine alttestamentarischen Grundlagen. Die Geschichte Israels, der Auszug aus Ägypten und der Bund zwischen Gott und seinem auserwählten Volk sind präsent, ohne das Drama konkret in biblischer Zeit anzusiedeln. Voraussetzung für den Hauptgegenstand des Theaterstücks – die Gründung des jüdischen Staates – ist die Verheißung des gelobten Landes. Ziel der Neupalästina-Bewegung ist die Vorbereitung zur Landnahme in Palästina und die Erfüllung des »Gedankens des einzigen, ewigen, unsichtbaren und unvorstellbaren Gottes« (I. und III. Akt). Die Errichtung eines jüdischen Staates in Amongäa vergleicht Schönberg mit der Wüstenwanderung der Israeliten. Wie sich die Grundzüge des Schauspiels an die alttestamentarische Gedankenwelt anlehnen, so vollzieht sich auch der äußere Handlungsablauf: Aruns kann den Auszug seines Volkes aus der Diaspora zwar noch organisieren – so wie Mose einst sein Volk aus Ägypten führte –, stirbt aber am Ende des III. Aktes, gleich Mose, vor dem Einzug in das gelobte Land. Stattdessen leitet die Figur Joseph Guido das Neupalästina-Projekt weiter, so wie Josua das Erbe Moses übernahm und Israel nach Kanaan führte. Der Gedanke der Auserwähltheit, der hier durch die Figur Aruns verkörpert ist, wird später als zentrales Theorem in der Oper *Moses und Aron* aufgegriffen. Zwischen dem *Biblischen Weg* und *Moses und Aron* bestehen enge Bezüge, wenngleich die Gegenwartsnähe des Schauspiels in der Oper aufgegeben wird, um die jüdische Frage religiös umgedeutet weiter auszuarbeiten. In übertragenem Sinne stellt die Oper einen theologischen Kommentar des Dramas dar. Hauptfrage beider Werke ist, wie Volkwerdung und Erfüllung der Verheißung bewerkstelligt werden können. Das Bekenntnis zum Monotheismus ist hierbei – wie auch in Schönbergs religiösem Spätschaffen, insbesondere in *A Survivor from Warsaw* – ausschlaggebend. In *Moses und Aron* verlagert der Autor und Komponist die Idee einer praktikablen Verwirklichung der Einigung, welche im Drama exponiert wird, auf die Ebene der Theologie.[40]

Nach der Machtergreifung Adolf Hitlers wurde Schönberg im Frühjahr 1933 aus rassischen Gründen von seiner Funktion als Professor einer Meisterklasse für Komposition an der Akademie der Künste in Berlin entbunden bzw. »beurlaubt«, wie die *Salzburger Chronik* Ende Mai 1933 berichtete[41]. Im Juli 1933 kehrte er innerhalb eines mehrmonatigen Exils in Frankreich in Paris zum Judentum zurück.[42] Die Erteilung eines Lehrauftrags an einem neu gegründeten Musikkonservatorium an der amerikanischen Ostküste ermöglichte ihm im Herbst jenes Jahres die Emigration in die Neue Welt. Nach seiner Landung in den USA im Oktober 1933 benannte Schönberg die Periode nach dem »Mattsee-Ereignis« als jene seiner ideellen Rückkehr zum Judentum. Er habe sich zuvor jedoch nie gänzlich der Wurzeln seiner Väter entsagt und innerlich stets als Jude begriffen.

> Interviewed […] Mr. Schoenberg related in halting English how he happened to return to Judaism ten years ago after lifetime membership in the Lutheran Church. He was born of Jewish parents. ›I was always a Jew inside,‹ said Mr. Schoenberg. ›Ten years ago I decided that I could not do without Judaism. I was readmitted officially into the fold at Paris a few months ago.‹[43]

Wie der Komponist am 12. Mai 1934 in einem Brief an einen befreundeten Theologen bekannte, wurde seine Rückbesinnung auf das Judentum bereits durch die gesellschaftspolitischen Auswirkungen des Antisemitismus im Ersten Weltkrieg ausgelöst, auch das Erlebnis in Mattsee habe ihn »wachgerüttelt«: Sie lehrten ihn die »Unhaltbarkeit der Assimilationsversuche«.[44]

Arnold Schönberg war in der »Judenfrage« selbsterklärt konservativ, antiliberal und leitete sein Judentum vom Monotheismus ebenso her wie vom Theorem der Auserwähltheit, welche ihm in späteren Jahren ein unantastbares Erklärungsmodell für den Antisemitismus lieferte: »Der Antisemitismus ist Gottgesandt, ist bestimmt, uns wieder zu einem Volk zu machen!«[45] Dass die Überwindung des Antisemitismus nur aus einer geeinten Agitation gleicher Partner, also aus dem Inneren der Judenheit erfolgen könne, wurde sein politisches Credo – Resultat einer jahrzehntelangen jüdischen Erfahrung. 1898 hatte er mit der Konversion zum Protestantismus zeittypische Assimilationsschritte gesetzt. Der selbstkritische Rückblick auf den Religionsübertritt und die Erkenntnis von der Assimilationsutopie ging Anfang der 1930er-Jahre schließlich im Lösungsmodell einer jüdischen Einheitspartei auf. Im Oktober 1938 verfasste er nur wenige Monate nach dem sogenannten »Anschluß« Österreichs an Deutschland mit dem visionären Manifest *A Four-Point-Program for Jewry* einen Fokus seiner Leitgedanken zum Judentum. Das umfangreiche Aktionsprogramm, mit dem Ziel, einen unabhängigen Jüdischen Staat zu errichten, beruht auf der These des drohenden Genozids an den europäischen Juden, welche nur durch vereinten Widerstand verhindert werden könne:

> Gibt es Raum in der Welt für nahezu 7.000.000 Menschen? Sind sie zur Verdammnis verurteilt? Werden sie ausgelöscht werden? Ausgehungert? Geschlachtet? […] Was haben unsere jüdischen Führer, unsere jüdischen Männer mit Voraussicht getan, um dieses Desaster zu verhindern? […] Was haben sie getan, um Raum zu finden für die ersten 500.000 Menschen, die migrieren oder sterben müssen?[46]

Der Autor dieses Manifestes wusste längst, dass man auf der Notwendigkeit uneingeschränkt drastischer Darstellung der politischen Ereignisse in Nazi-Deutschland als probatem Mittel publizistischer Vermittlung beharren musste, zumal er bereits zu diesem Zeitpunkt über die Existenz von Konzentrationslagern informiert war. Der Gang der Geschichte sollte seine Thesen bestätigen: Alleine aus dem unmittelbaren Umfeld Schönbergs (Familie, Schüler, Freunde, künstlerische Weggefährten) wurden etwa 50 Personen ermordet, starben an den Folgen von Misshandlung oder auf dem Deportationsweg.

Noch nicht vollständig geklärt sind die Begleitumstände des Todes von Heinrich Schönberg (Abbildung 5, hier mit seiner Familie während eines Aufenthalts in Mattsee fotografiert). Der Bruder des Komponisten war aufgrund unbekannter Umstände zwischen 10. März und 23. April 1941 im Polizeigefangenenhaus in Salzburg inhaftiert und wurde dort gefoltert. Am 24. April wurde er mit einer

Blutvergiftung in das Salzburger Landeskrankenhaus eingeliefert und dort in den folgenden Wochen mehrfach operiert, zuletzt musste ein Arm amputiert werden. Heinrich erlag am 1. Juni 1941 seinen schweren Verletzungen. Aufgrund der Zensur – die Briefe von seiner Witwe Bertel Schönberg (geb. Ott) aus Salzburg waren vor 1945 geradezu bemüht neutral gehalten – erfuhr ihr Schwager in Los Angeles erst nach Kriegsende,[47] dass der Tod seines Bruders tatsächlich mit Gewalt in Zusammenhang stand, wenngleich er bereits zuvor einen begründeten Verdacht geäußert hatte: »Man weiss ja nicht, wer diese Blutvergiftungen verursacht – diese Bestien?«[48]

Arnold Schönberg war kein Philosoph und wurde dennoch zu einem kunstphilosophisch deutbaren Symbol für seine Epoche, war weder Zeithistoriker noch Politiker und hat dennoch in der künstlerischen wie analytischen Interpretation seiner sich um viele Koordinaten drehenden und sich exponentiell verändernden Gegenwart wesentliche Zeugnisse hinterlassen, die vor allem mittels seiner nachgelassenen Schriften und der darin vielfach formulierten Antizipation des Holocaust wesentliche Rückschlüsse auf sein visionäres Denken zulassen. Seine Kantate *Ein Überlebender aus Warschau* (Originaltitel: *A Survivor from Warsaw*) für Sprecher, Männerchor und Orchester, komponiert im Jahr 1947, bildete hierin einen Gipfelpunkt (Premiere 1948 in Albuquerque, österreichische Erstaufführung 1950 in Wien, Aufführungen bei den Salzburger Festspielen 1979 und 1988). Der Künstler schuf mit diesem Werk »das ästhetische musikalische Manifest unserer Epoche« (Luigi Nono)[49], einen Fokus des nationalsozialistischen Totalitarismus und dessen Überwindung durch die kollektive (jüdische) Identität im monotheistischen Glauben. Theodor W. Adorno propagierte den »authentischen Künstler« als jenen, in dessen »Werken das äußerste Werk nachzittert«[50] und sah im *Survivor* eine einzigartige Schöpfung, in der – erstmals in der Geschichte der Musik – das Grauen eine Stimme gefunden habe: »Schönbergs Ausdruckskern, die Angst, identifiziert sich mit der Angst der Todesqual von Menschen unter der totalen Herrschaft.«[51]

Die von Schönberg selbst verfasste Erzählung eines Überlebenden beschreibt das für die Organisation des nationalsozialistischen Terrors typische Szenario einer Appellselektion zur Bestandskontrolle und Ausmusterung zum Tode verurteilter Inhaftierter und greift hierbei signifikante Schemata des NS-Lageralltags auf. Sein literarisches Verfahren, das Warschauer Ghetto als symbolischen Ort durch Fokussierung auf eine räumlich unbestimmbare Episode aus dem Kontinuum eines weiter gefassten historischen Prozesses auszublenden, hat zur Folge, dass es faktisch unbestimmt bleibt. Nicht die Authentizität des Details jedoch, sondern dessen Verständnis ist für Lesart und Deutung des Vernichtungsterrors als Signatur moderner Gesellschaftsgeschichte von Belang:

> Also, was der Text des ›Überlebenden‹ für mich bedeutet: er bedeutet zunächst eine Warnung an alle Juden, niemals zu vergessen, was uns angetan wurde, niemals zu vergessen, dass selbst jene, die nicht aktiv daran mitgewirkt haben, Zustimmung zeigten und es sogar notwendig fanden, wie

> mit uns umgesprungen wurde. Wir sollten das niemals vergessen, sogar wenn es sich nicht genau so abgespielt hat, wie ich es im ›Überlebenden‹ darstelle. Das spielt keine Rolle. Die Hauptsache ist, dass ich es in meiner Vorstellung so gesehen habe.[52]

Die Sprache und deren Traditionsstränge spielen eine bedeutende Rolle in der Komposition. Neben dem Überlebenden (Sprecher), der aus der Ich-Perspektive erzählt, wird mit dem Befehlshaber (Feldwebel) eine zweite Personalebene eingeführt. Zu Englisch als Protokollidiom tritt Deutsch (preußischer Färbung) in der direkten Rede der Kommandantur. Die namenlose Menge Inhaftierter (Männerchor), die zur Vernichtung in den Gaskammern selektiert werden, intonieren ihren Gesang in hebräischer Sprache: Im Schlusschor vertont Schönberg das jüdische Glaubensbekenntnis *Höre Israel* (*Shema Yisroel*), das eine bedeutende Rolle im Leben des gläubigen Juden einnimmt. Schönbergs Interpretation des Glaubensbekenntnisses sind drei Koordinaten zueinander in Beziehung gesetzt: das Bekenntnis zum Monotheismus, die Bedeutung der Religion für den assimilierten Juden und die Thematisierung jüdischer Identität. Die in der Korrespondenz mehrfach belegte Aussage, der Text stelle »sehr aufregenderweise eine Szene aus dem Warschauer Ghetto«[53] dar, lässt sich am Text durch eine Interferenz verschiedenster Raum- und Zeitstrukturen nur bruchstückhaft nachvollziehen. Schönberg stellte hier vielmehr das metaphorische Begreifen über die topographisch-historische Authentizität. Literarische und historische Wahrheit sind in der Textvorlage nicht voneinander zu trennen, die Moralisierung der Geschichte dient vielmehr dem Zweck eines Appells an das kollektive Gedächtnis der Gesellschaft. Mit einem der berühmtesten und zugleich bewegendsten Bekenntniswerke der Musikgeschichte schließt sich der Kreis mit einem denkwürdigen Erlebnis im Salzkammergut.

Unmittelbar nach Kriegsende wurde der im kalifornischen Exil lebende Komponist eingeladen, seine Geburtsstadt zu besuchen. Eine Einladung, die er aufgrund seiner schlechten gesundheitlichen Verfassung nicht annehmen konnte. Anlässlich seines 75. Geburtstages am 13. September 1949 wurde Schönberg auf der Österreichischen Botschaft in Los Angeles der Ehrentitel »Bürger der Stadt Wien« verliehen. In seinem an den Bürgermeister der Stadt Wien, Theodor Körner, gerichteten Dankesschreiben, bekräftigte der Jubilar seine Verbundenheit mit der alten Heimat:

> Mit Stolz und Freude empfing ich die Nachricht von der Verleihung des Bürgerrechts der Stadt Wien an mich. Es ist dies ein neues, oder eigentlich ein erneutes Band, das mich dem Platz, der Natur, dem Wesen wieder annähert, wo die Musik geschaffen wurde, die ich immer so geliebt habe, und an die anzuschliessen – nach Massgabe meines Talents – mein grösster Ehrgeiz immer war.
>
> Ich darf wohl die Hoffnung nähren, diese Ehrung, die mir Bürgermeister und Senat der Stadt Wien erwiesen haben, beruhe auf der Anerkennung

solch heissen Wunsches, und der Intensität, mit der ich gestrebt habe – wie wenig das auch sein möge – immer mein Bestes zu geben.[54]

Eine späte, wenn auch posthume Heimkehr nach Österreich war Schönberg dennoch beschieden: 1974 wurde seine Urne in einem Ehrengrab am Wiener Zentralfriedhof beigesetzt. Sein umfangreicher Nachlass kam 1998 als Schenkung seiner Kinder Nuria Schoenberg Nono (Venedig), Ronald und Lawrence Schoenberg (Los Angeles) nach Wien und wird seitdem an der Arnold Schönberg Center Privatstiftung im Palais Fanto am Schwarzenbergplatz bewahrt. Der Schönberg-Nachlass ist seit 2011 Weltdokumentenerbe der UNESCO.

Endnoten

1 Der vorliegende Beitrag beruht auf einem in drei Teilen publizierten Forschungsprojekt, dessen 1. Teil in einem Kongressbericht des Arnold Schönberg Center vorgelegt wurde. Vgl. Therese Muxeneder: Arnold Schönbergs Konfrontationen mit Antisemitismus (I), in: *Journal of the Arnold Schönberg Center* 14/2017. Hrsg. von Eike Feß und Therese Muxeneder. Wien 2017, p. 11–32.
Vgl. stellvertretend den konzisen Beitrag von Matthias Henke: Antisemitische Erfahrung und kompositorische Reflexion. Arnold Schönberg, Mattsee und *A Survivor from Warsaw*, in: *Jüdische Musik? Fremdbilder – Eigenbilder*. Hrsg. von Eckhard John und Heidy Zimmermann. Köln, Weimar, Wien 2004, S. 119–148 (Reihe Jüdische Moderne 1).

2 Arnold Schönberg an Stephen S. Wise, 12. Mai 1934 (American Jewish Archives, Jewish Institute of Religion, Hebrew Union College, Cincinnati [Stephen S. Wise Collection]).

3 Michael Pollak: *Wien 1900. Eine verletzte Identität.* Konstanz 1997 (Édition discours 6).

4 Frank Stern und Barbara Eichinger: Einleitung. Wien und die jüdische Erfahrung 1900–1938, in: *Wien und die jüdische Erfahrung 1900–1938. Akkulturation – Antisemitismus – Zionismus.* Hrsg. von Frank Stern und Barbara Eichinger. Wien, Köln, Weimar 2009, S. XVI.

5 Zur Definition der Begriffsfelder sei verwiesen auf Klaus Hödl: Wiener Juden – jüdische Wiener. Identität, Gedächtnis und Performanz im 19. Jahrhundert. Innsbruck, Wien, Bozen 2006, S. 30 ff. (Schriften des Centrums für Jüdische Studien 9).

6 Zu Schriften und Kompositionen Schönbergs, welche dieser Themenstellung – auch in politischem Kontext – gewidmet sind, vgl. die umfassenden Studien von Michael Mäckelmann: *Arnold Schönberg und das Judentum. Der Komponist und sein religiöses, nationales und politisches Selbstverständnis nach 1921*. Hamburg 1984 (Hamburger Beiträge zur Musikwissenschaft 28) sowie Alexander L. Ringer: *Arnold Schoenberg: The Composer as Jew*. Oxford 1990.

7 Eine wahre Erquickung, in: *Reichspost* 27/213 (4. August 1920), S. 5.

8 Siehe Anmerkung 2.

9 Dieser Hinweis bezog sich auf folgenden Artikel Mattsee und die Judenfrage, in: *Salzburger Chronik* 57/149 (5. Juli 1921), S. 1f. Das konservative Blatt hatte bereits 1913 auf einer Titelseite die Notwendigkeit einer »judenreinen« Sommerfrische in Folge einer »Ausartung des Fremdenverkehrs« (Stichwort: »Judenkolonien«) proklamiert; vgl. »Die Fremden«, in: *Salzburger Chronik* 49/143 (26. Juni 1913), S. 1.

10 Anonymer Absender an Arnold Schönberg, 5. Juli 1921 (The Library of Congress, Washington D.C. [Arnold Schoenberg Collection]).

11 Fremdensaison, in: *Salzburger Chronik* 58/173 (1. August 1922), S. 3.

12 Die Fremdensaison in Mattsee, in: *Salzburger Chronik* 60/162 (17. Juli 1924), S. 3.

13 Arnold Schönberg über Zemlinsky, in: *Der Auftakt* 1/14–15 (1921), S. 228–230.

14 Arnold Schönberg an Alban Berg, 9. August 1921 (Österreichische Nationalbibliothek, Wien [Fonds 21 Berg]).

15 Arnold Schönberg an Emil Hertzka, 8. Juli 1921 (Arnold Schönberg Center, Wien [Universal Edition Collection]).

16 Arnold Schönberg an Emil Hertzka, 17. Juli 1921 (ebenda).

17 Eine judenreine Sommerfrische, in: *Reichspost* 28/183 (6. Juli 1921), S. 4.

18 Matthias Henke: Antisemitische Erfahrung und kompositorische Reflexion, s. Anm. 1, S. 136.

19 Arnold Schönberg: Entwurf einer Rede, Oktober 1934 (Arnold Schönberg Center, Wien [T15.04]).

20 Brief vom 26. Juli 1921 (Arnold Schönberg Center, Wien [Marina Mahler Collection]).

21 Josef Rufer: *Das Werk Arnold Schönbergs*. Basel, London, New York 1959, S. 26.

22 »*Damit ist also für Schenker das deutsche Genie zuende und das ist es ja, was die Franzosen und Engländer (zum Teil) auch glauben machen möchten! Weil Schenker ihnen sagt, das die Deutschen seit Brahms (Wagner u[nd] Liszt sind ohnedies ausgeschlossen) kein Genie mehr hervorgebracht haben, meinen sie, dass die Hegemonie in der Musik nun auf die Franzosen oder Engländer übergehen werde!*« Schönbergs Randglossen zu einem Artikel von Heinrich Schenker: Von der Sendung des deutschen Genies, in: *Der Tonwille* 1 (1921), S. 18 (Arnold Schönberg Center, Wien [P16]).

23 Vgl. Martina Sichardt: Deutsche Kunst – jüdische Identität. Arnold Schönbergs Oper »Moses und Aron«, in: *Deutsche Meister – böse Geister? Nationale Selbstfindung in der Musik*. Hrsg. von Hermann Danuser und Herfried Münkler. Berlin 2001, S. 370.

24 Vgl. Hermann Danuser: Arnold Schönberg und die Idee einer deutschen Musik, in: *Das Deutsche in der Musik. Kolloquium im Rahmen der 5. Dresdner Tage der Zeitgenössischen Musik vom 1. bis 10. Oktober 1991*. Hrsg. von Marion Demuth. Leipzig 1997, S. 30; sowie Constantin Floros: Die Wiener Schule und das Problem der »deutschen Musik«, in: *Die Wiener Schule und das Hakenkreuz. Das Schicksal der Moderne im gesellschaftspolitischen Kontext des 20. Jahrhunderts*. Hrsg. von Otto Kolleritsch. Wien, Graz 1990, S. 35–50 (Studien zur Wertungsforschung 22).

25 Arnold Schönberg: Nationale Musik, 24. Februar 1931 (Arnold Schönberg Center, Wien [T 35.39]).

26 Arnold Schönberg an Erwin Stein, 7. Juli 1922 (The Library of Congress, s. Anm. 10).

27 Arnold Schönberg an Albertine Zehme, 26. Mai 1924 (ebenda).

28 Vgl. Enzo Traverso: *Auschwitz denken. Die Intellektuellen und die Shoah*. Hamburg 2000.

29 Zur Datierung vgl. Arnold Schönbergs Brief an Alban Berg vom 16. Oktober 1933 (Österreichische Nationalbibliothek, Musiksammlung, Fonds 21 Berg); veröffentlicht in: Arnold Schoenberg: *Briefe. Ausgewählt und herausgegeben von Erwin Stein*. Mainz 1958, S. 200 f.

30 Arnold Schönberg an Wassily Kandinsky, 4. Mai 1923 (The Library of Congress, s. Anm. 10); veröffentlicht in: *Arnold Schönberg – Wassily*

Kandinsky. Briefe, Bilder und Dokumente einer außergewöhnlichen Begegnung. Hrsg. von Jelena Hahl-Koch, mit einem Essay von Hartmut Zelinsky. Salzburg 1980, S. 93 und 96.

31 Arnold Schönberg Center, Wien (T02.20).
32 Plakat *Antisemiten aller Parteien! Sklavenhandel!* (Österreichische Nationalbibliothek, Wien) http://data.onb.ac.at/rec/baa15874173 (Zugriff 22.09.2017).
33 Plakat *Der Zionisten-Kongress nähert sich. Die arisch-christliche Bevölkerung wandert in die Kerker!* (Österreichische Nationalbibliothek, Wien) http://data.onb.ac.at/rec/baa15874167 (Zugriff 22.09.2017).
34 Plakat *Massen-Versammlung* (Österreichische Nationalbibliothek, Wien) http://data.onb.ac.at/rec/baa15873795 (Zugriff 22.09.2017).
35 Arnold Schönberg an Albert Einstein, 1. Januar 1925 (Boston University [Einstein Center]).
36 Martin Friedland: Konzertsaal oder Psychiatrischer Hörsaal? Die Geburtstagsfeier eines lebend Toten, in: *Allgemeine Musik-Zeitung* 41 (1924), S. 741–743 (hier S. 742 ff.).
37 Alfred Heuß: Arnold Schönberg – Preußischer Kompositionslehrer, in: *Zeitschrift für Musik. Monatsschrift für eine geistige Erneuerung der deutschen Musik* (Oktober 1925), S. 583–585 (hier S. 583).
38 Ebenda, S. 584.
39 Oliver Hilmes: *Der Streit ums »Deutsche«. Alfred Heuß und die Zeitschrift für Musik.* Hamburg 2003, S. 9.
40 Die Oper wurde bei den Salzburger Festspielen zuletzt 1987/88 (Regie: Jean-Pierre Ponnelle, Felsenreitschule) und 1996 (Regie: Peter Stein, Grosses Festspielhaus) aufgeführt.
41 Österreichische Künstler beurlaubt, in: *Salzburger Chronik* 69/125 (31. Mai 1933), S. 7.
42 Vgl. Rückkehr Schönbergs zum mosaischen Glauben, in: *Salzburger Volksblatt* 63/175 (1. August 1933), S. 6.
43 Always a Jew Inside, in: *Jewish Telegraphic Agency* (5. November 1933), o. S.
44 S. Anm. 2.
45 Arnold Schönberg: Judenfrage, 1933 (Arnold Schönberg Center, Wien [T15.09]).
46 Arnold Schönberg Center, Wien (T15.02); veröffentlicht in: *Journal of the Arnold Schoenberg Institute* 3/1 (März 1979), S. 49–67. Original Englisch: *»Is there room in the world for almost 7,000,000 people? Are they condemned to doom? Will they become extinct? Famished? Butchered? […] What have our Jewish leaders, our Jewish men with foresight, done to avert this disaster? […] What have they done to find a place for the first 500,000 people who must migrate or die?«*
47 Bertel Schönberg an Arnold Schönberg, 9. Juni 1946 (The Library of Congress, s. Anm. 10).
48 Arnold Schönberg an Gertrud Greissle, 29. Juli 1941 (The Library of Congress, s. Anm. 10).
49 Luigi Nono: *Text – Musik – Gesang,* in: *Texte, Studien zu seiner Musik.* Hrsg. von Jürg Stenzl. Zürich 1975, S. 47.
50 Theodor W. Adorno: *Jene zwanziger Jahre,* in: *Kulturkritik und Gesellschaft II. Eingriffe, Stichworte, Anhang.* Hrsg. von Rolf Tiedemann unter Mitwirkung von Gretel Adorno, Susan Buck-Morss und Klaus Schultz. Frankfurt am Main 1977, S. 506 (Gesammelte Schriften 10.2).
51 Theodor W. Adorno: *Arnold Schönberg, 1874–1951,* in: *Kulturkritik und Gesellschaft I. Prismen. Ohne Leitbild,* hrsg. von Rolf Tiedemann unter Mitwirkung von Gretel Adorno, Susan Buck-Morss und Klaus Schultz. Frankfurt am Main 1977, S. 180 (Gesammelte Schriften 10.1).
52 Arnold Schönberg an Kurt List (Bomart Music Publications), 1. November 1948 (The Library of Congress, s. Anm. 10). Original Englisch: *»Now, what the text of the Survivor means to me: it means at first a warning to all Jews, never to forget what has been done to us, never to forget that even people who did not do it themselves, agreed with them and many of them found it necessary to treat us this way. We should never forget this, even such things have not been done in the manner in which I describe in the Survivor. This does not matter. The main thing is, that I saw it in my imagination.«*
53 Arnold Schönberg an Peter Gradenwitz, 10. Januar 1948 (The Library of Congress, s. Anm. 10).
54 Arnold Schönberg an Theodor Körner, 5. Oktober 1949 (Arnold Schönberg Center, Wien [T77.08]).

Die Erinnerung ist das einzige Paradies,
aus dem wir nicht vertrieben werden können.

Jean Paul

Roland Peter Kerschbaum

Die biblische Botschaft als Kultur der Erinnerung
Erinnern: Menschliche Fähigkeit – Historische Notwendigkeit – Herzsache des Glaubens

Erinnerung als Teil des Menschseins – warum sich erinnern?

Erinnerung gehört zum Leben eines jeden Menschen. Jeder und jede hat Geschichte. Sie gehört ebenso zu Institutionen wie der Kirche oder einer konkreten Ortsgemeinde. Die allgemeine Erinnerungskultur hat sich gerade in den letzten Jahrzehnten augenscheinlich verstärkt. Historische Dokumentationen im Fernsehen, Ausstellungen zu Themen und Personen der Geschichte erleben einen regelrechten Boom (vgl. etwa 2016 die Ausstellungen zu Kaiser Franz Josef oder 2017 die Ausstellungen und Publikationen zu Maria Theresia als Beispiele). Diese »Lust« an Geschichte hat wohl vielfältige und verschiedene Gründe, die es zu beleuchten gilt. Warum ist das Erinnern modern, notwendig und wichtig[1]?

Oft begegnet der Appell etwa in Festreden, man müsse doch aus der Geschichte lernen. Lernen aus der Geschichte ist freilich kein einfacher Prozess, der Vergangenes einfach auf die Gegenwart überträgt[2]. Doch kann Geschichte helfen, Zusammenhänge zu erklären und der eigenen Herkunft von Dingen auf den Grund zu gehen. Diese Funktion der geschichtlichen Erinnerung begegnet bereits im Alten Testament, wo es im Buch Deuteronomium heißt: Denk an die Tage der Vergangenheit, lerne aus den Jahren der Geschichte[3]. (Dtn 32,7)

Geschichte kann in einer Zeit der Unsicherheit von Werten und Strukturen aber auch Ausdruck einer Identitätssuche bzw. einer Sehnsucht nach Heimat und Geborgenheit sein. Die Komplexität der Gegenwart verleitet manchmal zu einer Flucht in die Erinnerung an die so genannte »gute alte Zeit«. Doch hat wohl der französische Schriftsteller Anatole France (1844–1924) recht, wenn er einmal feststellt: »Nichts ist so sehr für die gute alte Zeit verantwortlich wie das schlechte Gedächtnis.«

Historische Erinnerung ist aber auch für viele Menschen heute ein schönes Hobby. Geschichte oder auch Kunstgeschichte sind beliebte Studienrichtungen für Seniorinnen und Senioren. Zudem ist die Ahnenforschung zu einem weit verbreiteten Betätigungsfeld geworden.

Im Sinne der Psychologie kann aber Erinnerung auch als Aufarbeitung verstanden werden. Die Auseinandersetzung mit der eigenen Vergangenheit ist Voraussetzung für ein geglücktes Menschsein. Wer um seine Wurzeln weiß und sie anschauen kann, lebt bewusster und auch besser. Das gilt für einzelne Personen genauso wie für Institutionen oder Staaten. So wie Wurzeln einem Baum Halt, einen festen Standpunkt und Nahrung geben, so ist Geschichte und die Erinnerung an sie letztlich ein Wurzelgrund des Lebens.

Im Motto der Mattseer Bildungswoche »Erinnern ist Leben, Last und Freude« stecken manche dieser angesprochenen Erinnerungsaspekte, die im weiteren Verlauf näher beleuchtet und mit biblischen Beispielen angereichert werden sollen. Erinnerung hat mit dem Leben, mit Geschichte, mit Lasten und Freuden zu tun. Erinnerung ist aber auch ein Glaubensthema, denn gerade das Judentum und das daran anknüpfende Christentum sind Kulturen einer lebendigen Erinnerung und der ständigen Vergegenwärtigung historisch vergangener, aber religiös gegenwärtiger Momente.

Erinnern – das Wort

Von seinem ursprünglichen Sinn bedeutet das Wort »erinnern« »machen, dass jemand etwas inne wird«[4]. Äußere Faktoren werden in das Innere geholt und mit dem Leben verknüpft. Erinnerung spielt sich deshalb nicht nur im Hirn als Gedächtnisleistung ab, sondern in den Tiefendimensionen des Inneren. Das kann das lateinische Wort für Erinnerung »recordatio« gut veranschaulichen, das übersetzt bedeutet: Die Zurückwendung ins Herz. Herz (hebräisch leb, griechisch kardia) bedeutet wie eine Radnabe die Mitte, um die sich alles dreht. Dieser biblische Begriff meint die Personmitte des Menschen, den Sitz seiner Emotionen, Gefühle, des Willens und aller Geisteskräfte, wodurch er zu einem unverwechselbaren Lebewesen wird[5]. Erinnern heißt so das Leben bedenken, beherzigen.

Im Buch Judit wird diese herzliche Erinnerung in Worte gekleidet, wenn es heißt: Die Erinnerung an dein Vertrauen soll in Ewigkeit nicht aus den Herzen der Menschen entschwinden, die sich an die Macht Gottes erinnern. (Jdt 13,19)

Heiße und kalte Erinnerung

Der französische Historiker Pierre Nora (geb. 1931) hat einmal von kalten und heißen Orten der Geschichte gesprochen[6]. Erinnerung kann so unter dem Gesichtspunkt persönlicher Betroffenheit und der Emotionen betrachtet und auf ihren Bedeutungswert für eine bestimmte Zeit, Gruppe oder Region hin gedeutet werden.

Kalte Geschichte ist eine Form der erinnernden Rückschau, die der Mensch mit wenig oder keiner Emotion verbindet. Der Zug von Julius Cäsar über die Alpen wird heutzutage ebenso wenige Gefühlsausbrüche hervorrufen wie die Erinnerung an das Essen bei der letzten Geburtstagsfeier.

Heiße Erinnerung ist aber hingegen immer mit Gefühlen und persönlicher Betroffenheit verbunden. Das Erinnern rutscht vom Hirn gleichsam in das Herz.

»Emmausmahl«. Öl auf Leinen, Johann Michael Rottmayr, 1712, Stiftsmuseum Mattsee

Dazu gehört die Erinnerung an persönliche Verletzungen oder Höhepunkte genauso wie etwa Momente der Geschichte, die bis heute Emotionen hoch gehen lassen oder noch immer Auswirkung auf die Gegenwart haben. So ist die Zeit des Zweiten Weltkrieges und des Nationalsozialismus noch oft genug mit Emotionen behaftet. Die Aberkennung von Ehrendoktoraten und die kritische Beleuchtung der Lebensgeschichte berühmter Persönlichkeiten während dieser Zeitepoche können dafür in Verbindung mit dem medialen Echo Fallbeispiele aus der jüngeren Vergangenheit liefern. Heiße Geschichte können aber auch positive Erlebnisse sein, wenn sich etwa Katholikinnen und Katholiken bis heute begeistert über das Zweite Vatikanische Konzil und seine Aufbrüche äußern. Heiße Erinnerungsgeschichten liefern auch viele Belegstellen in der Bibel:

So klagt die Witwe von Sarepta gegenüber Elija: Du bist nur zu mir gekommen, um an meine Sünde zu erinnern und meinem Sohn den Tod zu bringen. (1 Kön 17,18)

Als Jesus nach der Verleugnung des Petrus diesen anblickt, heißt es: Und Petrus erinnerte sich an das Wort, das der Herr zu ihm gesagt hatte. Ehe der Hahn kräht, wirst du mich dreimal verleugnen. Und er ging hinaus und weinte bitterlich. (Lk 22,61bf.)

Quellen der historischen Erinnerung

In der historischen Forschung werden funktionale und intentionale Quellen der Erinnerung unterschieden[7]. Funktionale Quellen sind etwa Urkunden, die Rechtsgeschäfte regeln, Zeugnisse, Personaldokumente, Wirtschafts- und Verwaltungsakten.

Bei intentionalen Quellen wird Geschichte im Sinne des Verfassers der jeweiligen literarischen Gattung erzählt. So schildern etwa die Reichsannalen Karls des Großen sein Verhältnis zu Bayernherzog Tassilo III. sehr einseitig[8]. Würde man nur daraus sein Wissen schöpfen, so könnte man ihn als vertragsbrüchige, machtgierige und verschwörerische Gestalt der Geschichte interpretieren.

Diese historischen Quellen liefern aber nur Fragmente der Vergangenheit, kleine Puzzleteile eines verloren gegangenen Gesamtbildes. Der Traum von Gelehrten des 19. Jahrhunderts, Geschichte im Sinne Leopold von Rankes (1795–1886) so zu erzählen, »wie sie eigentlich gewesen ist«, ist heute weitgehend ausgeträumt und wissenschaftlich nicht mehr haltbar. Zudem ist heute der Fokus historischer Betrachtung bunter geworden. Es geht nicht mehr nur um Herrschergeschichte, sondern vor allem auch um das Leben unterer Schichten (vgl. etwa den Schatz eines Dienstbotenbuches in Mattsee), um Mentalitätsgeschichte und anderes. Die Rolle der Frauen in der Vergangenheit, Reisen, Hygiene, das Klima, Armut – all das können Betrachtungsschwerpunkte historischer Erinnerung sein. Alles hat und ist Geschichte. So trägt als biblisches Beispiel Rafael Tobit und Tobias auf: Schreibt all dies auf, was euch geschehen ist. (Tob 12,20) Im Blick auf diese Fülle an historischen Ereignissen und Gesichtspunkten tätigt der Anhang des Johannesevangeliums einen treffenden Ausspruch: Wenn man alles einzeln aufschreiben wollte, so könnte, wie ich glaube, die ganze Welt die dann geschriebenen Bücher nicht fassen. (Joh 21,25b)

Auch Heiligenviten legen den Fokus nicht auf sachlich erzählte Geschichte, sondern auf die jeweils zu schildernde große Gestalt des Glaubens[9]. Ihre Intention ist es, den oder die Heiligen in hellem Licht darzustellen. Wie bei einem wuchernden Efeugewächs ist es hier Aufgabe des Historikers, manche Ranken der Vita zur Seite zu rücken, um die Historie zu ergründen.

Ebenso ist auch die Bibel in diesem Sinne eine gewachsene Quelle der Erinnerung mit bestimmten Intentionen. Sie ist Gottes Offenbarung im menschlichen Wort und kein Geschichts-, aber auch kein bloßes Geschichtenbuch. Biblische Bücher haben immer eine bestimmte Absicht, einen speziellen Zeithorizont und oft eine konkrete Gemeinde im Blick. Diese Intention drückt sich gut im 2. Timotheusbrief aus: Jede Schrift ist, als von Gott eingegeben, auch nützlich zur Belehrung, zur Widerlegung, zur Besserung, zur Erziehung in der Gerechtigkeit. (2 Tim 3,16)

Neben diesen schriftlichen Erinnerungsspeichern gibt es aber weitere Quellen. Dazu gehört in erster Linie das menschliche Gedächtnis, das aber zeitlich und physisch begrenzt ist.

Daneben gibt es die mündlichen Quellen der Erinnerung. Diese »Oral history« ist heute ein Wissenschaftszweig, der Zeitzeugen sprechen lässt. Hierbei ist es interessant, wie verschieden Menschen bestimmte Zeitabläufe oder Personen schildern können. Erinnerung kann hier sehr konträr sein. So ging es bereits Jesus in seinem Prozess, wenn es heißt: Viele machten zwar falsche Aussagen gegen ihn, aber die Aussagen stimmten nicht überein. (Mk 14,56)

Das Bild ist ebenfalls eine vielfältige Quelle der Erinnerung. Dazu gehören Filme, Fotos, Gemälde und Kunstwerke jedweder Form und Gestaltung. Seit der Zeit Karls des Großen haben Bilder in der Westkirche die Aufgabe, die Gläubigen zu belehren[10]. Sie dienen zum Schmuck der Kirche als Braut Christi und sind sichtbarer Ausdruck der Herrlichkeit Gottes. Bilder haben mit Ausnahme von Gnadenbildern an Wallfahrtsorten weitgehend eine schmückende oder katechetische Dimension. In der Ostkirche hingegen ist das Bild in Anlehnung an das Zweite Konzil von Nicäa 787 nicht bloß eine Erinnerung an einen Heiligen. Er ist vielmehr in seiner Wirkmacht gegenwärtig, weshalb dem Bild Verehrung gebührt[11]. Ikonen sind himmlische Botschafter der Erinnerung an göttliche Wahrheiten[12]. Deshalb werden sie von Gläubigen geküsst. Man kehrt der Ikone nicht den Rücken zu und entzündet vor ihr Kerzen. Da Jesus selbst sichtbarer Gott geworden ist, darf sich der Mensch Erinnerungsbilder des Glaubens machen: Er ist Bild des unsichtbaren Gottes, der Erstgeborene der Schöpfung. (Kol 1,15)

Alle diese verschiedenen Quellen liefern so auf unterschiedliche Weise ein mehr oder weniger eindeutiges Maß an Erinnerungen historischer Natur hervor.

Erinnern und Vergessen – zwei menschliche Eigenschaften

Erinnern ist eine menschlich begrenzte Fähigkeit. Menschen im Alter leiden unter dem Vergessen als Zeichen abnehmender Geisteskräfte oder auch als Krankheitssymptom, das nach und nach die Festplatte der Erinnerung löscht. Aber auch das Vergessen ist an sich etwas enorm Wichtiges und Heilsames. Würde sich der Mensch alles merken können, wäre er wohl geistig überfordert oder traumatisiert. Gottseidank kann sich der Mensch etwa nicht an den Geburtsschock erinnern, an das Hinaustreten aus dem Mutterbauch in eine grelle kalte Welt und anderes mehr.

Etwas einmal zu vergessen, gehört zum Alltagsleben des Menschen, und das gilt bereits für biblische Zeiten. So vergaßen etwa die Jünger bei der Überfahrt über den See, Brote mitzunehmen. (vgl. Mk 8,14)

Manches möchte der Mensch aber auch bewusst vergessen. Aber das gelingt nicht auf Knopfdruck. Erinnerung lässt sich nicht einfach auslöschen. So gibt es bestimmte Strategien oder Abläufe im Menschen, die ihm das Vergessen erleichtern sollen.

Das Verdrängen oder gewaltsame Auslöschen der Erinnerung ist eine seit langer Zeit übliche aber wenig hilfreiche Methode. Die Damnatio memoriae (Tilgung des Gedächtnisses) hat schon in frühen Hochkulturen die Namen und Bilder unliebsamer Personen gelöscht (vgl. auch das Schicksal von Herzog Tassilo III.[13]). Namen wurden aus Inschriften heraus gemeißelt, Bilder vernichtet und Statuen zerstört. Im persönlichen Bereich können es der Abbruch aller Kontakte sein, das nicht mehr Reden über jemanden oder auch das Vernichten aller Fotos, die an eine Person erinnern. Diese Löschung der Erinnerung begegnet auch in der Bibel, wenn etwa König Antiochus IV. Epiphanes befiehlt, zu vernichten, was von Jerusalem noch übrig ist. Zudem soll auch die Erinnerung an die Juden ausgelöscht werden. (Vgl. 1 Makk 3,35) – Verdrängen löst aber keine Probleme. Das wusste schon ein jüdischer Mystiker des 18. Jahrhunderts, wenn er schreibt: »Das Vergessen wollen verlängert das Exil und das Geheimnis der Erlösung heißt Erinnerung.«

»Tassilo III. als Fundator« . Öl auf Leinen. o. J., Stiftsmuseum Mattsee

Eine andere Strategie ist es, die Erinnerung zu depotenzieren, sie emotional auskühlen zu lassen oder aus den Zeitumständen und Zusammenhängen verstehbar zu machen. Der erweiterte Blick nach vorne kann es möglich machen, nicht wie das Kaninchen ständig auf die Schlange der belastenden Erinnerung zu starren. So lädt der Prophet im Buch Jesaja das geschlagene Volk nach einer (un-)heilsgeschichtlichen Rückschau zu einem tröstenden Blick in die Zukunft ein. Es gibt einen neuen Weg durch die Wüste. Und er betont dabei: Denkt nicht mehr an das, was früher war; auf das, was vergangen ist, achtet nicht mehr! (Jes 43,18)

Erinnerungskulturen können aber auch in Vergessenheit geraten, wenn ich sie nicht mehr weiter pflege. Wenn etwa die religiöse Kultur der Erinnerung nicht mehr praktiziert wird, verliert sie sich langsam. Wo der Faden gelebten Gedächtnisses nicht mehr weiter geknüpft wird, wird er immer dünner und reißt schließlich. Das lässt sich etwa in totalitären Systemen wie der ehemaligen DDR beispielhaft vor Augen führen, wo sich in zwei Generationen das Christentum zu einer Minorität zurück entwickelt hat. Das Vergessen führt hier zu einer Gleichgültigkeit, die Erinnerung im Wesentlichen abgeschafft hat.

Psychologisch wichtig ist vor allem das bewusste Anschauen der Erinnerung, das ins Wort Bringen und Aussprechen ihrer Licht- und Schattenseiten. Erinnerung kann gelingen, wenn sie weder totgeschwiegen noch in ihrer Größe überbewertet wird. Zudem braucht es hier Vorsicht und Fingerspitzenfühl. Aus dem relativ sicheren Hafen der Gegenwart die Stürme der Vergangenheit zu betrachten oder zu bewerten, erscheint manchmal sehr einfach, doch soll hier eine richtende Erinnerung vermieden werden, die sich in bloß moralisierenden Betroffenheitsurteilen ergeht. Im aufrechten Anschauen können aus der Geschichte durchaus Lehren gezogen werden. Erinnerung kann betroffen machen und manches Fehlverhalten ändern. Auch dazu liefert die Heilige Schrift Beispiele. So hatte die Traumdeutung Josefs dem Obermundschenk des Pharao das Überleben zugesichert. Aber dieser hatte den eingekerkerten Josef und seine Bitte um Fürsprache beim Pharao vergessen und bekennt nun vor dem Herrscher: Heute muss ich an meine Verfehlung erinnern. (Gen 41,9)

Die biblische Botschaft der Erinnerung als Vergegenwärtigung

In der Erinnerung und durch sie wird Vergangenes in die Gegenwart geholt und konkret gegenwärtig. Das ist der Kerngehalt des jüdisch-biblischen Denkens, auf dem auch das Christentum basiert. Konkret spürbar wird das in der zentralen Feier des Judentums, dem Paschamahl, das an den Auszug aus Ägypten, die vielen Heilstaten Gottes und seine Anwesenheit auch in dunklen Stunden erinnert[14].

Durch die Rituale, die Gebete, das Lesen der Schrifttexte wird hier ein quasi historisches Ereignis in die Gegenwart geholt. Das geschieht nach dem Motto:

Der Auszug aus Ägypten ist heute – und ich bin live dabei! Es geht um die erinnernde Weitererzählung dessen, was Gott in Ägypten zur Befreiung Israels getan hat. Dieses Erinnern hält lebendig und weckt zugleich Sehnsucht nach dem in der Zukunft liegenden Mahl der Freude, das Gott den Menschen bereiten wird. Denn das Volk Gottes ist immer unterwegs aus der Knechtschaft in die Befreiung. Kraft dazu gewinnt es aus der Erinnerung an die Heilstaten Gottes und aus der Hoffnung auf die Zukunft – Herkunft wird hier zur Zukunft! Im Fest wird Vergangenheit und Zukunft symbolisch in die Gegenwart hereingeholt.

Das Pascha oder Pessach – Vergegenwärtigung der Erinnerung

Aus der reichen Liturgie und Symbolik des Paschamahles können hier nur einige wenige Einzelelemente als Musterbeispiele herausgegriffen werden[15]. So steht als zentrales Element des ersten Hauptteiles eine Festkatechese, wo der Jüngste im Kreis der Familie viermal die Frage stellt: Was unterscheidet diese Nacht von allen anderen Nächten? Nach einer kurzen Antwort folgt die Pessach-Haggada, ein wunderbares Lobgebet des Hausvaters auf die Taten Gottes in der Vergangenheit, mit der aber jeder Glaubende mitlebt. So betont er: »Einst waren wir Knechte des Pharaos in Ägypten, da führte uns der Ewige, unser Gott heraus.« Immer wieder ruft er »Wir wurden herausgeführt, die Ägypter behandelten uns schlecht…« Dabei lobt er nicht nur die Wohltaten. Er erinnert auch an die Versuchungen des Volkes, diesen Gott zu verlassen. Es ist also nicht nur eine Erinnerung an das Schöne, sondern auch an das Versagen und das gemeinsam mit Gott bewältigte Schwere.

So heißt es im Buch Deuteronomium: Hört und ihr werden leben, ihr werdet in das Land, das der Herr, der Gott eurer Väter, euch gibt, hineinziehen und es in Besitz nehmen. […] Ihr habt mit eigenen Augen gesehen, was der Herr wegen des Baal-Pegor getan hat. Ihr aber habt euch am Herrn, eurem Gott, festgehalten und darum seid ihr alle heute noch am Leben. […] Vergiss nicht die Ereignisse, die du mit eigenen Augen gesehen, und die Worte, die du gehört hast! Lass sie dein ganzes Leben lang nicht aus dem Sinn! […] Heute sollst du erkennen und zuinnerst begreifen: Der Herr ist der Gott im Himmel droben und auf der Erde unten, keiner sonst. (Ausgewählte Worte aus Dtn 4,1-40)

Und die Einleitung zum Dekalog betont als Überschrift über die zehn Worte der Weisung: Der Herr, unser Gott, hat am Horeb einen Bund mit uns geschlossen. Nicht mit unseren Vätern hat der Herr diesen Bund geschlossen, sondern mit uns, die wir heute hier stehen, mit uns allen, den Lebenden.[…] Ich bin der Herr, dein Gott, der dich aus dem Land Ägypten geführt hat, aus dem Sklavenhaus. (Dtn 5,2f.6)

Hier ist das biblische Fundament für diese Vergegenwärtigung der Heilsgeschichte, die in der Paschafeier rituell lebendig wird. Hier wird nicht nur der

Mensch an die Hilfe Gottes erinnert, sondern auch Gott seine stets rettende Hand in Erinnerung gerufen.

Der Hausvater weiß nämlich aufgrund seiner Gebete, dass das Volk Gottes auch heute oder morgen in ähnliche Unheilssituationen geraten und sich selbst nicht helfen kann[16]. Das Gedächtnis erinnert so Gott an seine damals zugesagte Treue: Damals hast du das Volk aus Ägypten geführt, heute sind wir wieder in Gefangenschaft. Auch heute brauchen wir Nahrung. Wir leben in der Wüste und suchen Freiheit. Das Gedächtnis und die Erinnerung werden so zur bittenden Gewissheit: Wandle unser heutiges Unheil in Heil und befreie uns.

Das Brot und der Wein, wichtige Bestandteile des Mahls, sind neben anderen Zeichen für den Juden Zeichen menschlicher Not[17]. Das Brot ist Zeichen der Unterdrückung, es ist das bittere Brot der Sklaverei und der Tränen. Der gekelterte Wein steht für das geschlagene und förmlich ausgepresste Volk. Die heutige Sklaverei kann vieles sein, Orientierungslosigkeit, die missbrauchte Schöpfung, ein überbordender Konsumismus und anderes. Zugleich sind Brot und Wein aber umgekehrt auch die Zeichen einer von Gott gewandelten Not. Sie erinnern Gott, dass er hilft und helfen wird. So wird das Brot zum Brot vom Himmel, zum Manna als Geschenk von oben. Der Wein wird Zeichen der Freude und Hoffnung im Blick auf den bevorstehenden Einzug in das gelobte Land. Brot und Wein erinnern so an den helfenden Gott und den erhörten Menschen. So entsteht hier nicht nur eine innige Verbindung zwischen Mensch und Gott, sondern auch eine Verschmelzung der Heilserinnerung mit der konkreten Gegenwart des Alltags.

Pascha heißt so Erinnerung an die Hilfe damals, heißt Erinnerung Gottes, dass er auch jetzt hilft mit der Überzeugung auf seine Gegenwart im Gestern und Heute. Wenn der Mensch sich dieser Heilstaten Gottes in der Vergangenheit und seiner die Not wendenden Hilfe auch heute erinnert, dann sagt er zugleich: Ich bin von Gottes Gegenwart überzeugt. Gott war da in der Vergangenheit, er ist da im Heute und wird es auch in Zukunft sein.

Interessant erscheint dabei, dass die Paschafeier auch die Unheilssituationen feiert und bedenkt, insofern sie Gott in Heil verwandelt hat. Das Unheil wird nicht verdrängt, nicht geschönt dargestellt oder ausgeklammert. Es wird bewusst in das verwandelnde Licht Gottes gestellt, um auszudrücken: Auch heute steht Gott dem Menschen im Unheil mit seiner liebenden Gegenwart und seinem Gedenken bei. Gott ist so in der Fülle der Geschichte präsent. Und nach der Vorstellung des Alten Testaments ist die menschliche Erinnerung der Raum, in dem sich Gott selbst an den Menschen erinnert und zu seinen Verheißungen steht.

Vergegenwärtigte Erinnerung in der Eucharistie

Der Blick auf die Theologie des Paschamahles schlägt wohl von selbst die Brücke zur christlichen Eucharistiefeier[18]. Jesus hat ja mit seinen Jüngern ein Mahl des Abschiedes gefeiert, wobei die synoptischen Evangelien (Matthäus,

Markus und Lukas) hier ein Paschamahl überliefern[19]. Johannes siedelt das Mahl am Abend vor dem Paschafest an und berichtet als zentralen Ritus von der Fußwaschung (vgl. Joh 13,1-20).

Laut den drei Synoptikern sind Brot und Wein Zeichen der bleibenden Gemeinschaft mit und in Jesus. Zugleich verbinden sie die Feier mit einem Ausblick auf die Zukunft, wo es in neuer Weise wieder Mahlgemeinschaft mit Jesus im Reich Gottes geben wird (vgl. dazu etwa Mt 26,29, wo Jesus davon spricht, dass er erst wieder im Reich des Vaters mit den Jüngern von der Frucht des Weinstocks trinken wird)[20].

Maßgeblich für das Verständnis dieser nachösterlichen Mahlgemeinschaft mit Jesus ist sicherlich die Emmausgeschichte[21]. Hier wird Vergangenheit angeschaut, im Licht der Bibel verarbeitet und die Gegenwart Gottes im Brot spürbar gemacht (vgl. Lk 24,13-35).

Diese vergegenwärtigte Erinnerung (griechisch Anamnese = Erinnerung, Bekenntnis) spiegelt sich auch in der heutigen Eucharistiefeier wider. So schildet etwa das vierte Hochgebet der Messe die Heils- und Unheilsgeschichte des Menschen, der durch Christus immer aufs Neue verwandelt werden kann. Diese Kraft zur Verwandlung schafft der Mensch und die Kirche nicht alleine. Sie brauchen eine lebendige Erinnerung, die Hilfe von oben. Deshalb wird in der Wandlung um den Heiligen Geist Gottes gebetet, von dem es bei Johannes heißt: Der Beistand aber, der Heilige Geist, den der Vater in meinem Namen senden wird, der wird euch alles lehren und euch an alles erinnern, was ich euch gesagt habe. (Joh 14,26)

Wie im Paschamahl sind auch in der Eucharistiefeier Brot und Wein Zeichen der Vergegenwärtigung Christi, in denen sich die Bitten und Nöte der Menschen ausdrücken. Sie stehen für Leid und Dunkel und zugleich für das bereits überwundene Elend des Menschen. Das Abendmahl ist ein Mahl des immer neuen Abschieds im menschlichen Leben.

Ins Wort gebracht haben das die Emmausjünger, wenn sie rufen: Bleibe bei uns, denn es wird Abend, der Tag hat sich schon geneigt! (Lk 24,29b) – Und zugleich ist es die Zusage: Das ist mein Leib, das ist mein Blut für euch! Und diese Zusage galt nicht nur den Aposteln, sie gilt zu allen Zeiten. Das drückt sich wunderbar am Gründonnerstag aus, wenn es im Einschub des Hochgebetes heißt: »Denn am Abend, an dem er ausgeliefert wurde und sich aus freiem Willen dem Leiden unterwarf – das ist heute!« Auch Paulus liefert in seinem ältesten Bericht des Abendmahls diesen vergegenwärtigenden Charakter, wenn Jesus sagt: Tut dies zu meinem Gedächtnis! (1 Kor 11,24c – wörtlich übersetzt: Tut dies zur Erinnerung an mich!)

Vergegenwärtigung bedeutet in der Eucharistiefeier nicht nur Erinnerung an das Abendmahl, sondern vielmehr Realpräsenz der Vergangenheit und der Gegenwart Christi in Brot und Wein. Es bedeutet die Gegenwart Gottes im Leben, in den Nöten, in den Enttäuschungen und Verletzungen, im ganzen Heute des Lebens, in dem sich Gott im wahrsten Sinne des Wortes bei der Eucharistiefeier »verzehren« lassen will. Eucharistie führt zurück auf den Grund und weist einen

»Letztes Abendmahl«. Öl auf Leinen, in Art des Joh. Friedrich Pereth, 1690

Weg in die Weite. Es ist ein Weg von der Wurzel zu Wachstum und Standfestigkeit sowie von der Erinnerung in die lebendige Gegenwart, wie es Paulus im ersten Korintherbrief ausdrückt: Ich erinnere euch, Brüder und Schwestern, an das Evangelium, das ich euch verkündet habe. Ihr habt es angenommen; es ist der Grund, auf dem ihr steht. (1 Kor 15,1)

Erinnerung – ein vielschichtiges Wort

Erinnerung ist Leben, Last und Freude, sie ist ein vielschichtiges Wort mit vielen Gesichtern. Das sollte hier skizzenhaft ins Wort gebracht werden. Welche Erinnerungen pflegen wir? Was sind die Quellen der Erinnerung? Welche Gefühle gehören zur Erinnerung? Erinnerung ist aber vor allem auch ein zutiefst biblisches Moment. Sie bedeutet die Vergegenwärtigung der Heilsgeschichte mit ihren hellen und dunklen Etappen, die in der Feier des Pascha und der Eucharistie grundgelegt ist. Erinnerung hat nicht nur mit dem Kopf und dem Verstand zu tun, sondern mit dem Menschsein, biblisch gesagt mit dem Herzen als Personmitte.

Das illustriert wohl am besten die schon erwähnte Emmausgeschichte, die Vergangenheit und Gegenwart in Form eines Weges verknüpft. Diese beiden von der Vergangenheit gebeutelten Jünger erinnern sich an das Belastende des Todes Jesu, sie sprechen die schweren Brocken ihrer Seele aus. Jesus hört ihre Erlebnisse. Er verknüpft sie mit der Erinnerung an die Heilsgeschichte und legt ihnen die Heilige Schrift aus. Und nachdem sie den lebendigen Jesus dann beim Brechen des Brotes erkannt hatten, sagten die beiden zueinander: Brannte nicht unser Herz in uns, als er unterwegs mit uns redete und uns den Sinn der Schriften eröffnete? (Lk 24,32b)

Vielleicht kann eine Bildungswoche in Mattsee und ihre nachfolgenden Gedanken und Ergebnisse beitragen, dass das Herz der Menschen neu entfacht wird, brennt aus Interesse für Vergangenes, um für die Gegenwart manche Lehren zu ziehen, um aufzuarbeiten ohne abzuurteilen und versöhnter zu leben. Es braucht aber auch das brennende Herz, das nicht nur um die Erinnerungskultur des Glaubens weiß, sondern auch persönlich daraus lebt und Hoffnung und Zuversicht schöpfen kann, wie es der Psalm 145 so schön formuliert: Sie sollen die Erinnerung an deine große Güte wecken und über deine Gerechtigkeit jubeln. Der Herr ist gnädig und barmherzig, langmütig und reich an Huld. (Ps 145,7f.)

Endnoten

1 Vgl. dazu Prisching, Manfred, Zeitdiagnostik als humanwissenschaftliche Aufgabe, in: Prisching, Manfred (Hg.), Modelle der Gegenwartsgesellschaft, (Reihe Sozialethik der Österreichischen Forschungsgemeinschaft 7) Wien 2003, S. 153–195, hier S. 179–182.

2 Vgl. Prisching, Zeitdiagnostik, S. 181f.

3 Vgl. dazu auch Dtn 4,32-38; Ps 78,3-6; Hebr 10,32. Die Bibelzitate sind der neuen Einheitsübersetzung entnommen: Die Bibel. Einheitsübersetzung der Heiligen Schrift, Gesamtausgabe, Stuttgart 2016.

4 Vgl. Kluge, Friedrich, Etymologisches Wörterbuch der deutschen Sprache, völlig neu bearbeitet von Elmar Seebold, Berlin ²²1989, S. 185.

5 Vgl. Bauer, Johannes B., Herz, in: Bauer, Johannes B. u.a. (Hg.), Bibeltheologisches Wörterbuch, Graz ⁴1994, S. 300f. Wehrle, Josef/Kampling, Rainer, Herz, in: Görg, Manfred/Lang, Bernhard (Hg.), Neues Bibel-Lexikon, II, Zürich 1995, S. 137-141. Gradl, Felix, Herz, in: Kogler, Franz (Hg.), Herders neues Bibellexikon, Freiburg 2008, S. 312.

6 Pierre Nora hat den Begriff des Erinnerungsortes in der Geschichte geprägt. Der Begriff »Ort« übersteigt aber hier die bloß geographische Dimension. Personen, Ereignisse, Bücher, Kunstwerke und dergleichen mehr können Erinnerungsorte sein. In diesen Orten mit symbolischer Bedeutung konzentriert sich das kollektive Gedächtnis einer Gruppe oder Institution und wirkt sinn- und gemeinschaftsstiftend. Vgl. dazu etwa seine Werke in deutscher Übersetzung: Nora, Pierre (Hg.), Zwischen Geschichte und Gedächtnis, Frankfurt 2001. Nora, Pierre (Hg.), Erinnerungsorte Frankreichs, München 2005.

7 Vgl. hier zum Folgenden etwa: Goetz, Hans-Werner, Proseminar Geschichte: Mittelalter, (Uni-Taschenbücher 1719) Stuttgart 1993, S. 62–190. Wolfram, Herwig, Tassilo III. Höchster Fürst und niedrigster Mönch, (Kleine bayrische Biografien) Regensburg 2016, S. 15.

8 Vgl. Wolfram, Tassilo III., 43ff.

9 Vgl. hier etwa mit regionalen Bezügen die Vita Sancti Severini und die Gesta Hrodberti.

10 Vgl. dazu: Schieffer, Libri Carolini, in: Lexikon für Theologie und Kirche (= LThK), 6, Freiburg ³1997, 898f.

11 Vgl. Denzinger, Heinrich, Kompendium der Glaubensbekenntnisse und kirchlichen Lehrentscheidungen, ins Deutsche übersetzt und erweitert von Peter Hünermann (Hg.), Freiburg ³⁷1991, S. 276f. (Nr. 600–603) Nach Nicäa geht im Sinne der platonischen Philosophie die Verehrung des Bildes auf das Urbild über. Die irdischen Bilder erinnern an die Urbilder und sollen die Sehnsucht nach ihnen fördern.

12 Vgl. Warland, Rainer, Ikone, in: LThK, 5, Freiburg 31996, S. 416. Schönborn, Christoph Kardinal, Die Christus-Ikone. Eine theologische Hinführung, Wien 1998. Fischer, Helmut, Von Jesus zur Christusikone, Petersberg 2005.

13 Vgl. Wolfram, Tassilo III., S. 126ff.

14 Vgl. zum Folgenden: Füglister, Notker, Die Heilsbedeutung des Pascha, (Studien zum Alten und Neuen Testament VIII) München 1963. Cazelles, Henri, Pascha/Ostern (AT), in: Bauer, Johannes B. u.a. (Hg.), Bibeltheologisches Wörterbuch, Graz ⁴1994, S. 448ff. Michl, Johann/Bauer, Johann B., Pascha/Ostern (NT), in: Bauer, Johannes B. u.a. (Hg.), Bibeltheologisches Wörterbuch, Graz ⁴1994, S. 450f. Otto, Eckart, Pascha, in: Görg, Manfred/Lang, Bernhard (Hg.), Neues Bibel-Lexikon, III, Zürich 2001, S. 77–80. Füglister, Notker, Pascha/Paschalamm/Paschafest, in: Kogler, Franz (Hg.), Herders neues Bibellexikon, Freiburg 2008, S. 574f.

15 Vgl. zum Folgenden die Betrachtungen in: Lies, Lothar, Sich auf Christus einlassen … in Messe und Anbetung, Würzburg 1990. Ein geschilderter Ablauf des Paschamahls findet sich z. B. in einem Behelf des katholischen Bibelwerkes Linz: Hauer, Hans/Kogler, Franz, Pascha, Pessach, Seder, Jesu letztes Abendmahl, Linz o.J.

16 Vgl. Lies, Christus, S. 14f.

17 Vgl. Lies, Christus, S. 15f.

18 Vgl. zum Folgenden: Lies, Christus, S. 23–43.

19 Hasitschka, Martin, Abendmahl, in: Kogler, Franz (Hg.), Herders neues Bibellexikon, Freiburg 2008, 3. Böcher, Otto, Abendmahl, in: Görg, Manfred/Lang, Bernhard (Hg.), Neues Bibel-Lexikon, I, Zürich 1991, S. 4–7.

20 Vgl. dazu die Parallelen bei Mk 14,25 und Lk 22,18.

21 Vgl. Hasitschka, Abendmahl, 3.

Vergessen können ist das Geheimnis ewiger
Jugend. Wir werden alt durch Erinnerung.

Erich Maria Remarque

Berta Altendorfer und Siegfried Hetz

Nur wer sich erinnert, lebt
Bildungswoche Mattsee 2016

Die Auseinandersetzung des Ortes mit seiner Zeitgeschichte, insbesondere mit den Jahren zwischen 1920 und 1945, sollte in einen größeren Kontext eingebunden und mit Daten, Fakten und Ereignissen aus Alltags-, Wirtschafts-, Kultur- und Baugeschichte verknüpft werden. Dem Konzept der Bildungswoche Mattsee 2016 lag der Gedanke zugrunde: Nur wer die Vergangenheit kennt, kann die Zukunft gestalten. Folgerichtig galt der große Appell dem Erinnern, sei es an persönlich Erlebtes und Wahrgenommenes, an Überlieferungen und Traditionen oder an Geschichten, die im privaten Bereich, vor allem innerhalb der Familie, erzählt und damit weitergegeben und tradiert wurden. Aus dem schier unendlich erscheinenden Mosaik eines ebenso bunt wie dicht gewobenen Teppichs, dessen Muster sich aus über 100 Jahren Dorfgeschichte zusammensetzt, wurden einzelne Steine herausgenommen und ins Licht gesetzt. Stellvertretend für die vielen anderen wurde ihnen die Aufgabe übertragen, über Gewesenes zu berichten, das die Gegenwart und, vielleicht noch wichtiger, auch die Zukunft zu verstehen hilft.

Wie wir aus der Forschung wissen, umfasst unser biographisches Gedächtnis einen Zeitraum von etwa einem Jahrhundert. Messen wir diesen Zeitraum heute aus, finden wir uns am Ende des Ersten Weltkrieges wieder, mit dem das 19. »lange« Jahrhundert, das mit der Französischen Revolution eingeleitet wurde, seinen endgültigen Abschied nahm und Reiche untergingen, wie das russische Zarenreich, das 1871 gegründete Deutsche Kaiserreich und auch die über 600 Jahre alte Habsburger Monarchie. Sowohl für die zeithistorische Aufarbeitung als auch für das Beschreiben der erinnerten »Dorfgeschichte« musste dieser Zeitrahmen von einhundert Jahren jedoch erheblich ausgeweitet werden.

So wurde der Erinnerungsbogen um ein halbes Jahrhundert weiter in die Vergangenheit gespannt. Die wesentliche Zeitmarke, um die es sich dabei handelt, waren die Jahre nach 1848, als es im Nachklang der Revolution zur Abschaffung der Grundherrschaften und zur Gründung der politischen Gemeinde kam. Im seinerzeitigen Kronland Salzburg fielen diese relevanten Ereignisse mit dem Beginn einer neuen Selbstständigkeit zusammen. Als Salzburg 1816 zu Österreich kam, wurde es in den ersten Jahrzehnten als fünfter Landkreis des Erzherzogtums Oberösterreich von Linz aus verwaltet. Um 1850 wurde mit der Etablierung einer eigenständigen Verwaltung begonnen, die mit der Installierung des ersten Landtags im Jahre 1860 weitgehend abgeschlossen war.

Als Matrix für das Zusammenstellen des Programms der Bildungswoche diente das durchaus geläufige Bild vom Ort im Wandel der Zeit. Orte schreiben wie Menschen unablässig an ihrer Biografie und prägen damit Alltagsgeschichte.

(v.l.n.r.): Dkfm. Dr. Johannes Müller, Stiftsverwalter; Christine Schöchl, Gemeinderätin; Stiftskanonikus Dr. Erich Tischler; Bezirkshauptmann Hofrat Mag. Reinhold Mayer; Stiftspropst und Pfarrer Mag. Franz Lusak; Vizebürgermeister Stefan Handlechner, SR Rupert Felber; Johanna Felber; Josef Brandhuber, Gemeindevertreter.

Extrakte daraus schufen die thematische Grundlage für das Programm der Bildungswoche. Sie war die zweite in Mattsee überhaupt und wurde 50 Jahre nach der ersten, die im Herbst 1966 stattfand, wiederum in Zusammenarbeit mit dem Salzburger Bildungswerk veranstaltet.

In thematischer Hinsicht haben sich zwei Blöcke herausgebildet. Zum einen ging es um den Gegenstand des Erinnerns, um den Blick in Sammlungen, Archive, Chroniken, auf Baugeschichte, aber auch auf den Schatz persönlicher Erinnerungen. Dabei stand das Heben von Schätzen und deren Präsentation in unterschiedlicher Dramaturgie und den jeweils adäquaten Formen im Vordergrund. Der zweite Block hatte das Erinnern selbst zum Thema und beschäftigte sich damit, was das Erinnern dem Menschen bedeutet und wie es unsere Kultur prägt.

Das Heben von Schätzen

Beim Heben von Schätzen sollte es auch um das Wecken von Erinnerungen gehen. Weil das Betrachten von Fotos Erinnerungen ganz rasch wachrufen kann, standen dementsprechend bei der Eröffnungsveranstaltung, die unter dem Ehrenschutz von Bezirkshauptmann Hofrat Mag. Reinhold Mayer stand, auch Fotos im Mittelpunkt. »Mattsee – seit es Bilder gibt« war das Thema des Abends, durch den Alt-Bürgermeister Matthäus Maislinger gemeinsam mit Herbert Steiner sen. führte. Für die Auswahl der Bilder konnte überwiegend auf den Fotofundus des Mattsee Archivs zurückgegriffen werden, aber auch auf private Leihgaben, die für den Abend zur Verfügung gestellt wurden. Matthäus Maislinger ergänzte als passionierter Hobbyfotograf den historischen Rundgang durch den Ort mit Ausführungen zur technischen Entwicklung der Fotografie vom ausgehenden 19. Jahrhundert bis in die jüngste Gegenwart.

Archive können durchaus als Herzkammern des Erinnerns beschrieben werden. Neben dem Sammeln und professionellen Aufbewahren von Dokumenten, Autografen, Fotos und weiteren Archivgütern hat ein Archiv aber auch die Aufgabe, über seine Schätze zu berichten und immer wieder einmal einen Blick hinter die Kulissen zu ermöglichen. Das Mattsee Archiv, aus dem ehemaligen Heimatmuseum entstanden, wurde über viele Jahre von SR Rupert Felber betreut. Im Rahmen der Bildungswoche wurden nicht nur ausgewählte Archivalien, wie ein Dienstbotenbuch oder das Gästebuch der Breitner-Villa, einer interessierten Öffentlichkeit präsentiert, ergänzend stellte sich das Archiv auch in neuer personeller Zusammensetzung und mit einem aktualisierten Leitbild vor.

Mit der Ortsbeschreibung »Beim Weiß'n z'Fisching« ist in Mattsee das ehemalige landwirtschaftliche Anwesen des 2012 verstorbenen früheren Vizebürgermeisters Simon Feichnter gemeint. Auf dem Hof entstand im Laufe mehrerer Jahrzehnte eine ansehnliche, von Simon Feichnter aufgebaute Sammlung bäuerlicher Arbeitsgeräte aus Hof, Haus und Küche, die auf jene Zeit verweisen, als die Arbeit auf den Höfen noch von Menschen und nicht von Maschinen verrichtet wurde.

Für die Kinder auf den Höfen wurde Arbeit schon sehr früh zu einem bestimmenden Faktor. Einträge in den Schulbüchern belegen das häufige Fehlen von Schülerinnen und Schülern, weil sie für die Arbeit auf dem Hof benötigt wurden.

Idee, Gestaltung und Herstellung des Büchleins »Alte Spiele aus Mattsee« sind in Zusammenarbeit von Susanne Altenberger, Verein Menschenwerk, Schülerinnen und Schülern der Polytechnischen Schule Mattsee und der Volksschule Mattsee entstanden.

Angeregte Unterhaltung zwischen Landesrätin Mag.a Martina Berthold, Stiftspropst Mag. Franz Lusak und Bürgermeister René Kuel (rechts) sowie Prof. DDDr. Clemens Sedmak (links) anlässlich der Eröffnung von »fokus:mattsee | Tage der Zeitgeschichte« am 22. Oktober 2016.

Unter bestimmten Voraussetzungen gab es für ältere Schüler sogar monatsweise Befreiungen vom Schulbesuch. Trotzdem kam früher auch das Spielen nicht zu kurz, wie das in Handarbeit hergestellte Büchlein »Alte Spiele aus Mattsee« eindrücklich unter Beweis stellt. Die Arbeit dazu hat im wahrsten Sinne des Wortes generationenübergreifend stattgefunden. Jugendliche – Schülerinnen und Schüler der Polytechnischen Schule Mattsee haben im Rahmen eines Erzähl-Cafés ältere Mattseer Bürgerinnen und Bürger befragt, welche Spiele in ihrer Kindheit »angesagt« waren. Schülerinnen und Schüler der Volksschule wiederum haben die Beschreibungen der Spiele handschriftlich in Form gebracht. Ausgestattet mit Scherenschnitten der Mattseer Kunsthandwerkerin Heidi Huppmann wurde jedes Exemplar von Hand gebunden. Im Rahmen eines Spielefestes der Volksschule Mattsee wurde das Spiele-Buch der Öffentlichkeit präsentiert.

Der Dialog zwischen den Generationen war auch das Thema der Veranstaltung »Zeitzeugen im Gespräch«, die den Untertitel »Versöhnung nach 1945« trug. Drei Frauen und ein Mann jener »verlorenen« Generation, deren Jugend von der Kriegszeit geprägt war, wurden von jüngeren Mattseern in einem offenen Gespräch auf der Bühne über ihre Erfahrungen und Erlebnisse befragt, vor allem aber auch dazu, welche Bedeutung für sie Hoffnung hatte und wie sie Versöhnung wahrgenommen haben.

Die ersten Sommergäste kamen bereits Mitte der 1850er-Jahre nach Mattsee, wo 1869 das erste Seebad im Kronland Salzburg eröffnet und mit dem Saison-Verein einer der ersten Tourismusvereine im Land geschaffen wurde. Der Mattseer Stiftsverwalter August Radnitzky und der in Mattsee geborene Arzt und Schriftsteller Heinrich Wallmann waren gemeinsam mit Cajetan Rottmayr die Tourismuspioniere der damaligen Zeit, die vor allem die Eröffnung der Westbahnstrecke zwischen Wien und Salzburg für den Ort zu nutzen wussten. Die Entwicklung der Sommerfrische bis in die 1930er-Jahre wurde in der Ausstellung unter dem Titel »See. Bad. Dorf. Sommerfrische Mattsee« in den Räumen der Ferdinand-Porsche-Erlebniswelten »fahr(T)raum« aufgezeigt. Im Rahmen der Ausstellung fand schließlich auch die »Matinee mit Zeitzeugen« statt, während der sich langjährige Sommergäste sowie Menschen, die in Mattsee eine neue Heimat fanden, die seinerzeit Schutz und Unterschlupf bedeutete, in einer Gesprächsrunde darüber unterhielten, wie sich der Ort im Laufe der Jahrzehnte entwickelt hat.

Was heute selbstverständlich als Teil der unvergleichlichen Silhouette der Marktgemeinde wahrgenommen wird, waren zur Zeit ihrer Errichtung bauliche Fremdkörper. Gemeint sind die Villen, die sich vermögende Sommergäste für ihren Sommerfrische-Aufenthalt errichten ließen. Von Lage, Größe und Architektur am auffälligsten präsentiert sich die Breitner-Villa am Vorderwartstein, die sich Anton Breitner neben dem Sommersitz seiner Mutter, dem Ambrosgütl, zwischen 1884 und 1886 errichten ließ. In Größe und Stil reduziert zeigt sich die Villa Hinterstoisser in Fisching, deren parkähnlicher Garten an das Ufer des Obertrumer Sees grenzt. In ihrer Form gänzlich anders steht die Villa Ott des ehemaligen Salzburger Bürgermeisters und zeitweiligen Landeshauptmann-Stellvertreters am Vorderwartstein, die insbesondere durch ihren Garten Aufsehen erregte. Im Rahmen einer Wanderung unter dem Titel »Wege, Villen und Aussichten« wurden Geschichte, Besonderheiten der Architektur und heutige Nutzung der einstigen Sommerfrische-Villen vorgestellt.

Einen wesentlichen Bestandteil des Rahmenprogramms stellte die vom Collegiatstift Mattsee im Rahmen von »Salzburg 20.16« im Stiftsmuseum gezeigte Sonderausstellung »Mattsee und das Collegiatstift im Wandel der Zeit« dar. Die »Zeitreise von 1816–2016« ist beinahe identisch mit der »Salzburger« Epoche des Stifts, die 1807 ihren Anfang genommen hatte, als Mattsee im Zuge von Gebietsbereinigungen vom Bistum Passau an das Erzbistum Salzburg fiel.

Auch ins Rahmenprogramm, weil bereits im August während des Handwerksfests im Bajuwarendorf veranstaltet, wurde das Thema »Stoffdrucken« gestellt. Das Herstellen von Stoffen sowie deren Verarbeitung und Veredelung hatte in Mattsee Tradition, worauf auch ein im Mattsee Archiv aufbewahrtes Zunftbuch der Weber verweist. Weiterer augenfälliger Zeuge ist das »Färberhaus«, heute Salzburger Straße 16, mit seinem imposanten Giebelaufbau, der zum Trocknen der gefärbten Tücher genutzt wurde. Auf dem Handwerksfest wurden zum einen vorbereitete Taschen bedruckt und zum anderen Stoffe, die von zu Hause mitgebracht wurden. Genäht wurden die Taschen von Ruba, die im Sommer 2015 mit ihrer Familie aus Syrien geflohen war.

Unter dem Titel »Wege, Villen und Aussichten« führte eine Villenwanderung durch die Marktgemeinde zu jenen historischen Gebäuden, die während der Hochblüte der Sommerfrische errichtet wurden und der Architektur im Ort einen deutlichen Stempel aufgedrückt haben. Insbesondere gilt das neben der Kreiseder- und Rhomberg-Villa an der Münsterholzstraße für die Villa Nora und die Breitner-Villa am Vorderwartstein sowie für die Hinterstoisser-Villa in Fisching am Ufer des Obertrumer Sees, in der zuletzt der aus Mattsee stammende Alt-Erzbischof Georg Eder von der Emeritierung bis zu seinem Tod am 19. September 2015 lebte.

Die Rede vom Erinnern

In der jüdischen Kultur heißt es: Erinnern ist Leben und wer vergessen will, verlängert das Exil. In der Fremde weilend, lautet die deutsche Übersetzung des aus dem Lateinischen stammenden Begriffs »Exil«, wobei die Fremde nicht ausschließlich geografisch bestimmt sein muss. Wir kennen auch den Begriff: fremd im eigenen Haus sein. Die Ursache für diese Form des nicht vollständig im eigenen Ich zuhause zu sein, kann neben anderem auch in verdrängten schmerzhaften Erlebnissen und Erfahrungen liegen. Und das Geheimnis der Erlösung aus diesem unbefriedigenden Zustand lautet Erinnerung. Erinnerungen gehören zum Leben, auch die schmerzhaften. Diese nicht auszublenden, sondern ihnen ihren Platz einzuräumen, ist wesentlich dafür, um lebendig zu bleiben. Das gilt für den einzelnen Menschen gleichermaßen wie für ein Kollektiv, sei es als Staat, Land oder Gemeinde.

Clemens Sedmak, der für den Festvortrag zur Eröffnung der Veranstaltungsreihe »fokus:mattsee | Tage der Zeitgeschichte« am 22. Oktober, die unter dem Ehrenschutz von Frau Landesrätin Martina Berthold stand, gewonnen werden konnte, zeigte auf eindringliche Art und Weise, wie sich eine gelungene Erinnerungsarbeit darzustellen habe. Unter der Überschrift »Eine kleine Ethik des Erinnerns für Mattsee« bündelte er seine philosophische Anleitung zur zentralen Forderung, dass das Erinnern ebenso behutsam wie umfassend zu leisten sei und immer mit dem besonderen Augenmerk darauf, dass es für den Ort gut sei und die Gemeinschaft, aber auch für all jene, die als Gäste, Besucher und Freunde nach Mattsee kommen.

Die Erinnerungskultur unserer abendländischen Gesellschaft wird nachhaltig von der biblischen Botschaft des Alten wie des Neuen Testaments geprägt und findet ihren stärksten Ausdruck in der Gründonnerstagsliturgie, wenn es im Hochgebet heißt: »Das ist heute!«. Pfarrer Roland Peter Kerschbaum hat den Einfluss der Liturgie auf unser Erinnern in einem Vortrag (vgl. S. 143ff.) ausgeleuchtet.

Auf einer gänzlich anderen Ebene und weit weniger direkt prägt das Bild der noch nicht wieder gefundenen Identität, was durchaus auch als eine Form des Exils wahrgenommen werden kann, die Veranstaltung »Mattsee – Zwischen Profil und Verweigerung«, die in Form eines Stammtisches angelegt war. Vordringliches Ziel dieser Gesprächsrunde war es auszuloten, wie der Graben zwischen Fremd- und Selbstwahrnehmung zu überwinden wäre, um die Stärken der Marktgemeinde in wirtschaftlicher und touristischer Hinsicht zukünftig besser zur Geltung zu bringen. Schon im Zukunftsprofil »Mattsee 2020« wurde es deutlich gemacht: »Wer die Zukunft gestalten will, muss fest in der Gegenwart verankert sein, und das wiederum setzt voraus, dass man sich der Vergangenheit bewusst ist.«

In einem Zwischenbereich angesiedelt war die Veranstaltung »Umwege, Ländliche Bilder im Wandel«, die als Kulturwanderung angelegt war. Dabei ging es vorrangig um ein Schärfen des Bewusstseins vom Wandel der uns umgebenden Kulturlandschaft. Während sich die Bevölkerung in vielen geschlossenen Ortschaften verzehnfacht hat, entwickelte sich der ländliche Raum im vergleichbaren

Zeitraum um weniger als die Hälfte. Die Bevölkerung nimmt zu und die für die Versorgung mit Lebensmitteln bearbeiteten Flächen nehmen zu Gunsten von »umweltbewussten oder konsumorientierten« Flächen ab. Im Rückblick auf Tradiertes wird von uns zugleich die Reflexion über die Veränderungen unserer Umwelt eingefordert, was den bisherig gewohnten Blick nachhaltig in Frage stellt.

Arnold Schönberg und das »Mattsee Ereignis«
Erinnerung an Schönbergs Sommerfrische in Mattsee 1921

Das in Zusammenarbeit mit dem »Diabelli Sommer Mattsee« veranstaltete Konzert zum festlichen Abschluss der Bildungswoche in der Stiftskirche am 26. Oktober 2016 war Arnold Schönberg gewidmet und stand unter dem Ehrenschutz von Landeshauptmann Wilfried Haslauer. Neben dem Streichquartett Nr. 2 in fis-Moll op. 10 von Arnold Schönberg und seinem Streichsextett »Verklärte Nacht« nach einem Gedicht von Richard Dehmel, wurde das Streichquartett Nr. 5 »Mattsee« DWV 106 von Johanna Doderer uraufgeführt.

Die 1969 in Bregenz geborene und in Wien lebende Komponistin hat im Sommer 2015 den Kompositionsauftrag angenommen, der von der Marktgemeinde Mattsee in Erinnerung an die antisemitisch begründete Vertreibung Schönbergs aus der »judenreinen Sommerfrische« im Juli 1921 vergeben hat und der von den Mattseer Wirtschaftstreibenden finanziell großzügig ausgestattet wurde.

Am Tag vor dem Festkonzert wurde am Vorderwartstein vor jenem Haus, in dem er die Ferien verbrachte, eine Gedenktafel zur Erinnerung an die Ereignisse des Sommers 1921 enthüllt.

Im Rahmen des »Milleniumsweges« wurde vor dem Zimmerhanslhaus am Vorderwartstein, heute Burghard-Breitner-Weg 16, eine Gedenktafel an den Aufenthalt Arnold Schönbergs in Mattsee aufgestellt.

Lawrence Adam Schoenberg, geboren am 27. Januar 1941 in Los Angeles, California, als Sohn von Arnold Schönberg und Gertrud Kolisch. Studium der Architektur und Mathematik. Unterrichtete an der Bancroft Junior High School und an der Palisades High School, beide Los Angeles. Lawrence Schoenberg unterstützte seine Mutter bei der Gründung von Belmont Music Publishers, einem den Werken Arnold Schönbergs gewidmeten Verlag, den er seit 1965 betreut. Lawrence Schoenberg ist Mitglied im Vorstand der Arnold Schönberg Center Privatstiftung in Wien. Im Jahr 2002 erhielt er die Ehrenmedaille der Bundeshauptstadt Wien und 2007 das Österreichische Ehrenkreuz für Wissenschaft und Kunst I. Klasse.

Es gibt viele Klischees über das Lernen aus der Vergangenheit, um die Wiederholung von Tragödien zu verhindern. Aber wie kann man aus der Vergangenheit lernen, wenn man nichts über sie weiß? An unserem Punkt in der Geschichte und aus der Perspektive des 21. Jahrhunderts ist offensichtlich, dass viele Menschen – weltweit – ihre mehr oder weniger ferne(n) Vergangenheit(en) ignorieren oder gar im Begriff sind, neuen Tragödien den Weg zu ebnen.

Jede Zeit ist eine entscheidende Zeit für Bildung, sowohl der jungen als auch der älteren Generation. Aus diesem Grund ist es unabdingbar, historische Episoden wie das sogenannte »Mattsee-Ereignis« von 1921 als Symptom eines größeren Zusammenhangs öffentlich zu erörtern. Dies ist jedoch nur der erste Schritt eines Lernprozesses, innerhalb dessen der Einzelne seine Verantwortung für ein größeres Ganzes zu begreifen lernt. Bildung kann und muss zu Diskussionen führen, welche Ursachen und Folgen individueller und kollektiver Verantwortung aufzeigen.

Lawrence Schoenberg
Los Angeles, im Juni 2018

Die Pflicht zur Erinnerung, das Recht auf Vergessen und die Scham des Verdrängens

Die Podiumsdiskussion am 25. Oktober 2016 im Großen Kapitelsaal stand unter dem Thema »Balance zwischen Erinnern und Vergessen«. Daran teilgenommen haben Therese Muxeneder, Archivarin des Schönberg Centers Wien; Heinz Nussbaumer, Autor; Gottfried F. Kasparek, künstlerischer Leiter des Diabelli Sommers; Wolfgang Neuper, Archivar und Historiker, sowie Siegfried Hetz als Initiator der Bildungswoche. Die Fragen wurden von Hermann Signitzer gestellt.

(Aus Platzgründen kann nicht der gesamt Verlauf der Diskussionsrunde wiedergegeben werden. Einzelne Redebeiträge wurden fallweise gestrafft.)

Steigen wir mit der Frage nach der Balance zwischen Erinnern und Vergessen ein.

Siegfried Hetz: Wie es um die Balance zwischen Erinnern und Vergessen bestellt ist, kommt darin zum Ausdruck, wie wir es mit der Erinnerungskultur halten. Wie gehen wir mit wesentlichen, einschneidenden Erinnerungen um, sei es im privaten oder im kollektiven, öffentlichen Bereich. Wie feiern wir Feste und wie erinnern wir uns an Ereignisse, an die wir uns eigentlich nicht erinnern wollen? Erinnerungskultur ist Teil unseres kulturellen Selbstverständnisses und Ausdruck unserer Verantwortung gegenüber Vergangenheit und Zukunft.

Heinz Nussbaumer: Ich sage nur, mit der Erinnerungskultur allein ist die Sache nicht getan. Es ist in jedem Einzelfall eine sehr komplexe Abwägung zwischen Vergessen und Erinnern nötig.

Gottfried F. Kasparek: Ich glaube, es ist sehr wichtig, immer wieder auch darzustellen, wie und unter welchen Umständen große Kunst entstanden ist. Auch um Verständnis dafür zu wecken. Hier geht es um Arnold Schönberg, der zweifellos große Kunst hinterlassen hat. Und wenn ich jetzt in Mattsee ein Stück von Arnold Schönberg aufs Programm setze, dann muss ich mich natürlich auch mit dem Thema Schönberg und Mattsee beschäftigen. Das ist dann etwas, was ich hier nicht vergessen kann, auch anderswo nicht. Vergessen ist notwendig, wie Herr Professor Nussbaumer sehr richtig gesagt hat, aber es kommt ja immer wieder darauf an, wie man die Balance zwischen Erinnern und Vergessen darstellt. Aber ich glaube, bei großer Kunst muss man immer auch sagen muss, wie sie entstanden ist. Ich habe das in Mattsee von Anfang an meiner Tätigkeit hier als eine wesentliche Aufgabe gesehen. Darum habe ich auch 2010 das Streichsextett »Die verklärte Nacht« von Arnold Schönberg im Finale aufs Programm gesetzt und dann immer wieder versucht, diese Erinnerungskultur neu zu beleben. Und ich freue mich sehr, dass das so gut gelungen ist. Ich habe damals noch bei einigen Leuten eine gewisse, ich möchte jetzt nicht sagen Abwehrhaltung, aber doch eine gewisse Reserviertheit festgestellt und auch ein bisschen Angst, da kommt jetzt etwas hoch, was vielleicht unangenehm für uns Mattseerinnen und Mattseer werden könnte. Was auch verständlich ist. Das hat sich im Lauf der Zeit immer mehr gelegt. Deshalb bin ich sehr glücklich darüber, dass wir diese Woche der Erinnerung, diesen »fokus:mattsee« haben und so einen wunderbaren Zuspruch und Zulauf bekommen. Erinnern und Vergessen muss immer in einem Ausgleich sein.

Die Balance zwischen Erinnern und Vergessen soll ausgeglichen sein, so das Fazit der ersten Runde. Wenn wir jetzt die Begriffe Scham und Verdrängen hinzufügen, wird es schmerzhaft. Darf die Erinnerungskultur wehtun?

Wolfgang Neuper: Ich will zur zweiten Runde noch anmerken, auch in Bezug auf das, was Siegfried Hetz gesagt hat. Es ist für die Erinnerungskultur ganz wichtig, dass wir uns in Anlassfällen in gepflegter Form an bestimmte Ereignisse erinnern, in denen sowohl negative als auch positive Aspekte hervorgehoben werden. Beim Verdrängen ist zwischen dem unbewussten Vorgang zu unterscheiden, woran ich mich nicht erinnern will, das wird verdrängt. Das bewusste Verdrängen im Sinne von damit will ich mich nicht auseinandersetzen, ist jedenfalls ein falscher Weg. Ich komme aus dem Archivbereich, wo Akten als ein wichtiges Medium der Geschichtsschreibung unabhängig von Ort und Zeit eine große Rolle spielen. Nach dem Sturz von Tassilo III. (um 796 n. Chr.) ist ganz bewusst versucht worden, die Erinnerung an ihn und an die Agilolfinger auszulöschen. Bauern haben in den Bauernkriegen versucht, Urbare, die Aufzeichnungen über die Besitzverhältnisse, zu zerstören. Am Ende des Zweiten Weltkrieges wurden ebenso absichtlich Akten vernichtet wie 1989 am Ende der DDR durch die Stasi, dem Ministerium für Staatssicherheit. Der deutsche Bundeskanzler Helmut Kohl (1982–1998) ließ bei seinem Ausscheiden aus dem Amt ebenso Akten vernichten. Vor allem die letzten Beispiele zeigen, dass dabei oft individuelle Interessen mitspielen, auch eine gewisse Scham und das Bewusstsein über eigenes Fehlverhalten. Aus diesem Grund wird versucht, die Erinnerung an bestimmte Ereignisse zu tilgen.

Siegfried Hetz: Man wird bei der Erinnerungsarbeit nicht umhinkommen, den einen oder anderen persönlichen Schmerz zu ertragen. Das Gleiche gilt für eine Kommune oder Gemeinde, wo zur Erinnerungskultur unbedingt der gemeinschaftliche Gedanke dazu gehört. Eine gelungene Erinnerungskultur hat gemeinschaftsfördernd und gemeinschaftsbildend zu sein. Um das in die Realität umzusetzen, geht es zuerst einmal darum, festzulegen, was zu erinnern ist. Das gilt es dann zu benennen und ins Wort zu setzen, wie es der Theologe Thomas Kerschbaum in seinem Vortrag zum Thema Erinnerung in der Liturgie formuliert hat. Wir haben die Gabe und die Fähigkeit, und das ist auch sehr tröstlich für uns, die Dinge zu benennen. Und das ist auch unsere Aufgabe, selbst wenn es manchmal etwas unangenehm wird. Aber bevor etwas gefeiert wird, muss wie gesagt Einigkeit darüber erzielt werden, was wir feiern und woran wir uns erinnern wollen.

Gibt es eine Instanz der Erinnerungskultur. Wer fordert sie ein? Wer ist dafür verantwortlich? Wer fordert sie in einer Gemeinschaft ein?

Therese Muxeneder: Alle, die wir hier sitzen, mit unseren Nachbarn, mit unseren Familien, die wir uns bilden. Ich habe heute schon mit dem Bürgermeister darüber gesprochen, wie wichtig die Bildung als eines der freiesten und höchsten Güter der Menschheit ist. Und die Bildung setzt uns in die Lage, über uns zu reflektieren, und das bedeutet auch, sich zu erinnern. Da geben wir Zeugnis ab. Wir sind der große Körper eines Gedankens, nämlich der Erinnerung. Wenn wir das, salopp gesagt, behirnt haben, und das aus diesem Raum hinaustragen, haben wir das erfüllt, was, das Ziel der Bildungswoche war, nehme ich zumindest an.

Heinz Nussbaumer: Ich glaube, dass es bei einer kleineren Gemeinde wie hier, bei aller inneren Größe, die Mattsee hat, eine sehr heikle Geschichte ist, wo man sehr aufpassen muss. Führt kommunales und kollektives Erinnern zu Trennungen oder führt das zu gemeinsam akzeptierten Kapiteln der Geschichte? Und ich glaube, das nahezu Grenzgeniale, wie es hier gelaufen ist, dass wir nicht nur reden über die Zeit zwischen 1920 und 1945, sondern dass das eingebettet wurde in das, was jede Gemeinde Österreichs erlebt hat, das Große und das Kleine, das Schöne und das Hässliche. Wenn man hier auch über Mattseer Spiele und die Geschichte des Webens und Färbens geredet hat, und dann wird auch so etwas genannt wie die Vertreibung Schönbergs aus Mattsee, dann macht das einen viel stärkeren Eindruck auf die Menschen, und es wird auch viel leichter akzeptiert, als wenn ich ihnen in einer kleinen Gemeinde mit der vollen Faust ins Gesicht fahre. Ich glaube, es hat, so spät diese Woche kommt, schon auch seinen inneren Sinn, dass man damit wartet, bis die Hauptzeugen, die sich ununterbrochen verteidigen müssen, vielleicht nicht mehr leben, bis man sicher sein kann, dass man auch die Familien nicht kränkt, die gar nichts dafür können. Insofern braucht eine Erinnerungskultur auch ihre Zeit. Hier hat sie sie nahezu in Übergebühr gebraucht. Aber wir sind an einem Punkt, eingebettet in so viel Gutes, was hier entstanden ist, dass wir auch das benennen können, was in unserem Leben und im Leben eines Dorfes auch schiefgehen kann.

Wir haben nach der Instanz gefragt. Frau Muxeneder hat gesagt »Wir alle.« Wer moderiert das, die Bildungswoche, die Gemeinde, die Pfarre?

Siegfried Hetz: Es gibt Stichwortgeber, und wir, das Team, auch die Marktgemeinde, sowie Bürgerinnen und Bürger, die interessiert sind an der Thematik. Und gemeinsam wird man dann zu schönen Ergebnissen der Erinnerungskultur kommen.

Belassen wir es damit bei der Definition der Erinnerungskultur. Wenden wir uns jenen Punkten zu, die bereits umgesetzt wurden. Da ist in vielem etwas geglückt. Da wurde zum Beispiel vor einigen Stunden eine Erinnerungstafel an Schönberg enthüllt und morgen gibt es ein großes Konzert in der Stiftskirche. Herr Kasparek, Sie sind an dem Thema ständig dran, auch im Programm des Diabelli Sommers. Braucht es da noch eine Entschuldigung, oder ist es gut so?

Gottfried F. Kasparek: Ich glaube, wir sind auf dem besten Weg. Da braucht es keine Entschuldigung mehr. Wer sollte sich auch bei wem entschuldigen? Die Mattseer, die heute hier leben, waren damals ja nicht beteiligt. Wir wollen hier auch keine Sippenhaftung aufziehen. Alle, die hier sitzen, können sich nicht bei Schönberg entschuldigen, und Schönberg kann auch niemandem mehr verzeihen. Es geht einfach darum, diese Erinnerung wachzurufen, am Leben zu erhalten, an eine dunkle Stunde in der Geschichte eines Ortes, von denen es viele gibt, sei es Österreich, Deutschland oder Italien, überall dort, wo es Faschismen gegeben hat. Und es geht darum, auch diese Werke vorzustellen und zu spielen. Ich sehe mich als einen Menschen, für den die Balance zwischen erinnern und vergessen sehr wesentlich ist. Die Erinnerungskultur in der Musik muss immer d'accord gehen mit der Pflege von dem, was in unserer Zeit entsteht. Das ist für mich genauso wichtig.

Therese Muxeneder: Bei Schönberg ist noch eine Sache zu sagen, der ist ja in mehrfacher Weise als Jude angegriffen worden, und zwar seit seiner Kindheit hat er den Antisemitismus, zuerst den politischen und später auch den rassischen erlebt. In Wien gab es anlässlich der Reichsratswahlen 1897 große Judenpogrome, vor allem in der Leopoldstadt, in die Schönberg passiv involviert war. Es ging hin bis zu Ermordungen, als der Mob durch die Straßen zog und man jüdische Passanten und Kaufleute aus den Geschäften herausgeholt und körperlich angegriffen hat. In diesem Nukleus hat der junge Schönberg gelebt in der Leopoldstadt. Es gab antisemitische Erfahrungen im persönlichen Bereich und auch als Soldat im Ersten Weltkrieg als Reservesoldat. Schönberg wurde immer angegriffen als Schöpfer der Neuen Musik, als das Schreckgespenst der Neuen Musik schlechthin. Dann bekam er in den 1920er-Jahren eine Professur an der sehr prestigeträchtigen Akademie der Bildenden Künste in Berlin und musste, nachdem 1933 Hitler die Macht gekommen war und das Gesetz zur Wiederherstellung des Berufsbeamtentums erlassen hatte, Deutschland verlassen und ist über Frankreich in die USA emigriert. Nach dem Zweiten Weltkrieg wurde ihm die Ehrenbürgerschaft der Stadt Wien angetragen, verbunden mit der Einladung des damaligen Bürgermeisters Theodor Körner, er möge nach Wien zurückkommen. Schönberg, der vielfach vertrieben worden war, wollte gerne zurückkommen, aber die Gesundheit erlaubte es ihm nicht. Was sagt ein Mensch, dem über Jahrzehnte so viel passiert ist, und er steht für viele andere, wenn er äußert, ich gehe zurück, weil ich an die Zukunft glaube. Anklage ist dabei überhaupt kein Thema. 1938 hatte er ein Manifest geschrieben, das Vierpunkteprogramm zum Judentum, worin er festgehalten hat, dass sieben Millionen Juden in Europa vernichtet werden. Eigentlich ein visionäres Manifest. Er hat sich mit dieser Sache ständig auseinandergesetzt und er sagte nach dem Zweiten Weltkrieg, er gehe gerne nach Wien zurück, um diese Ehrenbürgerschaft persönlich in Empfang zu nehmen. Es geht um den Symbolwert, dass eine Ortschaft für viele dasteht, und eine Gemeinde sich erinnert, andere tun es nicht. Mattsee erinnert sich und erhebt einen Punkt oder viele kleine Punkte zu ihrer geschichtlichen Verantwortung, und das tun andere nicht. Deswegen denke ich, dass Arnold Schönberg stolz wäre, heute hier zu sein, weil er sieht, da gibt es eine Generation die sich damit auseinandersetzt. Um mehr geht es da nicht, auch nicht um Schuld. Es geht ums Hören, Sehen und ums Ablegen von einem Zeugnis. Wenn man die Ohren verschließen will, möge man das tun, wenn man die Augen verschließen will, möge man das tun, und wenn man nicht Zeugnis ablegen will, dann soll man seinen Mund schließen, aber nicht die anderen daran hindern, diese Verantwortung wahrzunehmen.

Heinz Nussbaumer: Ich möchte noch einmal das Wort aufgreifen, stellvertretend für viele. Es ist natürlich wunderbar, dass sich der Ort dazu entschlossen hat, eine Gedenktafel aufzustellen. Aber wir dürfen uns auch nicht in die Tasche lügen, Schönberg bekommt eine Gedenktafel, weil er prominent war, sehr prominent, und weil uns diese Erinnerung im Zusammenhang mit Mattsee belastet. Wir wissen, wir haben es gestern auch gehört, dass es Familien gegeben hat, die in der Nacht aus dem Ort hinausgebrüllt wurden, die keine Gedenktafel bekommen werden. Also das ist immer eine stellvertretende Geschichte und es ist der sehr sympathische Versuch, sich eines Teils seiner Geschichte bewusst zu werden und sich adäquat zu verhalten. Dass das wehtut, ist klar. In dem Wort Denkmal steckt der Begriff »denk mal«, »denk einmal darüber nach«, und es gibt viele Historiker, die sagen, nichts wird von der Bevölkerung weniger beachtet als Denkmäler. Man muss sich bewusst sein, dass das Denkmal allein nicht die Erinnerung wach hält.

Gottfried F. Kasparek: Das Denkmal kann auch ein Buch sein, das immer wieder gelesen wird oder ein Stück Musik, das wieder und wieder gehört wird. Schönberg war ja nicht nur Musiker, sondern ein vielfältiger Künstler, u.a. auch expressionistischer Maler. Und ich möchte noch hinzufügen, Schönberg war auch ein Kind seiner Zeit. Er selber lebte im Spannungsfeld seiner Konvertierung zum protestantischen Glauben und dann wieder zurück zum Judentum, wobei Mattsee wirklich das »Damaskus-Erlebnis« war, das dazu geführt hat, zum Judentum zurückzukehren. Und natürlich auch der deutschen Kultur, als deren Teil er sich gesehen hat. Man muss sich vorstellen, dass sich all diese großen Künstler wie auch Mahler als Teil einer deutschen Kulturgemeinschaft betrachtet haben, die natürlich mit Bach und Mozart, mit Beethoven und Goethe und Richard Wagner usw. zu tun hatten und dann plötzlich vertrieben worden sind. Nicht nur als Einzelpersonen aus ihrem Land und aus ihrer Heimat, sondern auch aus ihrer Kulturgemeinschaft.

Heinz Nussbaumer: Es gehört zu den besonderen Tragödien des Antisemitismus, dass sich die großen jüdischen Künstler immer als besondere Österreicher verstanden haben.

Siegfried Hetz: Im Prinzip bin ich damit einverstanden, dass das Denkmal nicht alles ist, aber ohne Denkmal geht es auch nicht. Denkmäler sind notwendig, sie helfen uns, sie informieren uns, sie begleiten uns und sie sind ein Ausdruck dafür, dass etwas Besonderes stattgefunden hat. Selbstverständlich ist die Erinnerungsarbeit wichtiger, die zum Bau eines Denkmals führt.

Gottfried F. Kasparek: Man muss auch unterscheiden zwischen einem Denkmal und einem Monument. Bei der Tafel für Schönberg handelt es sich um eine Informationstafel, die zum Lesen einlädt und von der man doch annehmen könnte, dass viele Leute neugierig sind, was da drauf steht.

Therese Muxeneder (nimmt Bezug auf einen Einwand aus dem Publikum zu den Vorwürfen an Tobi Reiser, Karl Heinrich Waggerl und Paul Tratz: wegen ihres Verhaltens während der NS-Zeit): Ich erinnere mich, als Kind oft im Heimatwerk gewesen zu sein, und Tobi Reiser war ein unglaublich liebenswerter Mensch und kann mich an das wunderbare Adventsingen erinnern und ich weiß auch, was die Liebenswürdigkeit von Nazis betrifft. Mein Urgroßvater war SS-Mann und Mitglied der Leibstandarte Hitlers am Obersalzburg, auch ein wunderbarer Mensch. Aber man muss dennoch differenzieren zwischen dem, was ein Mensch Gutes tut und da muss man auch bei sich selbst anfangen. Ich weiß nicht, wie viel Zivilcourage ich hätte, ich wüsste es nicht, aber ich könnte mir wünschen, dass ich sie hätte. Und ich kann andere dazu ermutigen, sie auch zu haben. Es geht nicht um die Aburteilung von Karl Heinrich Waggerl, dessen Schallplatten ich gerne gehört habe, und um Tobi Reiser. Es geht darum, dass man differenziert und auch nicht schmälert, und auch nicht überhöht. Ich will auch Schönberg nicht überhöhen, und ich will niemand anderen schmälern, sondern es geht um den Kern der Information. Was tun wir damit und wie behutsam gehen wir damit um.

Wir bleiben bei Schönberg und bei Mattsee

Gottfried F. Kasparek: Man muss trennen zwischen der Qualität von Kunstwerken, denn die wirklich faschistischen Kunstwerke sind sowieso untergegangen, und den Irrtümern ihrer Schöpfer. Ich habe als völliger Wagnerianer in Wien begonnen, dann habe ich seine Schriften gelesen und ihn zu hassen begonnen. Später bin ich in einer Aufführung von »Tristan und Isolde« gesessen, die Carlos Kleiber dirigiert hat und hab' dem Wagner alle seine Sünden vergeben.

Wolfgang Neuper: Ich glaube der Punkt bei der Sache ist, was der große Salzburger Zeithistoriker Ernst Hanisch das große Schweigen genannt hat, und das soll nicht mehr passieren. Ich weiß auch, dass der Historiker Heinz Dopsch als Verfasser der Chronik von Seekirchen große Probleme bekommen hat bei der Darstellung der kritischen zeitgeschichtlichen Abschnitte der 1930er- und 1940er-Jahre. Man sollte darüber sprechen können, und dass man auch in Zukunft nicht schweigt. Clemens Sedmak hat in seinem Vortrag so richtig gesagt, es ist nur ein Teil der Geschichte, den man aber ansprechen muss. Ein Schweigen und Darüberhinwegsehen darf nicht mehr passieren.

Zurück noch einmal zur Erinnerungskultur in Mattsee. Wo haken wir da ein?

Siegfried Hetz: Das Denkmal muss ja nicht immer ein Stein sein oder sonst ein Gegenstand. Ein Denkmal kann durchaus auch in Form eines Manuskripts, eines gebundenen Buches daliegen. Die von der Marktgemeinde in Auftrag gegebene Aufarbeitung dieses zeitgeschichtlichen Abschnittes kann durchaus auch als ein Denkmal verstanden werden. Benennen, beschreiben, dass es so wahr, und einige Fragezeichen aufzuklären und es in eine Alltagsrede überführen. Es war eben so. Und es sollte Einigkeit darüber bestehen, wie wir uns dazu verhalten.

Heinz Nussbaumer: Herr Hetz hat das gestern schon und auch heute im Radio deutlich gemacht. Es gab ja mehrere Gründe, warum Mattsee so ein Anziehungspunkt war. Einerseits wegen der judenreinen Sommerfrische, und des doch relativ engen Klüngels, der sich dann gegenseitig Mattsee empfohlen hat, andererseits war es natürlich auch so, dass im Salzkammergut eine andere antisemitische Klientel war als hier in Mattsee.

Siegfried Hetz (nimmt Bezug auf eine Wortmeldung aus dem Publikum, die einen wertschätzenden Umgang als wesentlichen Teil der Erinnerungskultur einforderte): Ich denke, dass der wertschätzende Umgang von jedem Einzelnen hier im Raum etwas ist, worüber wir nicht verhandeln müssen. Wenn man so ein Programm macht mit vielen Themen bei jeweils anderem Hintergrund, dann besteht selbstverständlich die Gefahr, ein wenig abzuheben. Aber das gehört auch zum Spiel. Trotzdem denke ich, dass der Grundtenor unserer Veranstaltungsreihe und auch die Intention schon darauf hinausgelaufen ist, läuft, dafür zu sorgen und dafür zu appellieren, dass ein wertschätzender, feinfühliger, manchmal auch deutlicher Umgang zur Selbstverständlichkeit gehört. Was nun die Denkmäler betrifft. Wir brauchen Symbole und wir brauchen Rituale, um unser Leben zu gestalten und es nach bestimmten Daten und Richtungen zu definieren und ich hoffe, zum Schluss jetzt, dass uns das mit der Grundintention bei dieser Bildungswoche auch gelungen ist, und dass es auch deutlich geworden ist, dass es uns um das große Humanum geht, um das Menschliche, und dass es natürlich auch darum geht, dass wir in diesen Tagen nicht auskommen, ohne die Flüchtlinge zu erwähnen, ein Thema, das uns im Grunde 24 Stunden am Tag beschäftigt. Dabei geht es vor allem um die Einsicht in die Dynamik, die das Thema in unserer Gesellschaft seit geraumer Zeit einnimmt. Ich hoffe schon, selbst wenn es weitgehend unausgesprochen blieb, dass hinreichend Querverweise und Bezüge da sind zu einem feinen wertschätzenden Umgang miteinander.

Heinz Nussbaumer: Eine der Bilanzen meines Lebens ist, Weltgeschichte wird nicht in den Regierungspalästen und Diplomatensalons oder Kasernen entschieden, sondern dass jedes Dorf, jeder Ort, jede Stadt ein Platz ist, an dem die Weltgeschichte Station gemacht hat. Und wenn wir uns dessen bewusst werden, und dazu war diese Woche eine ideale Geschichte, wenn wir uns bewusst werden, dass Weltgeschichte überall stattfindet, dann kommen wir vielleicht in einem nächsten Schritt dazu, auch zu akzeptieren, dass es nicht egal ist, wie wir uns benehmen. Ganz egal, ob es am Wirtshaustisch, am Arbeitsplatz oder wo auch immer ist, überall wird durch unser Wort und durch unsere Tat Weltgeschichte geschrieben.

Ein noch offener Punkt ist das Thema der Stephanskrone, das uns immer wieder aufs Neue beschäftigt, weil alle fünf Jahre Veranstaltungen stattfinden, die an den Aufenthalt der Stephanskrone in Mattsee erinnern.

Siegfried Hetz: Die Stephanskrone ist am Ende des Zweiten Weltkrieges nach Mattsee gekommen. Aber es ist auch der ungarische Faschistenführer und Ministerpräsident Ferenc Szálasi nach Mattsee gekommen, der die Stephanskrone im Auftrag Hitlers als Faustpfand für Verhandlungen »im Gepäck hatte«. In Mattsee ist ein Bewusstsein darüber gewachsen, dass man vielleicht nicht alle fünf Jahre säbelstrotzende Abordnungen im Ort hat, die auch zur Folge haben, dass der Verfassungsschutz ein Auge auf die Veranstaltung wirft. Da sind wir groß herausgefordert, alle miteinander, eine Form zu finden, wie wir im Ort einen Konsens schaffen auch mit den ungarischen Abordnungen, um ein gedeihliches, gemeinschaftsbildendes Miteinander in der Erinnerung an die Ereignisse rund um die Stephanskrone zu etablieren. Das ist unsere Aufgabe.

Heinz Nussbaumer: Das ist einer der wenigen Punkte, wo ich eine etwas divergente Meinung habe. Ich sehe die Kronwächter nicht als Partner und Vasallen von Szálasi, sondern, das war eine Gruppe ungarischer Monarchisten, die in Wirklichkeit wollten, dass die Stephanskrone an Otto Habsburg übergeben wird.

Das Leben der Eltern ist das Buch,
in dem die Kinder lesen.

Augustinus

Namensregister

A
Abensberg-Traun, Hans Graf 60
Altenberger, Josef 84
Altmann, Paul 92

B
Bacher-Paulick, Emma 42
Bachner, Theresia 29
Berg, Alban 50, 53, 118, 140
Breitner, Anna Rosa 30
Breitner, Anton 28ff, 38f, 41f, 57, 70, 83,
    107f, 116ff, 161
Breitner, Burghard 7, 11, 30f, 34, 39f, 42,
    64, 107ff, 122
Breitner, Carl 29f, 122
Breitner, Paulina 33
Breitner, Roland 107
Breitner, Rosalia 28ff, 111, 122
Brunetti-Pisano, August 38f, 109, 117, 122
Bunda, Joszef 101

C
Carter, Jimmy 106
Ciano, Gian Galeazzo 67, 119
Claus, Heinrich 33, 37
Colloredo, Hieronymus Graf 12f, 17
Czermak, Emmerich 58
Czernin, Peter Graf 60

D
Demel, Hans 38, 39
Doderer, Johanna 164
Dollfuß, Engelbert 1, 3, 5, 9, 10, 47, 58,
    67ff, 72ff, 84, 86, 88ff, 119f
Dopsch, Alfons 58
Dreher, Anton Eugen 28

E
Ebner, Matthias 84

F
Feichtner, Simon 28, 69
Felber, Rupert 116, 159
Fey, Emil 86
Fischböck, Hans 59, 90f, 121
Forsthuber, Paulina 28
Frank, Hans 56, 95
Frauscher, Josef 84

G
Giger, Franz 92
Glaise-Horstenau, Edmund 60, 87, 121
Glaser, Hans 40
Goldschneider, Adalbert 23
Göring, Emmy 112
Göring, Hermann 63f, 78, 90f, 119
Göring, Paula 63
Groller, Balduin 23, 26, 27, 116
Gruber, Augustin 14
Gudenus, Philipp Graf 60

H
Halter, Josef 14
Handlechner, Julius 84
Handlechner, Stefan 84
Hasl, Albert 23
Haslauer, Wilfried 164
Hecht, Margot 115
Hegel, Georg Wilhelm Friedrich 16
Hinterstoisser, Ida 75ff
Hinterstoisser, Josef 28, 30, 70, 74f, 83,
    108
Hinträger, Moritz 33, 37
Hitler, Adolf 7, 11, 56, 60ff, 68, 72f, 86,
    88ff, 92f, 95, 97ff, 107, 111, 117ff, 121,
    132, 135, 169, 171
Hofbauer, Jakob 64f
Holzinger, Josef 71, 84, 92
Holzweber, Franz 72
Horthy, Miklós 98
Hübner, Lorenz 17
Hueber, Anton 63
Hueber, Franz 10, 59, 61, 63f, 70, 78,
    91f, 95, 112, 121
Hueber, Paula 64, 112

I
Iglhauser, Jakob 71, 75, 92
In der Mauern, Gilbert 66

J
Jury, Hugo 59, 66, 91, 121

K
Kaiser Franz I. 14
Kaiser Franz II. 12
Kaiser Franz Joseph I. 7, 9, 44, 54, 98, 103

Kaiserin Elisabeth 103
Kaiserin Zita 98
Kaiser Karl I. 98
Kant, Immanuel 16, 116
Kasparek, Gottfried F. 166, 169ff
Koch, Mathias 19, 116
Kolisch, Gertrud 134
Költringer, Paul 84
Körner, Theodor 138, 141, 169

L
Laimgruber, Roland 80, 84
Lögl, Johann 56, 73, 75, 92, 120
Lueger, Karl 43, 53

M
Mahler, Alma 54, 129, 130
Maislinger, Franz 84
Maislinger, Matthäus 159
Mannlicher, Arnold 47, 49, 51, 117
Mayreder, Karl 120
Menghin, Oswald 10, 58f, 61, 64ff, 91, 93, 95, 97, 119, 121
Miklas, Wilhelm 10, 70, 86, 88ff, 93
Munch, Rudolf 58
Mussolini, Benito 10, 67
Muxeneder, Therese 54, 125, 139, 166, 168f, 171

N
Neuper, Wolfgang 7, 166f, 172
Nussbaumer, Heinz 166, 168, 170ff

O
Oberegger, Maria 77
Ott, Max 127

P
Pajtás, Ernö 11, 104
Planetta, Otto 72
Purtscheller, Ludwig 39, 109

R
Radnitzky, August 13f, 18, 20ff, 83, 161
Rainer, Friedrich 93
Ramek, Rudolf 70
Rehrl, 80
Rehrl, Franz 64, 71, 78f, 81, 92, 96, 119
Reiser, Tobi 171
Renner, Karl 70
Rigele, Friedrich 63
Rischanek, Hansi 120
Rischanek, Heinrich 58, 72, 74, 76, 119f
Roller, Alfred 40f
Roller, Mileva 34, 40, 42

Roller, Ulrich 41
Rottmaier, Kajetan 13, 23

S
Sauerbruch, Ferdinand 112
Scheffel, Joseph 32, 41
Schiller, Friedrich 17, 116
Schoenberg, Lawrence 139, 165
Schoenberg Nono, Nuria 139
Schoenberg, Ronald 139
Schönberg, Abraham 125
Schönberg, Arnold 5, 6, 9, 49f, 55, 118, 125f, 129ff, 133ff, 139ff, 164, 166f, 170
Schönberg, Bertel 137, 141
Schönberg, Heinrich 134, 136
Schubert, Franz 13
Schumy, Vinzenz 56
Schuschnigg, 60, 89, 90
Schuschnigg, Kurt 10, 66, 76, 88
Sedmak, Clemens 163, 172
Seebach, Hans 38f
Seipel, Ignaz 54, 79, 118f
Seyß-Inquart 5, 9ff, 58ff, 60ff, 64, 67f, 72f, 80, 86, 89ff, 95, 97, 112, 118, 120f
Seyß-Inquart, Dorothea 62, 118
Seyß-Inquart, Gertrude 61
Signitzer, Hermann 166
Spann, Othmar 58
Spaur, Friedrich Graf 17
Srbik, Heinrich 60
Steinacker, Harold 111f
Steiner, Rosa 31, 116
Steinwender, Leonhard 10, 53, 78, 80f, 92, 97, 120
Starhemberg, Rüdiger Fürst 86
Straffner, Sepp 70
Strasser, Anton 103ff
Summereder, Heinrich 97
Sylvester, Julius 47
Szálasi, Ferenc 11, 98, 100, 103
Szöllösi, Jenö 98, 102

T
Tavs, Leopold 66
Teschner-Paulick, Emma 40
Teschner, Richard 40, 42
Thanner, Ignaz 14
Tratz, Paul 171

V
Vance, Cyrus 106
Vaugoin, Carl 69, 107, 122
Vitéz, Josef 99

von Bardolff, Carl 58
von Braune, Franz Anton 17
von Eiselsberg, Anton 108f, 113
von Firmian, Leopold Maximilian Graf 14
von Greiffenberg, Hans 103
von Habsburg, Otto 89, 104
von Leibnitz, Erzbischof Friedrich III. 12
von Papen, Franz 86f, 89
von Ribbentrop, Joachim 99
von Scheffel, Joseph Victor 32
von Schönerer, Georg Heinrich Ritter 24, 36
von Toskana, Großherzog Ferdinand III. 12
von Webern, Anton 50
von Zeil und Trauchburg, Christoph Graf 14

W
Wache, Karl 58
Wächter, Otto Gustav 72
Wagenleitner, Andrä 84
Waggerl, Karl Heinrich 171
Wallmann, Heinrich 13, 18, 20ff, 27f, 83, 116, 161
Widmann, Hans 38f, 117
Wiesthaler, Roman 23
Wintersteiger, Anton 93
Wollersberger, Gustav 84

Z
Zemlinsky, Alexander 128

Bildnachweis

Arnold Schönberg Center, Wien: S. 55, 130, 131, 134, 165; Breitner Teilnachlass Privat: S. 30, 31, 34, 37, 38, 40, 41, 42, 108, 110, 113, 114; Bundesarchiv (Hauptarchiv NSDAP), Bild 119-5243 / CC-BY-SA 3.0: S. 60; E. Kienast (Hg.): Der Großdeutsche Reichstag 1938, IV. Wahlperiode, R. v. Decker's Verlag, G. Schenck, Berlin 1938: S. 63; Land Salzburg/Neumayr: S. 160; Marktgemeinde Mattsee: S. 158; Mattsee Archiv: S. 15, 18, 21, 22, 25, 45, 48, 51, 70, 74, 77, 80, 812, 85, 87, 88, 91, 93, 94, 100, 101, 102, 105, 106; PD-alt-100: S. 27; Siegfried Hetz: S. 96, 145, 148, 153, 159, 162, 164; The Library of Congress, Washington D.C.: S. 126, 129; TIME: S. 69; Wienbibliothek Dokumentation TF-006937: S 64.

Literaturverzeichnis

Adorno, Theodor W.: Kulturkritik und Gesellschaft I. Prismen. Ohne Leitbild, hrsg. von Rolf Tiedemann unter Mitwirkung von Gretel Adorno, Susan Buck-Morss und Klaus Schultz. Suhrkamp, Frankfurt am Main, 1977 (Gesammelte Schriften 10.1)

Adorno, Theodor W.: Kulturkritik und Gesellschaft II. Eingriffe, Stichworte, Anhang, hrsg. von Rolf Tiedemann unter Mitwirkung von Gretel Adorno, Susan Buck-Morss und Klaus Schultz. Suhrkamp, Frankfurt am Main, 1977 (Gesammelte Schriften 10.2)

Andor, Timea: Die Geschichte der ungarischen Kronenwache. Herausgegeben vom Verband der Ungarischen Kronenwächter. Budapest, 2008

Ash, Mitchel G./Ehmer, Josef: (Hrsg.): Universität – Politik – Gesellschaft. Vandenhoeck & Ruprecht, Göttingen, 2015

Bauer, Johannes B. u.a. (Hg.): Bibeltheologisches Wörterbuch. Graz, 1962

Bauer, Kurt: Hitlers zweiter Putsch. Dollfuß, die Nazis und der 25. Juli 1934. Residenz Verlag, Wien, 2014

Beschreibung des Erzstiftes und Reichsfürstenthums Salzburg in Hinsicht auf Topographie und Statistik. Erster Band. Das Salzburgische flache Land. Von L. Hübner, Salzburg, 1796

Breitner, Anton: Diemut, eine Skizze mit scharf umrissenem historischem Hintergrund. J. Schweitzer's Verlag, 1894

Breitner, Burghard: Hand an zwei Pflügen. Inn Verlag, Innsbruck, o. J.

Broucek, Peter (Hg.): Edmund Glaise-Horstenau. Ein General im Zwielicht. Veröffentlichungen der Kommission für Neuere Geschichte Österreichs, Band 76. Verlag Böhlau, Wien, 2005 (2., erg. Aufl.)

Butterweck, Hellmut: Nationalsozialisten vor dem Volksgericht Wien. Österreichs Ringen um Gerechtigkeit 1945–1955 in der zeitgenössischen öffentlichen Wahrnehmung. Studienverlag, Innsbruck, 2016

Die Bibel. Einheitsübersetzung der Heiligen Schrift, Gesamtausgabe. Katholische Bibelanstalt, Stuttgart, 2016

Dopsch, Heinz/Spatzenegger, Hans (Hrsg): Geschichte Salzburgs – Stadt und Land in acht Bänden, Verlag Anton Pustet, Salzburg, 1981–1991

Drewes, Kai: Jüdischer Adel. Nobilitierungen von Juden im Europa des 19. Jahrhunderts. Campus Verlag, Göttingen, 2013

Ebeling-Winkler, Renate: Entweder Bettler oder König! August Brunetti-Pisano (1870–1943). Ein Salzburger Komponist. Mit Beiträgen von Horst Ebeling und Peter Laub, Schriftenreihe des Salzburg Museums, Band 23, Salzburg, 2010

Burghard Breitner: August Brunett-Pisano – ein Kampfruf, Wien, 1912

Danuser, Hermann/Münkler, Herfried: Deutsche Meister – böse Geister: Nationale Selbstfindung in der Musik. Edition Argus, Berlin, 2001

Denzinger, Heinrich: Kompendium der Glaubensbekenntnisse und kirchlichen Lehrentscheidungen, ins Deutsche übersetzt und erweitert von Peter Hünermann, Freiburg

Eiselsberg, Anton Freiherr von: Lebensweg eines Chirurgen. Deutscher Alpenverlag, Innsbruck, 1940

Fischer, Helmut: Von Jesus zur Christusikone, Petersberg, 2005

Friedländer, Saul/Kenan, Orna: Das Dritte Reich und die Juden 1933–1945. Beck'sche Reihe Band 1965. C.H. Beck, München, 2010

Füglister, Notker: Die Heilsbedeutung des Pascha (Studien zum Alten und Neuen Testament VIII) München 1963

Görg, Manfred/Lang, Bernhard (Hg.): Neues Bibel-Lexikon, II, Zürich, 1995

Götz, Hans-Werner: Proseminar Geschichte: Mittelalter (Uni-Taschenbücher 1719). Stuttgart, 1993

Goller, Peter/Tidl, Georg: »Jubel ohne Ende…!« Die Universität Innsbruck im März 1938. Zur Nazifizierung der Tiroler Landesuniversität. Erhard Löcker, Wien, 2012

Goller, Peter/Oberkofler, Gerhard: Universität Innsbruck Entnazifizierung und Rehabilitation von Nazikadern (1945–1950), Verlag Bader, Angerberg, 2003

Handler, Margret: Der Teilnachlaß von Univ. Prof. Dr. med. Burghard Breitner (1884–1956). Ordnung, Inventarisierung, Erschließung, Verzeichnung. Hausarbeit im Rahmen der Grundausbildung für die Verwendungsgruppe A – Bibliotheks-, Dokumentations- und Informationsdienst. Wien, 1999

Hanisch, Ernst/Fleischer, Ulrike: Im Schatten berühmter Zeiten. Salzburg in den Jahren Georg Trakls 1887–1914. Otto Müller Verlag, Salzburg, 1998

Handbuch des Antisemitismus. Judenfeindschaft in Geschichte und Gegenwart. Herausgegeben von Wolfgang Benz. Band 5: Organisationen, Institutionen, Bewegungen. Walter de Gruyter Verlag, Berlin/Boston, 2012

Haunerland, Winfried: Gedächtnis unserer Erlösung. Die Liturgie als Ort der Erinnerung, in: Theologisch-praktische Quartalschrift 151, Herder, Freiburg i. Br., 2003

Hegel, Georg, Friedrich, Wilhelm: Ästhetik. Hrsg. von Friedrich Bassenge, Band I und II. Aufbau Verlag, Berlin, Weimar 1976

Hillgruber, Andreas (Hrsg.): Staatsmänner und Diplomaten bei Hitler. 2. Tei Vertrauliche Aufzeichnungen und Unterredungen mit Vertretern des Auslandes 1942–1944. Bernard und Graefe Verlag, Frankfurt am Main, 1970

John/Eckhard/Zimmermann Heidy (Hg.): Jüdische Musik? Fremdbilder – Eigenbilder. Reihe Jüdische Moderne 1. Verlag Böhlau, Köln, 2004

Hilmes, Oliver: Der Streit ums „Deutsche". Alfred Heuß und die Zeitschrift für Musik. Verlag Bockel, Hamburg, 2003

Kluge, Friedrich: Etymologisches Wörterbuch der deutschen Sprache, völlig neu bearbeitet von Elmar Seebold. de Gruyter, Berlin, 2002

Knoll, Johannes: Arthur Seyß-Inquart und die Deutsche Besatzungspolitik in den Niederlanden (1940–45), Böhlau, Wien, 2015

Kogler, Franz (Hg.): Herders neues Bibellexikon, Freiburg, 2008

Leo, Rudolf: Der Pinzgau unterm Hakenkreuz. Diktatur in der Provinz. Otto Müller, Salzburg, 2013

Leonardi, Andrea/Heiss, Hans (Hrsg.): Tourismus und Entwicklung im Alpenraum. Studienverlag, Innsbruck, 2003

Lexikon für Theologie und Kirche (=LThK) 6, Freiburg, ³1997

Lies, Lothar: Sich auf Christus einlassen... in Messe und Anbetung, Würzburg 1990

Maderthaner, Wolfgang/Maier, Michaela (Hg.): »Der Führer bin ich selbst«. Engelbert Dollfuß – Benito Mussolini Briefwechsel. Überarbeitete und ergänzte Neuauflage der Broschüre »Der geheime Briefwechsel Dollfuß . Mussolini« (Wien 1949). Mit weiterführenden Beiträgen zum Austrofaschismus von Emmerich Tálos und Wolfgang Maderthaner. Löcker Verlag, Wien, 2004

Mattsee Chronik, Herausgeber: Marktgemeinde Mattsee. Schrftleitung: Gerda und Oskar Dohle, Mattsee, 2005

Mattsee und seine Umgebung von Heinrich Wallmann. Selbstverlag des Verfassers, Wien, 1871

Menghin, Oswald: Zerrissene Fahnen. Verlagsanstalt Tyrolia, Innsbruck, 1924

Moritz, Stefan: Grüß Gott und Heil Hitler. Katholische Kirche und Nationalsozialismus in Österreich. Picus, Wien, 2002

Neumann, H. J.: Arthur Seyß-Inquart. Verlag Styria, Graz, 1970

Nora, Pierre (Hg): Zwischen Geschichte und Gedächtnis. Frankfurt am Main 2001

Nora, Pierre (Hg.): Erinnerungsorte Frankreichs. München, 2005

Oberösterreich und das Salzkammergut. Historisch, topgraphisch, malerisch von Mathias Koch. Druck und Verlag von J. P. Sollinger's Witwe, Wien, 1854.

Pollak, Michael: Wien 1900. Eine verletzte Identität. Edition discours 6. Universitätsverlag, Konstanz, 1997

Prisching, Manfred (Hg.): Modelle der Gegenwartsgesellschaft. (Reihe Sozialethik der Österreichischen Forschungsgemeinschaft 7). Passagen Verlag, Wien, 2003

Rauchensteiner, Manfred/Broukal, Josef: Der Erste Weltkrieg und das Ende der Habsburgermonarchie 1914–1918. Böhlau, Wien, 2015

Riesenfellner, Stefan (Hg.): Steinernes Bewusstein I. Die öffentliche Repräsentation staatlicher und nationaler Identität Österreichs in seinen Denkmälern. Böhlau, Wien, 1998

Rufer, Josef: Das Werk Arnold Schönbergs. Bärenreiiter, Basel, London, New York, 1959

Schimanko, Heinz-Dietmar: Das Strafverfahren gegen Anton Reinthaller vor dem Volksgericht. Dissertation, Universität Wien, 2017

Schönborn, Christoph Kardinal: Die Christus-Ikone. Eine theologische Hinführung. Wien 1998

Szöllösi-Janze, Margit: Die Pfeilkreuzlerbewegung in Ungarn. Historischer Kontext, Entwicklung und Herrschaft. R. Oldenbourg Verlag, München 1989

Staudacher, Anna L.: »... meldet den Austritt aus dem mosaischen Glauben«, 18000 Austritte aus dem Judentum in Wien, 1868–1914: Namen-Quellen-Daten. Verlag Peter Land, Frankfurt am Main, 2009

Stern, Frank/Eichinger, Barbara: Wien und die jüdische Erfahrung 1900–1938. Akkulturation-Antisemitismus-Zionismus. Böhlau Verlag, Wien, 2009

Talós, Emmerich/Dachs, Herbert/Hanisch, Ernst/Staudinger, Anton: Handbuch des politischen Systems Österreich. Erste Republik 1918–1933, Manz, Wien, 1995

Traverso, Enzo: Auschwitz denken. Die Intellektuellen und die Shoa. Hamburger Edition, Hamburg, 200

Voithofer, Richard: Darum schließt euch frisch an Deutschland an. Die Großdeutsche Volkspartei in Salzburg 1920–1936. Böhlau, Wien, 2000

Volsansky, Gabriele: Pacht auf Zeit: das deutsch-österreichische Juli-Abkommen 1936. Wien, Böhlau, 2001

Wallmann, Heinrich: Die Heilquellen und Torfbäder des Herzogthumes Salzburg, Wilhelm Braumüller, Wien, 1862

Walterskirchen, Gudula: Engelbert Dollfuß, Arbeitermörder oder Heldenkanzler. Molden, Wien, 2001

Walterskirchen, Gudula: Blaues Blut für Österreich – Adelige im Widerstand gegen den Nationalsozialismus. Amalthea, Wien, 2000

Wenninger, Florian: Das Dollfuß-Schuschnigg-Regime 1933–1938. Vermessung eines Forschungsfeldes. Wien, Böhlau, 2013

Widmann, Hans: Geschichte Salzburgs I–III, F. A. Perthes, Gotha, 1907–1914

Wolfram, Herwig: Tassilo III. Höchster Fürst und niedrigster Mönch (Kleine bayerische Biografien), Regensburg 2016

Siegfried Hetz, M. A., 1954 geboren. Nach Verlagsausbildung Studium der Germanistik, Philosophie und Kommunikationswissenschaft in Mainz und München. Kulturpublizist sowie Autor und Herausgeber von Büchern zu literatur- und kulturhistorischen Themen.

MMMag.Dr. Roland Peter Kerschbaum, 1968 geboren. Wurde 1995 zum Priester geweiht und ist seit 2001 Pfarrer von Elsbethen. Neben der Seelsorgetätigkeit Studium der Kunstgeschichte und Geschichte in Salzburg. Seit 2011 Diözesankonservator der Erzdiözese Salzburg und seit 2013 Mitglied des Konsistoriums und des Salzburger Domkapitels.

Mag. Dr. Therese Muxeneder, 1969 geboren. Studium Konzertfach Violine am Mozarteum Salzburg, Musikwissenschaft und Germanistik an der Universität Salzburg. 1993–1997 Bibliothekarin der Internationalen Stiftung Mozarteum. Seit 1997 leitende Archivarin des Arnold Schönberg Center. Lehrbeauftragte der Universität Wien und der Universität für Musik und darstellende Kunst.

Berta Altendorfer, Leiterin des Salzburger Bildungswerks Mattsee und Geschäftsführerin des Vereins Europäischer Pilgerweg VIA NOVA.

Barbara Brunner (Hg.)

Salzburger Schicksalsorte

128 Seiten, bebildert
13,5 x 21,5 cm
franz. Broschur
ISBN 978-3-7025-0834-0
€ 19,95

Heinz Dopsch

Kleine Geschichte Salzburgs

aktualisierte, erweiterte Ausgabe
304 Seiten
durchgehend farbig bebildert
11,5 x 19 cm
französische Broschur
ISBN 978-3-7025-0738-1
Preis € 23,00

Siegfried Hetz

Mit Macht und Pracht
Burgen, Schlösser und Klöster im fürsterzbischöflichen Salzburg

304 Seiten
durchgehend farbig bebildert
24,5 x 30,5 cm
Hardcover mit Goldfolienprägung, Schutzumschlag Lesebändchen
ISBN 978-3-7025-0797-8
€ 45,00